신사고(新思考)를 통한 인류의 뇌혁명

신사고(新思考)를 통한
인류의 뇌혁명

펴 낸 날　2015년 2월 5일

지 은 이　이권행
펴 낸 이　최지숙
편집주간　이기성
편집팀장　이윤숙
기획편집　윤은지, 김송진, 주민경
표지디자인　윤은지
책임마케팅　임경수
펴 낸 곳　도서출판 생각나눔
출판등록　제 2008-000008호
주　　소　경기도 고양시 덕양구 화중로 130번길 24, 한마음프라자 402호
전　　화　031-964-2700
팩　　스　031-964-2774
홈페이지　www. 생각나눔. kr
이 메 일　webmaster@think-book. com

• 책값은 표지 뒷면에 표기되어 있습니다.
　ISBN 978-89-6489-345-6　03180

• 이 도서의 국립중앙도서관 출판 시 도서목록(CIP)은 서지정보유통지원시스템 홈페이지
　(http://seoji. nl. go. kr)와 국가자료공동목록시스템(http://www. nl. go. kr/kolisnet)
　에서 이용하실 수 있습니다(CIP제어번호: CIP2015000385).

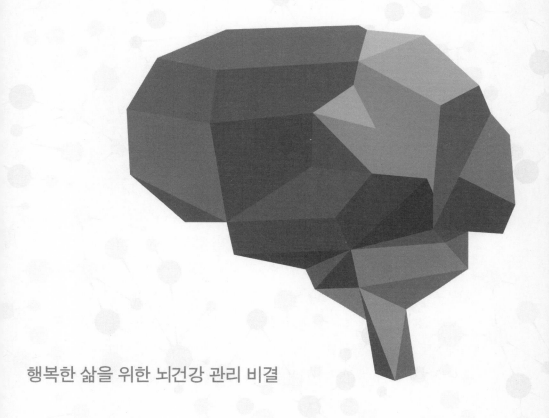

행복한 삶을 위한 뇌건강 관리 비결

신사고(新思考)를 통한 통한 인류의 뇌혁명

이권행 지음

생각나눔

나의 삶

　자연계(自然界)를 관통하는 보편적 진리는 적자생존(適者生存)이다. 즉, 우성(優性)은 번창(繁昌)하지만, 열성(劣性)은 도태(淘汰)된다. 나는 성장기인 초등학교부터 리더를 많이하게 되었는데, 결과적으로 그런 학교생활이 나로 하여금 자연계의 열성을 많이 갖도록 영향을 미쳤다고 생각한다. 전부는 아니지만, 가정환경과 학교생활이 많은 영향을 미쳐 인생에서 큰 굴곡을 겪게 되었다. 그런데 자연계에는 '모난 돌이 정 맞는다'는 속담이 말해주듯이 상호 간에 철저하게 상생(相生)과 조화(調和)를 이루며 살도록 설계되어 있다. 따라서 자연의 이치를 깨닫지 못했던 나는 힘든 인생길을 걸었고, 풍전등화(風前燈火)의 위기를 맞았으나, 지금은 다행히 어둡고 긴 터널을 벗어나 회생의 길에 있다.

　나는 의사도 아니고 생물학자도 아니므로 뇌와 관련된 글을 쓸만한 자격이 있는지는 모르겠다. 하지만 내가 살아오면서 스스로 체험한 사실을 통하여 깨달은 바가 있어 그 내용을 여기에 적어 밝힘으로써 누구든 나와 같이 뜻하지 않은 인생을 살지 않기를 바라며, 아무쪼록 모든 인류가 참되고 올바른 삶을 살아 건강하고 아름다운 뇌를 가짐으로써 건강, 자유, 평등. 평화, 행복을 누리기를 바란다. 아울러 궁극적으로 새롭고 참다운 인류공동체 사회가 완성되기를 바라는 뜻에서 이 글을 쓰게 되었다.

나는 어려서부터 세상은 불평등하며, 불쌍한 사람들이 너무 많다고 생각했다. 사람 사는 세상은 더욱 따뜻하고 평등하며, 정의로운 사회가 되어야 한다고 생각했다. 그래서 살아가면서 항상 불쌍한 사람 없는 평등한 세상을 갈망했고, 정의롭고 올바르게 살려고 노력했다고 생각한다. 그런데 문제는 그것만이 자연계에서 요구하는 핵심적 진리는 아니었다. 그것보다는 희생봉사(犧牲奉使)와 상생화합(相生和合)하는 의식이 최고의 진리로 관통하고 있었다.

내가 뜻하지 않은 인생을 살게 된 또 하나의 핑계를 말하자면 불우한 환경의 엄격한 가정 분위기 속에서 자라났고, 또한 무엇이든 잘해야 한다는 강박관념이 강했기 때문이다. 이런 분위기는 나의 뇌를 밝지 못하게 했고 우울하게 만들었다. 무엇이든 잘해야 한다는 강박관념이 나를 지나치게 엄격한 모범생으로 만들었고, 그런 과정에서 습관적으로 나는 스스로 내 판단이 맞을 것이라 믿으며 자기주장을 강하게하는 성격이 형성되었다. 그리고 어려서부터 남자는 쉽게 웃지 말고 울지 말아야하며, 노래는 광대나 하는 놀이라고 하는 그릇된 생각에 사로잡혀 자랐는데, 이런 환경이 나의 성격을 더욱 우울하고 어둡게 형성시켰다. 열악한 환경 속에서 자라며 형성된 딱딱하고 부정적인 성격은 나의 일생을 통하여 뇌와 신체에 치명적인 영향을 미쳤고, 내 인생에 조용한 불행을 예고하고 있었다.

나는 살아가면서 문득문득 나의 인생이 불행하게 전개된다고 생각했는데, 설상가상으로 어느 날 갑자기 다발성경화증이라는 난치병이 왔다. '나는 누구보다 바르고 정직하게 살려고 노력했는데, 내가 왜 이런 병에 걸린단 말인가?' 하늘이 무너지고 땅이 꺼지는 것처럼 온몸에서 힘이 빠지는 충격을 받았다. 내 인생은 불행했으나 아이들에게는 나의 전철을 밟지 않게 하려고 절치부심하며 살았는데, 그것마저도 힘들어지는 순간이 온 것이다.

그런데 불행 중 다행이었을까? 나는 자연과 인생, 삶과 죽음에 대하여 깊은 성찰과 수양을 통하여 이치에 통달하시게 되었고, 특별한 능력을 가지고 좋은 일을 많이 하시는 스승님의 지도를 받게 되었다. 나는 깊은 성찰을 통하여 자연의 소중함을 깨닫게 되고, 철저한 수양을 통하여 병은 스스로 잘못된 습관으로부터 온다는 것을 알게 되었다.

사람이면 누구나 느끼는 것처럼 자연에서 사계절은 피고지고 색깔이 달라지지만, 자연은 항상 변함이 없으며, 뭔지 모를 위대함을 품고 있다는 생각을 하면서 산다. 하지만 자연계에서는 진정 긍정적이며 희생 봉사하는 것들이 적합하게 상생하며 잘 생육하도록 설계되어 있다는 진리를 미처 깨닫지 못한다. 나도 그렇게 살아온 사람 중의 한 사람이었으며, 비로소 자연계에서는 사람도 절대 예외가 될 수 없음을 알았다. 즉, 나는 자연계에서 요구하는 이상적인 의식을 갖지 못하면 누구나 고통을 받고 도태될 수 있다는 사실을 깨닫게 되었다.

그리고 사필귀정(事必歸正), 결자해지(結者解之), 권선징악(勸善懲惡)과 같은 보편적 진리가 자연계와 우리 인간에게 똑같이 적용되고 있다는 이치를 깨닫고, 너무나 기쁘고 흥분되어 이 글을 쓰지 않을 수 없었다.

언젠가 『동물의 왕국』이라는 TV 프로에서 물소가 대오 무리에서 이탈하여 고통받다 절명하는 것을 보았다. 물소가 사자와의 싸움에 져서 도망가다 진흙탕에 빠져 꼼짝도 못하고 선 채로 항문으로 창자와 내장을 꺼내

먹히며, 그 고통으로 눈을 휘둥그레 뜨고 입과 코가 일그러지면서 서서히 죽어가는 충격적인 모습이었다. 우리 사람들도 자신도 모르는 사이에 어느날 갑자기 불행을 당하여 고통속에 사라지는 것이 아닐까? 이런 생각에 이르니 세상에 못할 일이 없었다.

　오히려 자연의 뜻과 의지를 확인하게 되니 절망적인 현실이 하나도 두렵지 않았다. 자연의 이치에 순응하도록 긍정, 평화, 상생, 희생적 의식을 함양하며, 나 자신의 잘못된 모든 것을 버리면 되는 것이었다. 무엇이 잘못되었는지 인생을 처음부터 하나, 둘 차례대로 되짚어 보았다. 나에게 주요 원인을 꼽으라고 한다면, 나는 우월한 의식을 가지고 잘 웃지 않으며 항상 엄숙하고 딱딱하게 말하는 습관이 가장 치명적이었다고 생각한다. 잘못된 습관으로 성장하면서 구강구조와 뇌가 부정적으로 바뀌었고, '자연에서 정을 맞아야 하는 모난 돌'의 운명을 피할 수 없었던 것이다. 우선 성장 과정에 나도 모르게 차가운 성격이 형성되어 독불장군처럼 어린 시절에 살갑고 따뜻하게 상대해 주지 못했던 친구들이 생각나서 눈물이 나고 가슴이 아팠다. 세상을 살아오면서 나로 인해 가슴 아프고 상처받았을 모든 생명체에 대해 반성했다. 또한, 직장 재직 시 원칙을 지키지 않고 자주 사고를 저질러 회사에 손해를 끼친 직원을 냉정하게 그만두게 한 것을 생각하면 지금도 가슴이 아프다. 한 사람 한 사람의 얼굴을 떠올리며 지금은 어느 하늘 아래서 잘살고 있는지, 이 험한 세상에 잘 적응하며 자식을 키우고 잘 살아가는지, 혹시 낙오되어 다시는 만날 수 없게 된 것은 아닌지, 만날 수만 있다면 나로 인해 가슴 아파했던 슬픔을 위로하며 사과하고 싶었다. 사람이나 짐승이나 한 생명체가 세상에 태어나 발붙이고 먹이를 구해서 먹고 살아가는 것이 얼마나 힘이 들고 가혹한지를 알기 때문에, 인생에서 융통성 없이 원리원칙에 얽매어서 훈훈한 인간미를 모르고 살았던 지난날의 내 모습을 떠올리며 참회하였다.

나는 조석으로 꼭 해야 할 일과 해서는 안 되는 일을 정해 놓고 삶의 다짐을 하였다. '너는 살아오면서 가슴이 한 번이라도 뜨거워 본 적이 있었느냐?' 하면서 냉정하게 살아온 인생을 반성했다. 내가 부정적 의식으로 살아 머리가 형편없이 나빠져 생각지 않은 길을 걷게 된 내 인생의 슬픔을 생각하면, 자책감에 저절로 통한의 눈물이 쏟아졌다. 새벽 일찍 일어나 계곡에서 찬물로 목욕하는 것으로부터 하루 생활을 시작하였다. 캄캄한 새벽하늘의 별, 계곡의 바람 소리와 물소리, 어둠에서 묵묵히 지켜보는 나무와 골짜기의 생명체들, 그리고 나. 처음 자연의 모습은 나의 모태(母胎)로 보였다. 곧 스승이 되더니 친구가 되고 나중에는 나와 일체가 되었다. 농사를 지으며 자연을 탐구하고, 쓰레기를 줍고, 딱딱하게 주장하던 나를 완전히 버리고, 주변 사람들을 존중하며 무조건 부드럽고 겸손하게 행동하였다. 무겁고 차가운 의식을 철저히 버리고, 만나는 사람마다 최대한 밝고 따뜻한 마음가짐과 뜨거운 가슴으로 대화하려고 노력했다. 기쁜 일에는 웃고, 슬픈 일엔 눈물을 흘리며, 가급적 기쁜 노래로 밝은 기분을 유지하려고 했다. 풀 한 포기라도 내 발에 밟혀 아파할까를 염려하고, 내 걸음걸이에 개미 한 마리라도 밟혀 죽을까를 걱정하며 조심스러운 발길을 옮기며 겸손하게 살려고 노력하였다.

겨울, 봄, 여름 그리고 가을의 어느 날, 뇌에서 평생 느껴본 적이 없는 범상치 않은 반응이 왔다. 굳게 얼었던 빙산이 금이 가듯이 내 머리가 쪼개지는 듯 찌릿하더니 눈에 맺힌 먼 산의 형상이 살짝 움직이며 또렷하게 보이고, 뇌가 편안해지면서 따뜻함이 느껴졌다. 의식이 후끈하고 포근해지면서 뇌가 약간의 미동이 있었는데, 뭔가 절대 녹지 않을 것 같이 꽁꽁 얼어붙은 만년 얼음 계곡에서 봄이 되어 물 한 방울이 흘러 녹아 내리기 시작한 듯한 느낌이었다. 수십년간 딱딱하게 굳어 있던 뇌가 부드럽게 풀리는 순간이다. 굴 속이나 우물 속에서 세상을 바라보는 느낌처럼 아득하고 희미하게 멀리 맺혀 있던 형상들이 잠깐이지만, 가까이 다가와 매우 청명하고 또렷하게 보였다. 아, 이거였구나! 순간 기쁨과 회한이 겹치는 눈물이 펑펑 쏟아졌다. 그때야 비로소 나는 나의 뇌가 잘못되어 실패의 인생을 살았고, 몸에도 병이 왔다는 사실을 몸소 확실히 체험하는 계기가 되었다. 그 이후로 나는 뇌가 깊은 잠에서 깨어나기 시작했고 지금까지도 나의 뇌와 몸은 변화를 겪고 있다.

과거의 나는 독일 병정이라던 별명이 말해주듯 원칙주의자의 인상으로 잘 웃을지도 모르고 살았지만, 지금의 나는 어느덧 웃기도 잘하고 부드러운 말도 곧잘 하는 밝은 성격으로 변화 중이다.

하지만 머리가 잘못된 상태로 내 인생의 주요한 전 반생은 모두 슬프게 흘러갔다. 영문도 모른 체 황톳길 같은 거친 인생길을 걸었고, 고생하신 부모님께 키운 보답은커녕 아픔으로 걱정만 안겨 드려야 했다. 이처럼 개인적으로 평범하지 않은 인생이었지만 고생한 만큼 인생에서 무엇보다 중요한 사실을 체험으로써 깨닫게 되었고, 많은 사람들에게 자연의 오묘한 이치를 알리는 기회를 얻었다. 이것은 나의 운명이라고 생각된다.

그리고 나는 수양하는 과정에 '보이지 않는 대상'들이 사람에게 독이 될 수 있다는 것도 체험으로 알게 되었다. 공기와 같이 눈으로 보이지는 않지만, 우리가 사는 공간에는 몹시 독한 기운과 좋은 기운이 있다는 것을 깨달게 되었다. 어떤 노인들에게는 사람이 오래 살면서 각자의 몸에 갖게 된 고유의 기운이 모여 있다는 것을 느끼고, 어린 아이들에게는 자연의 생명과 같은 좋은 기운이 모여 있다는 것을 느끼게 된다. 숙취 상태에서 어린 아이들을 껴안고 있으면 기운이 나고 편안함이 더해진다는 것을 보통 사람도 느낄 수 있다. 숙취 상태에서 공기가 맑은 숲 속에 있으면 빨리 회복되는 이치와 같다. 아직까지 인류 역사상 '보이지 않는 대상'이 어떤 것인지 실체를 모르고 이렇게 오랜 세월이 흘렀다는 것은 명석한 두뇌를 가진 만물의 영장류에게 아이러니라 아니 할 수 없다.

생각해 보면 내가 걸어온 길이 전인미답(前人未踏)의 길이었는지도 모른다. 자연의 세계는 긍정적이며 상생화합과 희생봉사가 최고의 가치를 지니고 있다. 그래서 좋은 일을 많이 하는 사람들을 보면 경외(敬畏)롭다. 좋은 일을 하는 것은 희생봉사를 하는 자연의 섭리에 부합하기 때문이다. 자연에서 태어나 자연의 혜택만 받고, 자연처럼 상생화합과 희생 봉사하는 의식으로 살지 못한다면 자연으로 돌아갈 때 진짜 빈손으로 돌아가게 된다. 이 땅에 고등한 인간으로 온 이상 우리 인간은 그것이 깨달음을 얻기 위함이든 좋은 일을 하기 위함이든 무엇인가 이유가 있을 터인데, 백년을 하루살이들처럼 아무 의미 없이 보낼 수는 없지 않은가. 한 번밖에 주어지지 않는 삶을 좋은 의식으로 살고 보람차게 쓸 수 있도록 최선을 다하는 것은 생명체 본연의 모습이다.

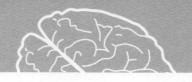

서론

   인류는 오래 살고자 하는 꿈이 있다. 누구나 세상에 태어나 행복하게 오래 살고 싶지 않은 사람은 없다. 다시 말하면 죽음을 두려워한다. 단순히 죽음을 두려워한다기보다 질병으로 일찍 죽는다든지 사고로 죽는다든지 하는 원치 않는 죽음을 두려워하는 게 아닐까? '사랑하는 어린 자녀를 세상에 홀로 두고 병에 걸려 눈을 감아야 하는 부모의 단장을 끊는 아픔을 어찌 말로 다 표현할 수 있을까?' 또 '눈에 넣어도 아프지 않을 어린 자녀를 질병으로부터 살려주지 못하고 가슴에 묻어야 하는 부모의 심정은 오죽할까?' 이렇듯 삶을 살아가면서 심각한 질병에 걸려 불행하게 죽지 않고, 가족과 함께 건강하고 행복하게 살다가 자연의 생물학적 수명을 다하고자 하는 것은 모든 인간의 소망일 것이다. 그런데 인간은 만물의 영장으로서 눈부신 과학적 성과를 성취한 시대에 살고 있지만, 아직도 이처럼 소박한 꿈마저 이루지 못하며 살고 있다.

   현대 과학 문명의 발달로 인간은 달에 착륙 한지가 반세기가 되어가고, 지금은 우주를 여행하는 일이 대단한 일도 아닌 시대에 살고 있다. 그렇지만 사람은 백 년 전에는 어디에 있었으며 또 백 년 후에는 어디로 가는지? 나는 누구인지? 오는 곳도 가야 할 곳도 모르고 그저 바쁘게 살다가 생로병사(生老病死)의 틀을 벗어나지 못하고 세상을 떠난다. 만물의 영장이라고 하지만 독일의 실존주의 철학자 하이데거가 말한 바와 같이 온 곳도 갈 곳도 몰라서 느끼는 '인간의 원초적 불안정성'을 아직까지 극복하지 못하고 있다. 동물은 대체로 타고난 생물학적 평균 수명을 다 살고 자연사를 한다고 하는데, 인간은 주어진 생물학적 수명인 120세를 사는 사람은 극히 드물다. 인간은 대부분이 병마로 고통을 받다 인생을 마감한다. 늙고 병 들어서 영생이 주어진다고 한 들 무슨 큰 의미가 있겠는가만, 그래도 주변의 사랑하는 사람들과 더불어 생물학적 나이만큼은 건강하게 사는 것이 인간의 간절한 염원이 아닐까.

현재 인간의 소박한 소원이 아직까지는 꿈으로만 보이지만, 인간의 실상을 알게 된다면 죽음에 대하여 인간이 그렇게 절망적이고 완전히 속수무책일 만큼 나약한 존재는 아니다. 사람은 자연 진화 단계의 최고 결정체인 인간의 뇌를 보유하고 있어서, 이를 긍정적으로 발달시키고 활용을 잘하면 누구나 무병장수하며 행복한 인생을 보낼 수 있기 때문이다.

인간의 수명과 인생에 지대한 영향을 주고 있는 뇌에 관한 이야기다.
우리는 아직도 미개척으로 남아 있는 인간의 뇌를 '우주처럼 오묘하다'는 말로 표현한다. 가깝게는 태양계가 있고 수많은 별을 가지고 있어, 밝혀진 것만도 이천억 개가 넘는 은하계를 망라하는 우주의 황홀함이란 밤하늘의 은하수를 바라보는 것만으로도 경이로워서 입을 다물 수가 없다. 지구의 자전 속도는 초속 400미터이므로 현재는 여객기를 타고도 서쪽으로 지는 해를 따라갈 수 없다. 공전 속도는 초속 30km다. 지구의 둘레는 약 4만km이며 이 우주는 빛의 속도로 팽창 중인데 빛은 초속 30만km이다. 이처럼 상상할 수 없을 만큼 드넓은 우주공간에서 우리는 작은 숨을 쉬며 살고 있는 생명체다. 우주 공간에 떠 있는 지구라는 기구를 타고 돌아 다니는 인간의 존재 자체가 불안정한데 이런 삶에서 완전을 추구하는 것이 모순일지도 모른다.

그런데 우리의 뇌가 우주만큼이나 복잡하고 오묘한 구조로 조화를 이루며 엄청난 과학의 총아로서 하나의 생명체를 주관하고 있다는 것을 알고 있다면 뇌를 함부로 사용하지는 않을 것이다. 지금까지 생물학적으로 뇌라고 부르고 그것이 전부인 것처럼 보이지만 사실 '뇌'를 움직이는 실체는 따로 있다. 유물론(唯物論)에서 보면 모순이라 하겠지만 '생각의 주체'이며 살아 있는 사람을 움직이는 실체가 있다. 뇌에서 빛이나 소리나 맛을 느끼려면 전기신호로 바꿔야 하는것처럼 생각은 전하를 가진 이온형태로 신호로 전달된다. 뇌의 생각을 전기신호로 보내면 기계가 번역하여 사용하면 가능하다. 뇌-컴퓨터 인터페이스(brain-computer interface)처럼 키보드 없이 컴퓨터를 사용하거나 사지 마비 환자가 로봇 의수를 쓸 수 있게 하는 기술이 있다. 이처럼 살아 있는 '의식의 실체'에 비하면 뇌는 하나의 작은 물질에 불과한 존재이다. 그러나 사람들의 인식에 과학적으로 이해하는 범위를 벗어나는 것은 혼란을 초래할 수 있으므로 여기서는 그 '의식의 실체'를 모두 포함하는 개념으로 뇌라고 표현하고자 한다.

나는 수백만 년간 인류가 고민하며 살고 있는 문제들에 대하여 열린 눈으로 사색하는 기회가 되기를 바라면서 담론을 제기하고자 한다. 현대 인류의 뇌는 이미 총명하고 또 진화를 거듭하고 있기 때문에 멀지 않은 장래에 전 인류가 인간 존재의 '실존적 진실'에 접근하리라는 확고한 믿음이 있지만, 지금까지 수백만 년 동안 해결이 안 됐으므로, 혹시라도 이 시대에 이루지 못한다면 다음 세대 또 그다음 세대를 기다려서라도 지속적으로 진리를 밝히고 인류의 이상적인 삶의 지표를 만들어 가는 지평이 되기를 바란다.

나 자신이 인생을 살아오면서 인간은 살아가면서 세 가지를 잘 실천 할 수 있다면 생로병사(生老病死)에 대하여 어느 정도 초연할 수 있다는 것을 깨달은 바 있어서 그 내용을 여기에 적어 사람들의 이해를 돕고, 이제 함께 실천하고 검증하는 기회가 되기를 바란다.

지금처럼 자신의 운명을 하늘에 맡기는 나약하고 수동적인 존재로서의 인간이 아니라 자연의 강력한 주체적 존재로서의 힘이 있는 인간의 실체를 확인하고 행복한 삶을 살기를 바라며, 자연적 수명을 다했을 때에도 자연의 일부분으로 아름답게 돌아갈 수 있도록 인생을 아까운 데 낭비하지 말고 과정 자체의 소중함을 깨닫고 하루하루 실천적 삶을 살기를 바라기 때문이다.

앞으로 서술하는 세 가지를 통하여 실상을 이해하게 된다면, 현재 한계상황에 직면하여 죽음의 골짜기를 절망적으로 헤매고 있는 사람이라 하더라도 희망을 포기할 필요가 없다는 것을 알 것이다. 불행한 죽음을 극복할 수 있는 길은 이미 열려 있으며, 스스로 진실을 얼마나 빨리 파악하고 실천할 수 있느냐에 달려 있다. 이쯤 되면 독자들은 어떻게 불행한 죽음을 극복할 수 있다는 것인지 반신반의(半信半疑)하겠지만, 한번 곰곰이 생각해 보자. 우리의 생(生)이 자기의 의지와 상관없이 자연으로부터 시작되었고 자연에서 살다가 또다시 자연으로 되돌아가게 되는 것인데, 이러한 우리의 실체적 존재를 인식한다면 해답은 당연히 자연에서 찾는 것이 옳다. 많은 사람들은 무한한 힘이 있는 자연에는 관심조차 없으며 힘의 본질을 보지 못하고, 더욱 허상에 젖어 살면서 인생을 소비한다.

즉, 보통 사람은 뇌에 공기가 3분만 공급이 안 되어도 사망에 이른다.

물은 며칠만 안 마셔도 생존이 어렵다. 자연에서 음식물을 섭취하지 못하면 기력을 잃고 생을 다하게 된다. 이처럼 생명체는 자연의 도움 없이는 잠시도 살기 힘들다는 것을 모르는 사람은 없다. 그런데 우리의 생명을 유지해주는 자연의 역할은 지금까지 우리가 알고 있는 것보다 훨씬 더 광범위하고 심오하다. 우리는 자연을 세상에서 가장 흔한 존재라고 하찮게 바라보고 살아온 것은 아니었는지 스스로 되돌아봐야 하지 않을까?

자연의 현상을 보자. 길고 추운 겨울이 언제 물러가나 싶은데 봄은 이미 겨울 눈 속에 찾아와 어느 사이 새싹을 살포시 내밀고, 온 강산을 꽃으로 붉게 물들이며 신록의 향연을 펼친다. 자연은 때로는 가뭄으로, 때로는 홍수로, 예측 불가능하게 하고 순서가 없는 듯하지만, 궁극적으로 자연계의 모든 현상을 주관하며 완성자로서 위력을 유감없이 발휘한다. 우리는 뜨거운 햇볕 아래 맥없이 축 늘어져 있는 호박잎을 무심히 보고 지나쳤겠지만, 모든 식물은 무더운 날씨에 지치고 힘들어 보이는 때 오히려 가장 잘 자란다는 것을 알고 보면 자연 현상에서 예사로운 것이 하나도 없다. 무더운 여름을 견디며 알찬 곡식을 만든 벼가 가을 햇볕 아래 겸손한 모습으로 황금빛 고개를 깊게 숙인다는 사실에서 성숙한 자연의 단편을 엿볼 수 있다. 사람도 무릇 그런 자연의 겸손함과 성숙함을 배워야 자연의 진실성에 다가설 수 있다.

어디 그뿐인가, 추운 겨울이 되면 수분 때문에 제 몸이 얼어버릴까 염려되어 수분을 미리 배출하여 가을 계곡에 흘려보내는 나무의 지혜는 얼마나 놀라운가. 이러한 나무가 머금은 수분은 하나하나 모여서 모든 강의 원류가 되고 대지를 적시는 젖줄이 된다. 일상생활에 매달려 바쁘게만 살지 말고 한 걸음 멈추고 자연의 소리, 자연의 속삭임에 귀를 기울이면 자연은 너무 흔한 존재가 아니라 생각보다 훨씬 더 지혜로운 존재로서 우리의 생명을 품고 있는 실체라는 것을 깨닫게 된다.

메마른 토양에서 자란 나무가 더 단단하고, 응달의 나무가 더 결이 고운 것은 자연의 묘리다. 세찬 풍상에서 자란 나무가 강인한 생명력으로 오래 살아남는다. 사람도 고통을 겪으며 인고의 세월을 극복한 사람들이 역사적으로 큰일을 한 인물들이 많다. 이러한 자연의 지혜로운 생명현상에서 자연의 일부인 우리도 생명의 섭리를 배워야 하지 않을까? 충분한 자양분을 섭취하고 풍부한 햇볕을 쬔 씨앗이 좋은 결실을 맺어 풍요로운 내년을 기약하듯이 사람도 인자하고 좋은 품성을 지닌 사람이 좋은 유전자로써 번창하는 후손을 기약할 수 있다.

숲은 약동하는 생명의 기운이 충만하다. 숲에서도 소나무, 잣나무, 편백나무 등 침엽수림은 피톤치드를 내뿜는데 균, 곰팡이, 해충 등 미생물 공격을 쫓는 작용을 하는 휘발성 물질이다. 사람이 숲에서 나오는 피톤치드를 들이마시면 스트레스와 긴장이 풀리고, 혈압이 안정되며, 면역 기능이 강화되는 것으로 입증되고 있다. 사람들은 경험을 통하여 숲에서 많은 병이 치유될 수 있다는 것을 의심하지 않는다. 그리고 사람들은 왠지 모르게 자연을 대표하는 존재로서 나무를 무척이나 좋아한다. 그런데 사람들이 아직까지 정확히 알지 못하고 있지만, 나무를 좋아할 수밖에 없는 특별한 이유가 있다. 살아 있는 나무는 면역증강 효과가 있는 피톤치드를 발산하지만, 사실 이와는 비교가 안 될 정도로 기능이 탁월하여 인류의 아픔을 치유해 줄 수 있는 놀랄만한 특별한 물질을 품고 있다. 그래서 자연에서는 많은 병이 치유될 수밖에 없다. 겨울의 매서운 바람과 눈서리를 맞고 여름의 작열하는 뜨거운 태양을 온몸으로 견뎌내며, 생명체들에게 생존의 근원을 제공하는 나무에게는 특별한 보상이 있어야 하는 것이 자연의 이치와 부합한다.

현재까지 암 치료제의 80% 이상의 신약 물질을 자연에서 찾았다고 한다. 사실 자연에는 완벽한 물질들이 있지만, 사람들이 아직까지 이용을 못하고 있는 실정이다. 자연의 울림과 섭리를 알고 사람이 뇌파의 코드를 자연에 맞추어 생활하다 보면, 뇌가 회복됨으로 인하여 질병도 자연히 치유된다. 이처럼 우리는 그동안 가까운 곳에 방법이 있는데 해결하려는 당위적인 노력이 부족했던 것은 아닐까? 인간은 지구상에서 최고로 발달된 물질인 인간 두뇌를 가지고 있는 만물의 영장으로서 이제 해결책에 대한 객관적인 사유를 할 수 있는 위치에 있다. 따라서 인류는 자연으로 돌아가 자연에 순응해 살아가는 과정에서 삶의 해답을 구해야 한다.

우리 속담에 "남의 눈에 눈물 나게 하면 제 눈에서 피눈물이 난다."는 말이 있고, "모난 돌이 정 맞는다."는 말도 있다. 이와 같이 우리 선조들은 자연계에 관통하는 이치를 일찍이 꿰뚫어 보고 자연의 순리대로 인생을 살려고 노력했다. 자연계는 자연처럼 희생봉사의 의식이 있으면 무한히 진화 발전하는 힘을 갖게 되지만, 자연계에서 이기적이고 우월(優越)적 의식을 갖고 타 생명체를 해롭게 하면 스스로 열성(劣性)이 되어 자연히 도태되도록 설계되어 있다. 우리는 이러한 자연의 절대적 힘을 깨닫지 못하고 잘못된 인식으로 세상을 살고 있는 것은 아닐까? 우리가 자연의 진정한 힘을 깨닫지 못하듯이 인과응보(因果應報, 좋은 일에는 좋은 결과가, 나쁜 일에는 나쁜 결과가 따름)나 사필귀정(事必歸正, 모든 일은 옳은 이치대로 돌아감)과 같은 인생(人生)의 진정한 도리(道理)를 잘 깨닫지 못하고 사는 것은 아닐까, 깊은 성찰이 필요하다.

　우리 주변에는 정말 성실하게 노력하면서 착하게 살고 법 없이도 살아갈 수 있는 사람들이 고생을 많이 한다. 그런가 하면 어떤 사람은 그렇게 착하지도 않고 이기적 삶을 사는 것 같은데 잘 사는 사람들도 많다. 이와 같이 겉으로 보기에 세상은 참으로 불공평해 보인다. 그래서 많은 사람들이 힘들고 불편한 정도(正道)를 걷지 않고 편안하고 쉬운 샛길만 골라 걷고 있는 것인지도 모른다. 그런데 편안하게 잘 살던 사람이 인생의 어느 날 쓰나미 같은 불행이 닥쳐와 집안이 풍비박산(風飛雹散)이 나기도 하고, 반대로 춥고 배고픈 나날을 보내던 사람이 인생의 어느 날 따뜻한 봄날이 찾아와 행복하게 잘살게 된 사람도 볼 수 있다. 이처럼 인간사는 새옹지마(塞翁之馬)다. 그런데 세상을 살다 보면 절대선(絶對善)도 없어 보이고, 카오스처럼 혼돈스럽고 불공평해 보이지만 살아 볼수록 세상의 모든 일은 원인과 결과가 상호 밀접하게 연관돼 있고, 두 바퀴처럼 뗄 수 없이 서로 의지하며 굴러가고 있음을 느끼게 된다. 그래서 오랜 시간 동안 인류가 살아오면서 인간의 삶을 표현하는 말이 인과응보(因果應報), 자업자득(自業自得: 자기가 저지른 일의 과오가 자기 자신에게 돌아감), 결자해지(結者解之: 맺은 사람이 풀고, 처음 시작한 사람이 그 끝을 책임져야 함)가 아닐까, 즉 자기에게 일어나는 모든 일은 자기 자신에게 그 원인이 있으며, 해결의 열쇠도 다름 아닌 자기 자신에게 있다는 것이다. 즉, 언뜻 보기에 세상은 부정과 불합리가 만연하는 모순덩어리처럼 보이지만, 길게 보면 사필귀정(事必歸正)이 틀리지 않다. 세상에 겉으로 보이는 불합리한 일만 보고, 세상은 정의(正義)도 없고 도덕(道德)도 없는 불공평한 곳이라고 원망하면서 성실하게 살아야 하는 우리의 도리를 망각하고 사는 것은 아닐까. 인과응보, 사필귀정, 자업자득, 결자해지 이런 말들의 뜻을 유추해 보면 "문제가 있다면 그것은 자기 자신이 잘 못 살아서 생긴 것이므로 스스로 고쳐서 올바르게 살면 문제는 해결될 수 있다."라고 해석할 수 있다. 해결이 될 수 있다니 얼마나 다행한 일인가!

인생의 여정에서 어느 날 갑자기 '암'과 같은 치명적인 병으로 죽음이라는 한계 상황과 직면하게 되면, 나는 어떻게 해야 할까? 상상하기도 싫고 생각하고 싶지도 않겠지만, 현대인은 벌써 세 명 중 한 명 정도가 인생의 한창 전성기에 이런 상황에 직면하게 된다고 한다. 과거에 자연이 오염되지 않고 생생하게 살아 있을 때는 자연 치유 능력이 뛰어나 이렇게 암이나 각종 질병이 만연하지는 않았지만, 지금은 환경 오염으로 자연이 파괴되고 힘을 잃게 되어 질병이 만연하는 시대다. 그러니 행복한 인생을 살면서 스스로 극복하여 갑작스러운 불행만은 피해야 하지 않을까.

사람이 한계 상황에 직면한다면 인생이 허무하고 세상이 원망스러울 것이다. 하늘을 우러러 한 점 부끄러움 없이 살아온 인생이라고 절규라도 하고 싶을 것이다. 그러나 허공을 향하여 절절한 마음으로 지혜와 답을 구한들 지혜로운 답이 돌아올 리 없다. 오로지 길이 있다면 사필귀정(事必歸正)의 대의를 깨닫고 현실에서 답을 구해야 한다. 따라서 우선은 자기가 살아온 길을 되돌아보고 무엇이 잘못되었는가를 찾아야 한다. 그 길은 매우 과학적이고도 합리적이어서 우리 인간의 발전 역사와 궤도를 같이 하고 있다. 즉, 자연의 법칙은 잘못된 결과(結果)가 있다면 반드시 잘못된 과정(過程)이 있게 마련이며, 잘못을 깨닫게 됨으로써 비로소 해결의 길을 모색 할 수 있다. 진정한 자연의 섭리를 이해하고, 진심 어린 참회와 통렬한 자기반성으로부터 시작해야 한다. 우선 절박하고 불안한 마음에 과학과 의료술을 지나치게 맹신하고 또는 나름의 믿음에 의지하여 해결하려는 사람들이 많지만, 사실은 결자해지(結者解之)라는 자연의 순환법칙을 이해하면 스스로 실천하는 것이 더욱 근본적인 치유책이 된다는 것을 알 수 있다. "녹은 쇠에서 생긴 것인데 점점 그 쇠를 썩게 한다." 는 말이 있다. 즉 자기 자신이 살아오면서 스스로를 병들게 하고 무너뜨렸다는 것을 알아야 한다. 원인을 알게 되면 해결의 길이 있다. 자신이 살아온 인생을 되돌아보고 반성하며 스스로 환골탈태함으로써 희망을 찾을 수 있다. 병이 왔을 때 병은 이유 없이 운명적으로 오는 것이 아니다. 마치 '나비 효과'(서울에서 공기를 살랑이게한 나비의 날개짓이 다음달 북경에서 폭풍우를 일으킨다는 현상)처럼, '카오스 이론'처럼 무질서하게 보이는 현상 혹은 예측 불가능한 현상도 배후에는 모종의 정연한 질서가 존재하며, 뭔가 동기를 유발하는 작은 동인(動因)이 있어서 훗날 엄청난 파장을 몰고 오는 것이다. 자기 세대가 아니라면 차세대, 차차세대에서라도 전에 내재(內在)된 것들이 발현(發顯)하게 된다. 그래서 내 세대에 지금 잘 먹고 편하게 살기 위해서 후세에 해가 되는 일을 해서는 안 되는 것이다. 스스로에게 물어보면 답이 보인다.

그러면 사람들이 인생에서 어떻게 불행한 죽음에 직면하게 되는지 잘못되는 원인 세 가지를 살펴보자.

첫째, 불균형한 식생활로 섭생을 잘 못하며, 술 담배를 과하게 하고 불규칙한 생활과 운동부족으로 몸이 약화된다. 이것은 현대 의학과 과학이 생명을 좌우하는 전부인 것처럼 설명하지만 실제로는 작은 일부분에 해당할 뿐이다. 인류의 과학과 의학이 발달하여 완벽한 인공장기를 개발하고 줄기세포연구가 완성단계에 이르러 신체 기관들이 자유자재로 재생되며 심지어 페이스오프(다른 사람의 얼굴이식)가 실현되더라도 과학은 여기까지다. 하기 두 가지 경우로 발생하는 문제는 해결될 수 없다.

둘째, 나쁜 버릇과 습관으로 인생을 함부로 살며, 뇌에 과도한 스트레스를 받게 하여 뇌 기능을 저하시킨다. 자기주장을 버리고 자연과 같은 희생봉사의 자세로 살아야 뇌가 생기를 찾고 건강해져 무병장수한다.

셋째, '보이지 않는 대상'에 의하여 무녀처럼 뇌가 예속되어 기능을 발휘하지 못하거나 어떤 길하지 않은 기운의 영향을 받아 어느 단계에 병이 발병한다. 무속인들의 숙명적인 삶을 보면 분명히 '보이지 않는 대상'이 사람에게 결코 범상치 않은 영향이 있다는것을 간접적으로 알 수 있다. 사람들은 이것이 매우 치명적인 결과를 초래하는 대상임을 간과하며 살고 있다.

병이 걸린 사람은 세 가지 원인 중에 최소한 하나의 원인을 가지고 있게 마련이며, 사람들 대부분은 세 가지 원인을 복합적으로 가지고 있다. 원인에 따른 해결 방법은 첫째, 둘째, 셋째의 순서대로 더욱 어렵다. 일반적으로 사람들은 아직까지 불행한 죽음을 극복할 수 있는 방법이 세상에 알려진 것이 없었으므로, 과학적으로 검증된 첫 번째 조건만을 충족하면 해결된다고 생각한다. 현대의 모든 의학이 병에 걸리는 일부분에 불과한 섭생과 규칙적 생활 등에만 주 매달려 있기 때문에 아직까지 병의 원인에 대한 전면적인 명쾌한 해답이 없다. 그런데 그것은 병에 걸리는 원인의 매우 제한된 부분에 불과하다. 따라서 적당한 식생활과 규칙적인 생활로 섭생을 잘하고 살아왔음에도 병에 걸려 죽는 사람이 있고, 술 담배를 하며 불규칙하게 살아도 오래 사는 사람이 있다는 것을 이해하지 못하고 '인명은 재천'이라는 말로 합리화한다. 그러나 사실은 누구나 분명 평생을 행복하게 무병장수할 수 있는 길이 있다. 즉, 세 가지를 모두 잘 지키면 가능하다.

지금까지 인간들은 생명에 지대한 영향을 미치는 세 가지 조건 중에 최소한의 하나만을 알았을 뿐이다. 나머지 더 중요한 두 가지 조건을 실천하는 과정이 있다는 것을 몰랐기 때문에 죽음은 알 수 없고 극복할 수 없다고 체념을 했던 것이 지금까지 죽음에 대한 인류의 생각이다. 여기서는 둘째 조건인 좋은 습관으로 인생을 잘 살아 뇌를 건강하게 관리해야 한다는 것을 중점적으로 이야기하고자 한다.

인간 사회에 온갖 죽음의 질병이 만연하는 것은 일차적으로 지구상의 수많은 인간들에 의하여 환경파괴와 오염으로, 자연이 병들어 예전과 같은 자연 회복의 환경이 조성되지 못하고 있는데 원인이 크다.

자연은 원래 창조가 있고 병이 없었다. 원시인은 뇌를 사용하는 생활습관이나 자연에 대한 태도가 현대인과 많이 달라서 현대인처럼 질병에 시달리지는 않았을 것이다. 원시인의 뇌가 스트레스에 처하는 빈도가 훨씬 덜하다. 즉, 원시 시대에 멧돼지를 만날 확률은 며칠만에 한번이겠지만 현대인은 하루에도 수십 번씩 그런 환경에 처한다. 학교 다닐 때는 매일매일 학습과 시험에 스트레스를 받고 직장인은 미팅, 결재, 실적, 접대로, 집에서는 부양자로서 아이들 교육과 먹고 살 궁리로 시시각각 엄청난 스트레스에 시달리며 살고 있다.

인간의 스트레스와 함께 과거와 달리 환경오염이 심각하다. 자연 생태계가 인간 문명이 발달하면서 온갖 공해물질과 쓰레기로 몸살을 앓고 있다. 지구가 생성된 이후 사람처럼 지구를 함부로 훼손하며 살았던 생명체는 없었다. 인간의 온갖 쓰레기와 난개발로 땅에서는 곳곳에서 침출수가 솟아오르며 흙이 썩어 가고, 하천은 수질오염으로 악취가 진동하는 속에 죄

없는 생명체들이 죽어가고 있다. 오염된 토양과 썩은 물에서 자란 농작물과 식물들이 오염되어 병충해를 앓고, 이를 먹은 온갖 생명체들이 아파하며 죽어 가고 있다. 원인 모를 미세먼지가 가스실처럼 자욱하게 끼어 사람들이 호흡을 못할 지경에 이르고, 마스크를 쓰고 대화를 해야 할 만큼 대기오염이 극심해지고 있다. 이뿐인가. 급격한 지구 자원의 고갈로 머지않은 미래에 후손들은 무슨 에너지로 살아야 할 것인지 걱정스러울 뿐이다.

따라서 오늘날 자기만 살고 후손들은 안중에도 없는 이기적 사고를 버려야 한다. 자원을 한번만 쓰고 버리는 '약탈적 경제'에서 재활용하는 '순환형 경제'로 전환해야 한다. 화석연료와 동물성 단백질의 사용을 줄여야 온실가스가 줄어든다. 한번 배출된 이산화탄소는 100년, 메탄가스는 20년간 대기 중에 머문다고 한다. 쇠고기 1kg이 생산한 이산화탄소 배출량이 자동차를 250km 주행한 것과 같다. 돼지고기 1kg을 생산하는데 사료가 6kg이 들어 간다. 지구 환경오염을 막고 이산화탄소 배출량을 줄이는 방법은 육식을 줄이고 대중교통을 늘리며 친환경(수소. 전기)자동차 등으로 연비를 획기적으로 줄이고 출퇴근에도 자전거사용을 늘려야 한다. 아울러 냉난방을 줄이고 여름은 여름답게 겨울은 겨울답게 사는 것이 자연에 순응하는 삶이 되어 건강에도 유리하다. 향후 인류가 근본적으로 지속 가능한 에너지 소모를 하려면 태양광, 풍력발전, 지열, 바이오 등 자연을 활용한 에너지 사용으로 전환되어야 한다. 후진 개발도상국은 경제발전단계가 부득이 이산화탄소를 배출할 수밖에 없는 후진국형 산업구조이므로, 배출규제와 경제성장이라는 이중고를 겪고 있는 것 또한 사실이다. 환경오염이 심각한 문제이지만 배출량 규제를 선·후진국에 획일적으로 적용할 경우 국민소득향상에 영향을 미치고 국가 간 부의 격차가 더 벌어져 후진국 국민이 더 고통을 당하게 되므로 형평에 맞게 적용할 필요가 있다. 이와같이 오늘날 자연이 스스로 자정이 어려울 만큼 오염되어 상처를 입고 있지만 그래도 자연은 아직 생생하고 건강하며 우리의 문제를 해결해 줄 수 있는 유일한 구원자(救援者)라 할 수 있다. 그래서 사람이 인간의 한계상황에 부딪혔을 때 자연에 의지하여 해답을 구하면 자연은 답을 준다. 자연은 생명의 근원이고 우리의 모태이기 때문이다. 인간의 환경파괴로 인한 지구 온난화로 지진, 쓰나미, 태풍, 가뭄, 홍수, 폭설이 수시로 찾아와 몸살을 앓고 있지만, 그래도 자연은 의연함을 잃지 않고 있다. 자연이 주는 마지막 기회라고 생각하고, 지금부터라도 하나뿐인 지구와 자연보존을 위하여 온 인류가 엄숙히 반성하고 진지하게 임해야 할 때가 아닐까? 그래야 지구도 살고 자연도 살며 자연의 일부인 사람이 살 수 있다.

자연 파괴와 더불어 사람을 병들게 하는 원인을 말한다면, 사람은 역설적으로 뇌의 총명함으로 사람 스스로 자신의 뇌를 약하게 만드는 나쁜 습관을 가지게 된 것이라 할 수 있다. 나쁜 습관이란 이기적인 자기 욕심을 충족하기 위하여 온갖 간계를 내는 머리가 하나요, '보이지 않는 대상'에 의한 뇌의 약화 현상이 둘이다.

뇌는 너무 오묘하고 복잡하지만, 단순 명료하게 생각하면 쉽다. 즉, 사람이 선량(善良)하게 잘 살면 뇌가 건강하여 인생이 잘 풀리고, 악하게 살면 뇌가 잘 못 되어 스스로 인생이 잘못되는 것이다. 이와 같이 자연계는 인과응보, 사필귀정의 이치가 관통한다. 아름다운 자연을 보호하려는 선량한 마음가짐은 자신의 뇌와 신체를 아름답고 건강하게 만든다. 아름다운 것은 강한 것이다. 약자에게 잘하는 것은 자연의 희생봉사 의식과 같이 값진 것이므로 사람의 뇌에 강한 힘을 길러 준다. 반대로 악당처럼 나쁜 것들은 처음에는 강하고 무서운 힘을 발휘하는 것 같지만, 세월 속에 점점 약해져 스스로 힘을 잃게 되는 것이 자연의 이치다. 사람이 건강하고 영특한 뇌를 갖게 되는 길은 선행(善行)을 함으로써 비로소 자신의 머리를 강하게 만드는 것이 가능하다.

이것은 인생을 살아가면서 누구나 당연하다고 생각하는 삶의 진리인데, 한편으로 현재 옳다고 하는 사필귀정의 현상이 눈앞에서 상시(常時)적으로 꼭 일어나지 않아서 삶의 진리에 회의를 품을 때도 있지만, 인생을 살아가면서 긴 세월을 통하여 자기의 중심인 뇌로 인해 자연의 섭리는 차츰 실현된다. 즉, 잘 살면 긍정의 뇌가 발달하여 건강, 총명, 행복이 곁으로 오고 잘못 살면 부정의 뇌로 인해 질병, 아둔함, 불행이 어느 사이 눈앞에서 아른거린다. 살다가 크나큰 불행이 왔을 때 누구를 찾을 것인지를 생각해 보자. 생각나는 것은 많지만, 자신을 속 시원하게 도와줄 수 있는 대상은 세상에 아무것도 없다. 결국, 세상에 자신만이 홀로 남는다. 도와줄 사람이 아무도 없는 절망적인 상황에서 절벽과 마주하여 자신과 대화를 할 때 등 뒤에서 어깨를 쓰다듬어 주고 용기를 줄 수 있는 존재가 있으니 바로 다름 아닌 자연이다.

생각해 보면 우리 인간은 자연의 혜택 없이는 단 하루도 살 수 없다. 벽에 부딪혀 외롭고 힘이 들 때 자신을 이 세상에 있게 했고, 지금까지 사심 없이 생명력을 제공해 주었던 대자연이 있다는 생각은 왜 안 해 보는지….

과학적으로 검증되어 이미 많은 대중이 잘 알고 있는 섭생 부분은 생략하고, 살아가면서 좋은 의식과 양질의 습관을 가져 좋은 뇌를 형성하는 것이 얼마나 중요한지 살펴보고자 한다.

우선 자연이 인간에게 어떤 영향을 미치고 병의 치유에 어떤 도움이 되는지를 살펴보자. 따스하고 밝은 태양이 비추면 사람들은 기분이 좋고 상쾌해지는 것을 느낀다. 반면, 해가 뜨지 않고 하늘이 저기압으로 어두우면 기분도 우울한 상태가 된다. 장기적으로 어떤 환경에 뇌를 노출 시켰느냐에 따라 뇌의 상태가 달라진다. 밝고 깨끗하고 바른 환경인지 어둡고 우울하고 침울한 환경인지에 따라 다르다. 사람들은 매일 순간마다 기분이 바뀌고 있다. 이처럼 자연이 사람의 건강과 뇌에 직접적으로 영향을 미치고 있다는 것을 느낄 수 있다. 상반된 두 가지 환경에서 뇌의 상태는 완전히 다른 반응을 하는데, 밝은 날씨는 뇌를 활성화 시키고 우울한 날씨는 뇌를 위축시킨다. 일조량이 사람의 기분을 좌지우지하여 질병 발생에도 영향을 미친다는 보고서는 많다. 우울한 날씨와 정신병력은 밀접한 관계가 있다고 알려져있다. 만월의 상태에서 정신병 발작률이 올라간다는 보고서도 있다. 만월이 되면 조수간만의 차에 의한 기류와 자기장이 뇌파에 영향을 미칠 수 있다. 만약, 지구에 달이 위성으로 따라다니지 않았다면 공전궤도와 주기 등이 바뀌어 온도를 포함한 모든 환경이 바뀌고 안정성이 떨어지게 되는데, 이로 인해 지구에 인류와 같은 생명체는 존재하기 불가능했을 것이라고 과학자들이 말한다. 북유럽은 일조량이 짧아 우울증이나 신경 관련 질병이 많다고 하며 그에 대한 치료법도 자연을 활용한 방법들이 많다. 이처럼 자연과 인간은 불가분의 관계를 맺고 있다.

중국의 내륙 분지에 해당하는 사천성에는 일조량이 짧아 해를 잘 못본다. 그래서 예로부터 개가 해를 보면 이상하게 생각하고 짓는다는 촉견폐일(蜀犬吠日)이라는 고사성어가 있다. 일조량이 부족하여 풍습이나 관절염 등 지방 토색의 질병이 많아지자 훠궈(火锅)라고 하는 맵고 뜨거운 음식을 많이 먹어, 몸에서 땀이 나게 하여 각종 질병을 예방한다고 한다. 중국 삼국지에서 유비가 관할하던 촉나라가 있던 지역인데, 자연환경에서 수 천 년 동안 살아온 인간의 지혜가 모여 그런 식생활이 필요했으리라 짐작된다. 인류는 예로부터 햇볕이 그만큼 건강에 영향을 미친다는 것을 알았던 것이다. 공기오염도, 일조량, 녹지공간, 습도, 농산물 오염도 등 자연환경이 사람의 건강에 직간접적으로 많은 영향을 미친다. 세계적으로 이름난 대부분의 장수촌은 오염이 안 될 뿐만 아니라 자연경관이 매우 아름다우며 청결한 곳에 위치해 있다.

일상에서 자연은 우리에게 많은 영향을 미치고 있다. 정기적으로 등산하는 사람의 신체기능이 활성화되는 것은 운동의 효과와 함께 자연이 건강에 미치는 영향을 확인해준다. 즉, 계곡의 물소리, 숲 속의 새 소리, 바람 소리를 들을 때, 숲 속에서 아름드리 나무들이 울창하게 서 있는 모습을 바라볼 때, 맑은 계곡물에 흘러가는 낙엽을 무심결에 바라볼 때, 가을바람 맞으며 단풍 든 나무 밑에서 바스락거리는 낙엽을 밟을 때, 나뭇가지에 새가 지저귀며 앉아 있는 모습을 바라볼 때, 들꽃이 바람에 한들거리며 미소 짓는 것을 바라볼 때에 우리는 세속의 욕망과 복잡한 도시의 스트레스를 잠시나마 잊은 채 자신도 모르게 무심결에 자연과 동화되어 하나가 된다. 나는 어디에서 와서 이 숲 속을 걷고 있는 것인가, 나는 누구이며 무엇을 위해 살고 있는가 등 원초적인 생각을 하며 나도 자연 속의 일부라는 것을 스스로 인정한다. 세속에서는 제법 잘 낫다고 생각했던 그릇된 우월의식을 자신도 모르게 뇌리로부터 버리게 된다. 즉, 계곡물에 떠 있는 낙엽이 어느 나무에서 떨어져 흘러 왔건, 나뭇가지의 새가 어디에서 살다 날아와 잠시 나와 눈을 맞추건, 내가 바라보는 모든 것들은 자연의 경이로운 대상들이다. 자연의 대상인 그들의 시각에서 바라보면 나 또한 수많은 자연의 대상물 중에 아주 작은 하나일 뿐이다. 이러한 자연환경에 처하면 나의 뇌는 의도를 하지는 않았지만, 무의식중에 자연과 동화되어 태초의 인간처럼 누구도 의식하지 않고 나의 맘을 편안히 자연에 맡기고 내려놓을 수 있게 된다. 그 상태에서 인간의 뇌파는 야생 동물들이 산속에서 맛있는 자연의 열매를 따 먹으며 행복감을 느낄 때 나타나는 알파파 뇌파와 일치한다. 이런 상태의 뇌라면 병이 감히 올 수도 없으며 병든 사람이라도 뇌가 정상을 회복하여 자연히 치유되는 것이 자연의 섭리다.

숲이 우거진 노천(露天)온천에서 온천욕을 하게 되면, 자기도 모르게 뇌파가 맑은 공기와 주변 숲에 동화되면서 신체가 활성화되어 치유 효과를 발휘한다. 도시 내의 집안이나 목욕탕처럼 밀폐된 곳에서 하는 목욕과는 다르다. 도시 생활에서 스트레스를 받으면 전두엽 자율신경계의 교감신경이 활성화되어 혈액 속의 헤모글로빈 수치가 올라가고 심장박동이 빨라져 긴장하게 된다. 숲에서는 교감 신경이 안정되고 부교감 신경이 활성화되어 긴장이 해소되고 스트레스가 풀려 편안하고 안정된 상태에서 신체가 휴식을 취할 수 있게 된다. 바람 소리, 물소리, 새소리를 들으면 머리가 맑아지고 기분이 상쾌해지면서 긴장이 이완된다. 감각 기능이 활성화되어 면역성이 증진되고 스트레스에도 강한 체질이 된다. 이것은 자연의 일부분으로서 순응하는 상태에서의 뇌 기능이 가장 활성화되기 때문이다. 즉, 이때는 자기도 모르게 세속의 욕망을 모두 내려놓고 자연에 일체 동화되어 자신이 없어진 듯한 무아(無我)의 경지가 된다. 사람의 뇌는 이처럼 자연과 코드가 일치하여 안정적이고 편안한 상태에 이르게 될 때 부지불식간에 뇌 기능이 최적합하게 정상작동을 하는 것이며 몸은 뇌로부터 정상적인 기능을 신호로써 전달받아 신체의 정상을 회복하게 되어 있다. 사람의 뇌파가 주변과 동화되어 일치한다는 것은 스트레스가 제로에 가깝다는 것이다. 마치 옮겨 심을 때는 시들시들하던 식물도 하루 이틀이 지나면, 새로운 환경에 적응하여 정상을 회복하여 생기를 되찾고 튼실하게 자리 잡아가는 것과 같은 이치다. 이처럼 살아 있는 모든 생명체는 자연 속에서 서로 교감하며 정상을 회복하여 생존하게 되어 있다.

예로, 바쁜 현대 사회를 살다가 어느 날 갑자기 말기 암에 걸린 사람이 삶을 포기하고 인생을 정리하러 산속에 들어가 풀만 먹고 살았는데 다시 살아나게 되었다는 일화는 많다. 그들의 생각은 이럴 것이다. 즉, '죽음에 직면해 보니 세상 사는 거 별거 아니었는데…, 돈도 명예도 실적도 성적도 아무짝에도 쓸데 없는데…, 생명도 조각구름 하나가 하늘에 피었다가 스러지듯이 바람처럼 사라지는 것을…, 낙엽을 밟아 보니 조락하는 낙엽은 다시 뿌리로 돌아가는 것을…, 인생을 왜 그렇게 어렵게 살았을까…, 눈앞에 보이는 산에 사는 다람쥐나 산 새처럼 마냥 즐겁게 살면 되는 것을…'이처럼 사는 것은 전술한 첫 번째 조건의 규칙적으로 생활하고 섭생을 잘하며 스트레스를 해소해 줌으로서 가능한 결과다. 환자들이 TV를 집중적으로 시청하거나 컴퓨터를 사용하게 되면 뇌의 조절능력을 떨어뜨려 병세가 악화된다는 것을 알 수 있다. 특별히 평면에서 발생하는 가상의 영상세계에 뇌는 적응력이 매우 취약하다. 인간의 뇌가 수 백 만년동안 경험해 보지 못한 충격적인 가상 현실이기 때문이다. 오백만년 살아 온 인간의 뇌가 산업사회의 복잡한 도시생활에 노출된 시간은 겨우 200여 년 밖에 안된다. 산업혁명 이후단 200여년 동안통신과 전자혁명으로 컴퓨터와 핸드폰 같은 첨단 기기들을 쓰고 현란한 영상이 범람하여 뇌에 넘친다. 또한 전세계 어디든 인터넷이 실시간으로 연결되어 검색되는 유비쿼터스 시대에 살기까지 현대인의 뇌는 짧은 시간에 오 백 만 년 동안 변한 것보다 더 많이 변한 삶의 환경에서 각종 스트레스를 겪으며 살고 있다. 인간의 뇌가 아무리 적응력이 뛰어나고 천재적이라 하더라도 이 짧은 시간에 급변한 주변 환경을 감당하기에는 역부족이다. 그것이 인간 스트레스의 근본 원인이고 이런 환경에서는 뇌가 컨트롤 능력을 상실할 수 밖에 없어 암과 같은 모진 병이 발병하게 된다. 따라서 인간이 세속적 삶을 모두 버리고 자연 속으로 들어가 생활하다 보면 현대생활에서 오는 스트레스로 엉망이 되어 기능을 상실해 버린 뇌라 하더라도 자연에서는 차츰 본래의 정상적 기능을 회복하게 된다.

생명력이 왕성한 숲에서는 인간의 신체도 자연 속에서 하나의 대상물에 불과하다. 날짐승과 들짐승은 이상기후를 만나 병이 와도 병원 없이 자연 속에서 대부분 치유가 되게 마련이다. 마찬가지로 사람이 병에 걸려 있거나 비정상적 상태일 경우 자연과 어울려 생활하는 가운데 생존본능을 발휘하여 정상으로 회복되는 것은 자연의 이치다. 자연은 항상 창조적이고 진화발전을 추구하므로 실패가 없다. 그런데 이렇게 강력한 자연의 회복력에도 병든 사람 중에 낫지 않는 두 가지 예외가 있다. 즉, 나쁜 습관으로 뇌에 열성적 인자(나쁜 의식, 습관, 버릇)를 많이 가진 사람과 뇌를 '보이지 않는 대상'에 의존하는 사람들이다. 이런 사람들은 아무리 생명력이 왕성한 자연에서 생활한다고 해도 생명의 핵심인 뇌가 기능이 약화되고 다른 환경의 지배를 받고 있기 때문에 회복이 어렵다. 가는 길이 다를 수 밖에 없다. 자연의 섭리를 모르는 사람들은 환자들이 똑같은 상황에서 생활했는데 어떤 사람은 자연에서 회복이 되고, 어떤 사람은 회복이 안 되는 상이한 결과만을 가지고 자연의 근본적인 힘을 믿지 못한다. 뇌의 중요성과 자연과 교감하는 뇌의 작용을 정확히 이해하지 못하고 단순 비교하는 오류에서 기인하는 바 크다.

이처럼 자연의 위대함은 아무리 찬미해도 과하지 않다. 얼었던 동토의 땅에도 봄이 오면 만물이 기지개를 켜고 온 강산에는 지천으로 꽃이 핀다. 사람이 인위적으로 온실에서 꽃 한 송이를 피게 한다고 봄이 오는 것이 아니며 온 산하에 지천으로 꽃이 피고 지고 싹이 돋아나야 비로소 봄은 무르익는다. 자연은 이와 같이 일부분이 아니며 전면적이고 총체적이고 완벽하다. 여름이 되면 무성한 녹음으로 숲을 이루어 온갖 생명체들이 생동하여 생명으로 넘쳐난다. 가을이 되면 알찬 열매를 맺어 생명체에게 풍요로운 곡식을 선사하고, 겨울이 되면 온 대지가 휴식에 들어가 생명을 잉태할 새봄을 준비한다. 대자연은 항상 완벽하게 모든 준비를 하는 생명체의 요람이다. 그 속에서 태어나고 생활하는 사람도 대자연의 만물 중에 티끌만한 한 가지에 불과하다. 따라서 인간은 대자연의 섭리에 맞게 살아야 하는 존재임을 깨달아야 한다. 우리는 우주나 지구의 주인도 아니고 우주에서 이름 없이 생겨났다가 소리 없이 사라지는 무수한 생명체 중의 하나일 뿐이다. 더구나 지구와 우주가 인간만을 위해 존재한다고 생각하고 행동하는 것은 인간의 무지나 오만함에서 비롯되었을 것이다. 헤아릴 수 없이 수많은 생명체들과 동물들이 인간처럼 똑같이 우주에 발붙이고 사는 하나밖에 없는 존귀한 생명체들이다. 호젓한 숲 속 길에 이름 없이 살다 죽은 벌레의 시체를 보고 슬퍼할 사람은 아무도 없다. 아주 오래전에 지구를 호령했던 영웅호걸들의 위풍당당한 기개를 두려워할 사람 또한 없다. 그 옛날 영웅호걸이나 숲 속에서 이름 없이 살다 죽은 하찮은 벌레의 시체도 오랜 세월 앞에서는 허무하게 바람처럼 사라지는 존재에 불과하다. 언젠가는 해도 식고 별빛도 사라져 새까만 우주만 남을 수도 있겠지만, 그래도 찰나에 불과한 인생에 비하면 영구적으로 존재하는 것은 대자연밖에 없다. 이처럼 자연에서 존재하는 것들은 시간 앞에서 모두 평등하다. 우리는 이런 대자연 앞에서 더욱 겸허해져야 하지 않을까.

우주에서 인간 자신의 존재와 좌표를 더 구체적으로 살펴보자. 우리 인간은 인류의 역사를 길게 잡아도 태어난 지 겨우 500만 년밖에 안 된 생물체다. 137억 년 된 우주나 46억 년 된 지구에 비하면 존재가 미약하여 그 존재성을 찾을 수조차 없어 보인다. 인간에게는 넓어 보이는 지구도 무한한 우주 공간에서는 먼지에 불과하다. 사람은 지구상의 수백만 가지의 생명체 중에 언제 멸종할지 모르는 하나의 종에 불과하다. 즉, 지구에 태어났던 생명체들은 긴 세월 속에서 99. 9%가 멸종하였으며 지구는 다시 새로운 종의 생명체들로 채워지고 있다. 사람이 멸종의 대상에서 예외가 되려면 0. 1%의 실낱같은 가능성이 실현되어야 한다. 인간이 살아가는 동안 그저 깨끗하게 쓰다가 다른 생명체에게 물려줘야 하는 것이 지구에 태어난 인간의 도리일 것이다. 그러나 현재의 인간을 보자. 마치 자기가 우주와 지구의 전체 주인으로서 영원히 살 것처럼 자만과 오만함으로 다른 생명체의 존엄성을 망각하고 하찮게 여겨 함부로 살생하며 사는 것을 보면 인간도 멸종의 예외가 되기는 어렵지 않을까? 인간은 선민의식에 사로잡혀 살면서 자기보다 강한 존재가 나타나지 않았나 하는 불안감을 UFO를 경계하는 모습에서 엿볼 수 있다. 자기의 이익과 필요에 따라 이 땅에 발붙이고 살아갈 권리가 있는 귀중한 생명체인 동물들을 분별없이 살생하고, 지구 생태계와 환경을 파괴하는 인간은 우주의 모든 생명체 역사 중에서 가장 겸손할 줄 모르는 무서운 생명체가 아닐까. 1억 년 전에는 자취도 없던 인간이 현시대를 완전하게 지배하듯이, 미래에 인간보다 더 강한 생명체가 나타나 인간을 잡아 가두고 자유를 빼앗아 분별없이 살생하는 일이 벌어지지 말라는 법이 있을까. 닭,소,돼지의 수명이 10-30년인데 사람들은 몇 개월간 양육하여 잡아 먹는다. 사람에 비유하면 한 살 두살짜리에 불과한 대상에게 끔찍한 일을 하고 있다는 걸 알아야 한다. 모든 종류의 생명체는 죽이면 독성을 갖게 된다. 육식이 건강에 좋을 수가 없는 이유다. 최근에 이런 종류의 단백질을 대체할 인공고기를개발하기 시작 했는데 이는 사람의 건강에도 좋고 생명체의 존엄성을 위해서도 좋은 일이다. 인간이 진정한 만물의 영장이라면 생명체에 대한 더욱 존엄한 의식을 가지고 지구의 어른으로서 더욱 이상적인 상생(相生)을 도모해야 하지 않을까.

인간이 현재 과학문명을 발달시켰다고는 하지만 과연 우주의 무한한 역사에 비추어 인간이 우주와 지구의 주인일 수 있는지 객관적으로 냉철하게 생각해봐야 한다. 우주의 긴 역사와 인간의 짧은 역사를 비교해 보면 인간 스스로 고개가 숙여지지 않을 수 없다. 시간만으로 주인을 평가하는 것은 아니지만, 논리적으로 존재하지도 않았던 사람이 주인이 될 수는 없는 것이다. 즉, 인간이 우주와 지구의 주인 행세를 하기에는 인간의 역사가 너무 짧아서 초라하다.

인간이 과연 모든 생명체를 초월하여 유일하게 선택받은 위대한 존재일 수 있는지 우주의 나이를 다시 한번 일 년으로 환산하여 생각해 보자. 우주의 역사를 1년으로 환산해보면 인간이 왜 겸손해 져야 하는가를 알 수 있다. 우주 대폭발을 1월 1일 0시로 잡으면 9월 초가 돼야 태양과 지구가 생겨난다. 9월 말에 최초의 원시 생명체가 나타나고 12월 20일쯤 육지에 척추동물이 출현한다. 공룡은 12월 25일부터 30일까지 5일 동안 무대를 장악한다. 마침내 12월 31일 자정을 몇 분을 남기고서야 현생인류라고 하는 '호모 사피엔스'가 등장한다. 우주에서 전 인류의 역사는 1년이라는 긴 시간 중에 12월 31일 24시 새해를 맞기 전 마지막 몇 분에 불과한 시간을 살고 있는 것이다. 하지만 '우주의 하루살이들'인 인간은 자신만이 우주의 중심에 서 있다고 착각한다. 이것이 인간에게 독이 되어 불행의 씨앗이 된 것은 아닐까?

1년이란 긴 세월 속에 지구상에서 마지막 날 하루의 단 몇 분밖에 살지 않은 인간을 위하여 이 우주가 존재하는 것처럼 인간 중심적으로 행동하는 것은 분명 무지에서 비롯된 것은 아닐까. 생각해 보면 얼마나 비논리적이고 아전인수(我田引水)격인 해석인가. 우리 인간은 이 세상의 주인이라는 큰 착각에서 깨어나 모든 생명체와 더불어 공생하며 착하게 살아가야 하는 자연 속의 작은 한 생물체임을 깨달아야 하지 않을까. 사람보다 오래 이전에 지구상에 살았던 것으로 고고학적으로 증명된 생명체의 존재만 하더라도, 공룡이 사람보다 몇 억 년이나 더 빨리 태어나서 몇십 배나 더 긴 세월을 지구상의 주인으로 살다 멸종되었다는 것은 과학적으로 검증 된 사실이다. 이러한 현실의 발견은 인간이 지구의 영원한 주인일 거라고 착각(錯覺)하기에는 이미 인간의 두뇌는 현명하다. 우리는 영원한 자연의 위대성을 새삼 깨닫고 자연으로 돌아가야 한다.

인간이 다른 생명체들보다 높은 지능지수(IQ)를 가지고 있어서 눈부신 과학발전을 이루었고 우월적 지위를 누릴 수 있었지만, 역설적이게도 높은 지능지수를 가지고 생존하는 과정에서 인간이 다른 동물과 생명체는 가지고 있지 않은 나쁜 열성인자(劣性因子)를 뇌에 많이 가지게 된 것이 불행의 시작이 되었다. 즉 인간은 탐욕, 야비, 교만, 이기심, 우월의식, 미움, 시샘, 질투, 화냄, 부정적, 지배의식 등 많은 나쁜 열성적 요소를 가지고 있다. 이런 것은 적자생존에서 살아남는 우성인자(優性因子)의 반대 개념으로 도태 되어져야 하는 나쁜 열성 인자라고 명명하고자 한다. 지금까지 살고 있는 다른 동물들을 포함하여 지구상에 나타났다 사라진 그 어떤 생명체도 이렇게 많은 나쁜 열성인자들을 뇌에 담고 살아간 역사가 없었다.

동물의 왕 사자도 배가 부르면 그만일 뿐 자기가 먹고 난 다음에는 사냥해 온 먹잇감을 누가 먹든 크게 신경 쓰지 않는다. 사자가 먹고 난 다음에는 하이에나, 독수리, 쥐, 벌레, 미생물의 순으로 자연의 생명체들이 질서와 조화 속에 서로 나누어 먹고, 공생 공존하며 자연계의 순환과정을 완성한다. 사자가 먼저 먹는 정도가 자연계에서 누리는 특권의 전부다. 우리는 사자가 혼자만 살겠다고 인간처럼 끝없이 재화를 쌓아 놓는 것을 보지 못한다. 백수의 왕으로서 약육강식 세계의 폭군의 욕심도 거기까지가 전부다. 그리고 동물들은 같은 종을 죽이는 동물도 많지 않다. 사람들은 짐승만도 못하다거나 야수 같은 사람이라며 나쁜 사람들을 다른 동물에 비유하여 비하하고 있으며, 지구상에서 인간이 만물의 영장으로서 가장 이성적인 동물이라고 자부하며 자기 자신을 미화하며 살지만, 실상은 어떤가. 지구상에서 가장 무자비한 폭군은 바로 다름 아닌 사람 자신이 아닐까?

인간의 역사는 투쟁과 전쟁의 역사를 반복하고 있다. 같은 종인 사람끼리 상생(相生)과 화합(和合)하려 하지 않고 경쟁과 전쟁으로 수많은 사람이 희생되고 있고 약자는 기아 선상에서 굶주림과 질병으로 고통받고 있다. 소유를 위한 끝없는 탐욕심, 약자를 짓밟는 약육강식 본능, 상대를 끝까지 쓰러뜨려야 생존하는 승자 독식의 시장만능주의가 팽배해 있다. 더 가지고 싶고, 더 높은 지위, 더 큰 명예, 더 즐기고 싶으며 정말 끝이 없는 것이 만물의 영장인 사람들의 욕망이 아닌가. 우리는 풍요로운 이 시대에 살면서 정말 만족할 줄 모르고, 감사 할 줄 모르며 살고 있다. 물론 양심 있는 인류들이 국제적으로 평화 유지 단체를 만들고 질병 및 빈곤퇴치 단체를 만들어 인류의 안정된 미래를 설계하는 많은 활동을 하고는 있지만, 제국주의적 근성을 드러내고 영토, 자원과 같은 자기이익과 종교, 이념 같은 가치관이 달라 평화를 깨뜨리고 동족에게까지 만행적 살상을 저지르는 전쟁과 테러행위를 하는데도 막지 못하고 있다. 현대 자본주의 경쟁 체제는 마치 전쟁을 대신하여 대리전을 치르듯이 선진자본주의와 후진자본주의 간에 불평등한 무한 경쟁 속에 시장 종속과 지배를 강화하려는 국면으로 치닫고 있다. 부국과 빈국의 백성으로 또 그 안에서 가진 자와 못 가진 자로 갈라진 가운데, 수많은 사람들의 삶이 빈곤과 질병으로 짓밟히는 방향으로 전개되고 있다. 한쪽에서는 숫자에 불과한 어마어마한 부를 쓸데없이 쌓아 놓고 퇴폐와 호사스런 사치 생활에 몰두하고 있고, 다른 한쪽에서는 수많은 사람들이 병마와 굶주림으로 뼈를 앙상하게 드러내며 죽어가는 것을 안타깝게 바라보아야 하는 것이 만물의 영장인 우리 인간의 현실이다.

현대는 과거에 비하면 인간의 총명함으로 과학이 비약적으로 발전하였고, 생산력이 과거와 비교할 수 없을 만큼 성장하였지만, 현재 인류의 행복을 추구하는 삶과는 거리가 멀어 보인다. 2080 법칙(상위 20%가 소득 80%를 소유한다, 20% 핵심 고객에서 80%의 소득이 발생한다, 파레토의 법칙)의 비율이 말해 주듯이 자본주의의 발달은 오히려 인간에게 빈익빈 부익부의 불평등적 빈곤에서 오는 고통을 감수하게 하는 결과를 초래하였고, 양극화는 점점 더 심화 중이다. 이 세계가 과연 지구상에서 가장 총명한 두뇌를 가진 인간집단이 움직이는 세상이 맞는지를 의심하지 않을 수 없을 정도로 불행한 처지다. 그렇지만 인간 사회의 집단 이성은 반성할 줄 모르고, 나만 배부르면 상관없다는 이기적 발상으로 부의 탐욕적 추구를 멈추지 않는다. 상황이 이와 같은데 나쁜 사람을 비유할 때 '야수 같은'이라는 말은 인간 중심적인 이기적 표현이라 아니 할 수 없다. 인간은 짧은 시간으로 보면 승자처럼 보이지만 불변의 자연의 법칙을 간과하고 있다. 즉, 질서와 조화 속에 상생하라는 자연의 법칙을 무시하며 살고 자기 중심적인 이기적 사고로 살면서 다른 동물이 갖지 않은 갖가지 질병을 갖게 되었고, 그것이 원인이 되어 불행을 맞이하고 있다. 이것도 자연계의 인과응보와 사필귀정의 원리가 적용된 결과라고 생각하면 결국 평등의 법칙에 수렴하는 것일까.

이런 불합리한 현실을 보고도 대다수 인간은 반성하지 않고 있으며 찰나의 순간에 불과한 짧은 인생을 어떻게 하면 좀 더 호사스럽고 멋지게 보낼 수 있을까를 생각하며 탐욕심을 감추지 않는다. 인류가 빠른 시일 내에 반성하지 않고, 똑바로 사고 하지 않으며, 인류의 뇌를 혁명적으로 변화시키지 않는다면 인류의 미래는 희망적이지 않아 보이며, 지구상의 모든 생명체가 머지않은 장래에 결국 어떤 형태로든 파국을 면하기는 어렵지 않을까? 이미 온난화로 인한 자연재해와 암, 에이즈, 사스, 조류 독감, 에볼라 등 끊이지 않고 발생하는 원인 모를 신규 질병의 창궐 속도를 보면 아무리 인간의 과학문명과 의학의 발전 속도가 빠르더라도 더욱 공포스러운 괴질이 더욱 만연하여 해결하기 어려운 임계점에 이를지도 모른다. 인간이 사용한 핵연료에서 나오는 방사능이 자연 수준으로 떨어지려면 100만 년이 흘러야 한다. 국가 간 세력균형과 대결로 핵무기와 같은 공포스런 전쟁 무기가 급속도로 확산하고 있어 예상보다 훨씬 빠른 시일 내에 치명적인 결과를 초래할 수도 있다. 해답은 전 인류가 상생과 화합에 대한 자기반성과 실천을 하는 것뿐이다.

사람들이 물질적 소유관념에 눈이 멀어 돈이 되는 일이라면 온갖 비인 간적인 일일지라도 서슴없이 하면서 살고 있는데, 이렇게 물질 만능을 추구하는 사람의 뇌가 바뀌지 않는 이상, 물질 만능을 추구할 수밖에 없는 이 사회구조가 바뀌지 않는 이상, 사람들의 지속되는 불행은 피할 수 없게 되었다. 하지만 인간의 역사도 차라리 동물처럼 무소유로 바뀔 수 있다면 희망을 가져볼 수 있지 않을까. 즉, 전 인류가 편중된 현재의 부를 고루 나누어 살 수 있다면, 모든 사람이 빈곤과 질병으로부터 획기적으로 벗어나 상생하며 안락하게 살 수 있다. 현재 인류는 눈부신 과학기술의 발전과 혁신으로 생산력이 경이로울 정도로 높아, 이미 생산력의 결실을 분배만 잘하면 인간의 삶에 필요한 조건을 충분히 충족시키고도 남음이 있다. 최소한 모든 인류의 빈곤 정도는 충분히 해결하고도 남는다. 모든 생명체가 함께 나누며 살아야 하는 자연의 섭리로 보면 전 인류가 모두 스스로 '잉여의 부는 오히려 자신에게 죄악'이 될 뿐이라는 인간성 회복 운동이 범인류적 차원으로 이루어진다면 실현 불가능하지 않다. 자신이 부를 과시하고 사치하며 낭비하고 있을 때 자신과 똑같이 소중한 타생명체는 굶주림과 질병으로 옆에서 죽어가고 있다는 것을 인식할 줄 아는 현대 인간의 뇌는 이런 상황을 좌시해서는 안 된다. 잉여의 부를 가진 사람들은 그것이 자의든 타의든 상생공존 하라는 자연의 섭리에서 보면 자신도 모르게 자본주의의 제도적 틀에 갇혀 자연의 이치를 거스르며 살고 있음을 망각해선 안 된다.

자본주의 사회에서 자본수익률이 노동 수익률을 앞서며 노동자가 아무리 뼈 빠지게 일해도 돈을 가지고 노는 사람을 따라갈 길이 없다. 자본주의 제도에서는 모든 가치의 대가를 돈으로 대신 환산하여 사용하기로 약속된 것인데 돈이 돈을 벌어주는 불로소득의 상황이 극도로 심화되면 약속이 모순된다. 그래서 자기과시와 사치낭비는 결국은 공동체 파멸로 자신에게 부메랑이 되어 돌아올 수밖에 없다. 이런 국면에서 한국형 자본주의가 더욱 위험한 이유를 언급하지 않을 수 없다. 즉, 미국은 자수 성가형 부자가 80%이고 상속형 부자가 20%인데, 한국은 자수성가형 부자가 20%이고 상속형 부자가 80%나 된다고 한다. 이처럼 자기노동이나 능력에 전혀 상관없이, 태어난 것만으로 이렇게 어마어마한 부가 대물림되고 있다. 그런데 자본주의 제도를 부정할 수 없지만, 법 집행의 문제도 있고 자본주의 자체의 모순이 적지 않아 사회 구성원 모두가 정당성을 부여하기 쉽지 않은 것도 사실이다. 조상으로부터 대물림한 부가 건강하고 정당한 자본주의 법 집행을 통하여 얻은 것인가에 대한 구성원들의 회의(懷疑)가 많기 때문이다.

개발독재 시대에 저임금 노동자들의 피땀 어린 노동의 불평등한 댓가와 생명을 담보로 자본집중이 이루어졌는데, 이런 자본을 사용하여 기업을 이룬 자본가들이 정경유착(政經癒着)이나 세금탈루에서 자유로울 수 없기 때문이다. 그리고 그 대기업은 현재도 무시무시한 자본력으로 문어발식 확장을 멈추지 않고 있어 중소기업이나, 서민과 동반 성장하는 상생의 문화를 전혀 발견하기 어렵기 때문이다. 선진국은 가진자가 세금을 더 많이 내고 기부 문화가 발달해서 사회적 부를 고루 나누는 일이 일상적으로 당연시되고 있는데, 한국은 기부문화가 언제 정착될지 모르는 상태로 대다수 중하위층은 양극화된 사회에서 고통을 받고 있다. 한국이 세계가 괄목할 정도로 눈부신 경제성장을 이루었음에도, 세계 자살률 1위라는 엄청난 불행의 지표가 말해 주듯이 사회구성원 간에 고통분담이 안 되고 사회보호장벽이 약하다. 미국에서는 평소에도 부자들이 기부를 많이 하지만, 요즘은 이기적 이타주의로 인한 기부를 한다고 한다. 즉, 못사는 사람들이 가진 자들을 향해 시위하므로 가진 사람들이 자기 자신의 재산 보호를 위해서라도 더 많은 기부의 필요성을 느낀다는 것이다.

한국의 선량한 대다수 저소득층과 차상위계층의 사람들이 생활고를 비관하며, 살기 힘들어 먼저 간다는 유서를 쓰고 연탄불로 온 가족이 자살하는 것을 하루가 멀다 하고 듣는 것이 한국의 현실이 되어버렸다. 우리와 똑같은 존엄을 가진 소중한 생때같은 생명체가 우리 곁에서 먹이를 못구하고 힘들어서 목숨을 끊어 가는데도⋯, 이제는 그런 슬프고 가슴 아픈 사연도 갈수록 무감각해지고 있다는 것이 더 무서운 일이다. 이렇게 우리는 언제까지 비정하게 지켜봐야 할 것인지, 다 함께 십시일반으로 손을 내밀 수는 없는가. 범사회적으로 반성과 함께 나누기 운동이 들불처럼 일어나기를 기대한다. 우리는 생각하는 고등한 인간이므로⋯.

기업주도 잉여이윤으로 인간노동력을 경시하고 기계 자동화에만 몰두하여 일자리를 빼앗아 노동착취 하지 말며, 부동산소득 등 불로소득에 힘쓰지 말고, 일자리 창출과 근로자의 복지를 늘리고 기업이윤은 충분히 사회 환원하여 모두가 인간다운 삶을 누릴 수 있도록 기업을 경영해야 한다. 대기업이 중소기업과 동반성장을 도모하지 않고 불평등한 갑을 관계를 상정하여 지속적인 갑질을 하는 것은 공존 상생하라는 자연의 이치에 역행한다. 이 게임은 한쪽만 손해를 보고 끝나는 것이 아니고 약자를 핍박하고 사기를 떨어뜨려 대기업도 어려워지고, 사회 전체의 생산력을 감퇴시키므로 스스로 철폐함이 마땅하다. 대기업은 국가의 정책적 지원과 세금 혜택 등으로 부를 사회적으로 엄청나게 쌓아 놓고도 투자와 고용을 늘리지 않고 사회공헌에 인색하다. 중소기업은 이윤율이 떨어져 적자 상태에서 기업주가 소신과 애국심으로 회사를 구하려 하지만 구사(救社)를 못하여 극단적 선택을 하기도 한다.

기업은 기업주 개인의 돈주머니가 되어서는 안 되며 사회의 모든 구성원이 함께 향유 해야 하는 공동의 밥그릇이 되어야 한다.

현재 승자독식의 시장 만능 자본주의가 자본의 이익을 극대화하는 방향으로 발전하고 있어 지나친 경제력 집중으로 극소수 사람에게 과분한 부를 안겨 주고, 대다수사람들은 취업하여 착취당할 기회마저 배제되고 있는 현실은 비정한 인간의 불편한 현실을 보여준다. 근로자가 소비력이 있어야 수요가 살아 기업도 살고 정부도 산다. 저임금을 고수하면 개인의 낮은 구매력으로 기업도 고수익을 기대할 수 없음을 깨닫고 대승적으로 최저임금 인상, 비정규직 해소 같은 문제는 오히려 기업이 솔선수범하여야 한다. 노동자 또한 귀족노조를 앞세워 공동운명체인 기업과 상생 화합보다는 개인적 이익의 극대화를 위한 극단적인 행동을 삼가야 한다. 개인이든 기업이든 모두 상생공존의 길을 모색해야 한다.

인간이 법으로 규정하는 것은 '도덕의 최소한'이다. 법의 테두리 내에서만 물건을 훔치고 사람을 괴롭히는 것만이 죄가 될 수가 없음은 우리가 만물의 영장이기 때문에 알 수 있다. 법과 민주주의적 합의로 사는 이 시대에도 무전유죄(無錢有罪), 유전무죄(有錢無罪)라는 말을 공감하는 사람들이 많다는 것은 인간이 아직도 갈 길이 얼마나 먼 지를 보여준다. 현재 인간은 자연이 추구하는 질서와 정 반대의 방향을 향하고 있다. 그래서 동물들만 사는 지구보다 이성적 인간이 지배하는 세계가 더욱 위험하다는 것인지도 모른다.

자연은 원래부터 그 이상을 요구하고 있었고 인류가 출현하기 이전의 생명체들은 자연의 요구에 화답하며 잘 살아왔다. 과거 인간이 출현하며 언제부터인가 우리 모두의 땅에 금을 긋고 사유재산을 축적하기 시작하면서 평등과 평화가 깨지게 된 것은 사실이지만, 인간의 뇌는 사고(思考) 발달의 정도가 이미 그 자연의 요구에 화답할만한 능력을 갖추고 있다. 인간은 이상적 삶을 실천에 옮겨야 한다. 자연의 요구에 화답하는 길만이 인류의 평화도 실현할 수 있는 길이다. 이러한 과정에서 사람은 반드시 신인류(新人類)의 뇌를 가진 인류로 진화해야 한다. 신인류의 뇌는 타인에게 베풀고 희생봉사 하는 것을 최고의 선으로, 최고의 가치로 평가하는 뇌이다. 자연은 애초부터 땅에 금을 그어 네 것 내 것으로 나눌 수 없는 우리 모두의 것이었다. 그러니 가진 것을 타 생명체와 나누는 것을 기뻐하고, 나와 유전자를 나누지 않은 타인을 도왔을 때 기뻐할 수 있는 뇌가 진정한 신인류의 뇌.

즉, 신인류의 뇌를 갖기 위해서는 타인의 복지를 위해 사적 재산을 기쁘게 내놓는 자발성이 필요하다. 자기 혈연집단만 호의호식하고 내 자식, 우리 친척, 우리 동네만 생각하는 이기적 발상은 자신과 인류의 평화를 파괴하는 비겁하고 열성적인 사고이다. 신인류의 뇌는 인간 스스로에게 살아서는 건강장수, 행복, 평화, 성공을 가져오며 죽어서는 영원한 자연이 될 수 있게 해 주는 뇌가 된다. 자연은 희생봉사의 의식을 가짐으로써 힘을 가져 영원히 존재하고 있기 때문이다. 이 시대의 인간은 누구든 태어나면서부터 살기 위하여 경쟁을 피할 수 없는 구조다. 이 시대의 인간은 원시시대보다 더 불행하고 피곤하게 사는 사람들이다. 지각 있는 사람이라면 누구나, 그가 설사 부자라 할지라도, 누군가 나서서 이 세계의 피곤한 자본과의 전쟁을 좀 끝내주고, 자신을 경쟁으로부터 해방시켜 주었으면 하는 심정일 것이다. 인간이 추구하는 세상은 모든 사람이 작은 행복에 만족하고, 진정한 평화가 이루어지는 곳이어야지 전부를 얻기 위해 무한 경쟁을 피할 수 없는 약육강식의 전쟁터가 되어서는 안 된다.

양손에 움켜쥐고 있으면서 또 더 큰 것을 움켜쥐려고 하는 것은 가지고 있는 것을 잃게 한다. 자기 손의 작은 것을 내려놓고 다시 손을 벌려야 더 큰 것을 움켜쥘 수 있다. 하지만 아무것도 갖지 않을 때 비로소 온 세상을 다 갖게 된다는 것을 사람들이 공감하는 세상이 되기를 기대한다. 인생은 공수래공수거(空手來空手去), 언젠가 한번은 빈손으로 돌아갈 것인데 생각하기에 달렸다. 그래야만 모든 인류가 전쟁, 테러, 질병, 빈곤 없이 평화롭게 가족처럼 행복한 생활을 하고 건강장수를 누릴 수 있다. 더욱 많은 사람들이 자연처럼 자기 희생적이고 다른 생명체에게 봉사하는 것을 기쁘게 생각하며 살 수 있는 뇌를 발달시켜야 가능한 것이다. 서술한 내용에서 보듯이 역으로 말하자면 소중한 뇌를 긍정적으로 발전시키지 못한 사람들이 불행에 직면할 가능성이 높다. 불행에 직면한 사람이 살기 위해서는 반성해야 하고 반성을 위해서는 자기 자신을 먼저 알아야 한다. 사람들은 다른 동물이나 생명체들이 가지고 있지 않은 나쁜 요소들을 많이 가지고 있다. 그것도 사람 신체에서 중요성이 99%에 해당하는 중요한 뇌에 빼곡히 저장하고 있다. 생명기능 작동의 중추인 뇌가 쓰레기로 오염되어 그곳이 썩어 작동 기능을 멈추면 몸에 병이 오고 죽는 것이다.

다른 동물들은 사람처럼 암이라든지 불치병이라든지 셀 수도 없을 만큼 병이 많지 않다. 인간은 왜 과학과 의학이 눈부시게 발달해 예방을 하고 좋은 것을 맘대로 조절해 먹고 사용하며, 전문가들이 건강장수를 연구하여 교육하고 있음에도 수많은 종류의 질병에 걸리고, 이름도 모를 질병으로 수명을 다하지 못하고 죽어 가는가? 분명 이유가 있을 것인데 이것을 당연하게 생각할 뿐 그런 것에 대한 깊은 고뇌와 성찰은 없어 보인다. 그것은 반복되는 말이지만 사람이 순리적인 자연진화의 법칙에 반하는 과분한 소유욕, 탐욕, 이기심, 야비함 등 다른 동물들은 갖지 않은 악성(惡性)을 너무 많이 가지고 생활하고 있기 때문이다. 이런 습관들은 그 무엇보다 나쁜 악성 바이러스다. 자연의 섭리에 따라 살아가지 않기 때문에 적자생존의 논리에 따라 중간에 자연도태(自然淘汰)가 이루어질 수밖에 없다. 건강한 자연은 그렇게 더럽고 나쁜 것들이 영속하는 것을 용납하지 않는다. 따라서 현명한 인간이라면 그런 악습관을 갖지 말아야 하며 이미 나쁜 습관을 가지고 있다면 빨리 버려야 한다. 악한 생각은 악한 뇌세포를 만들고 악한 뇌세포는 악행을 만드는 악순환의 구조이며, 악한 뇌세포는 결국 스스로 기능을 상실하고 몸에서 악성 종양을 양산하여 자신을 파멸시킨다. 사람들이 그런 나쁜 습관과 나쁜 성격이 쓰레기, 암세포, 종양과 같은 것이라고 인식한다면 소중한 뇌에 그런 것을 채워서 있으려 하지는 않을 것이다. 나쁜 성격과 습관은 건강에 쓰레기보다 더 독성이 강하다는 것을 모르기 때문이다.

쓰레기 오물이라면 쓸고 닦아내면 되지만, 잘못된 습관으로 해서 생긴 뇌 속의 악성 인자들은 그렇게 간단히 닦아낼 수 있는 것이 아니다. 그런 악습관이 닦아낸다고 없어지는 것이 아니고, 선성(善性)을 가진 새로운 세포를 만들어 내야만 악습관이 없어지는데 현재 의학과 과학으로는 불가능하다. 사람이 수십 년씩 평생을 살아오면서 150억 개의 뇌세포에 박혀버린 악성을 어떻게 찾아낼 수 있으며, 어떻게 그것을 다 세척 할 수 있단 말인가. 세상에 숨어버린 도둑을 잡는 것은 오히려 쉽지만, 자기 머릿속의 나쁜 습성들은 잡아낼 수 있는 성질의 것이 아니다.

　다만, 처절한 자기반성과 철저한 실천으로 뇌가 새롭게 다시 태어난다면 불가능한 일은 아니다. 삶과 죽음은 그 누구의 뜻에 달려 있는 것이 아니고 자연에서 태어난 우리가 자연의 이치에 어떻게 잘 순응하며 사느냐에 달려 있다.

　기술한 바와 같이 죽어가는 원인을 살펴보면 세가지가 있는데 두가지를 말하자면, 첫째, 불균형한 식생활과 운동부족에서 오는 것이다. 마치 자동차에 가짜 휘발유를 넣고 과속으로 달리면 자동차 수명이 오래갈 수 없듯이 사람도 나쁜 음식을 많이 섭취하고 운동을 하지 않으면 건강이 악화된다. 좋은 음식을 고루고루 먹되 소식을 하며, 규칙적으로 운동하면 건강장수 할 수 있다. 이런 것은 대부분 과학적으로 증명된 내용으로 모두 잘 알고 있다. 둘째, 인체의 핵심을 이루고 있는 뇌를 잘 사용하는 방법에 대하여 중점적으로 서술하고자 한다. 뇌를 잘 사용하는 방법이라고 했지만, 정확한 표현은 사람이 어떤 삶의 자세로 잘 살아야 하는가의 문제다.

　그러면 인생의 어느 날 홀연히 나타나 행복과 건강을 모두 빼앗고 무기력한 존재로 만들어 죽음에 이르게 하는 치명적인 질병의 원인과 결과를 다음과 같이 표로 만들어 살펴보자.

세 가지 경우에 나타나는 병의 원인과 경과

원 인	발병시기 및 질병	회복 방법	회복기간 및 가능성
1) 식생활 불균형·과음·흡연·운동부족·마약 등	·40~50대 ·암, 각종 질병	규칙적 식생활 개선·금연·금주·운동·자연 속의 생활	단기간에 회복 가능
2) 나쁜 습관·버릇 (부정, 야비, 오만, 높은 자세, 탐욕, 미움, 질투, 교만, 차가움, 딱딱함, 우울 등)	·40대~60대 ·암, 각종 질병, 난치병	좋은 습관 양성 (긍정, 감사, 겸손, 낮은 자세, 친절, 따뜻함, 부드러움, 희생, 봉사, 밝음), 자연에서 수양	단기간 회복 불가능, 중·장기적 회복 가능
3) 보이지 않는 대상	·태어나면서부터 ·암, 각종 질병, 중증장애인, 난치병, 정신병, 자살, 무당 신병	자연의 삶 추구	회복 쉽지 않음, 회복 가능

1) 첫째, 인간은 모두 아는 바와 같이 식생활을 균형 있게 하지 않고, 적절한 운동을 하지 않으며 담배, 술, 마약 등으로 40~50대에 몸에 이상이 오기 시작한다. → 식생활 개선, 금연, 금주, 운동, 생활환경 변화만으로도 쉽게 회복이 된다. 공기가 맑은 청정지역에서 규칙적 생활로 자연식과 운동을 하면 자연적으로 회복하게 된다.

2) 둘째, 사람들이 나쁜 습관을 가지고 살아가면서 뇌 기능이 약화되어 오장육부 등 신체를 튼튼하게 관장하지 못함에 따라 면역기능과 자율신경계에 문제가 생겨 40대부터 병이 온다. 난치병이 안 걸리더라도 60~70대에 각종 병으로 사망 가능성이 높다. → 특히, 난치병이 이 영역에 포함되는데 좋은 습관을 양성하여 뇌를 변화시켜야 회복 가능

하다. 병원에서 우울증 관련 치료를 하고 있지만, 현대 의학적으로는 난치병이 완벽한 회복이 거의 불가능해 보인다. 삶과 자연 속에서 의식적으로 깨닫고 나쁜 습관을 완전히 버려 뇌의 구조까지 정상이 돼야 회복 가능하다.

3) 셋째, 신체의 주인인 뇌를 '보이지 않는 대상'에 무방비 상태로 의탁하고 무기력한 피동체로 노출되게 한다. 독이 타고 뇌가 지배되면서 영향을 받아 병을 얻게 된다. 과일이 마치 벌레에 파먹히듯이 의식과 뇌가 약화되어 신체에 질병이 발병한다. 많은 사람들은 부모나 조상의 영향으로 태어나면서부터 영향을 받게 되며, 심할 경우 정신병을 갖거나 무당이 되기도 하고 중증장애인처럼 난치병이 온다. 죽을 때까지 각종 질병이 따라다닌다. → 자연의 순리에 따르고 강력한 인간 뇌의 주체자가 되어야 몸이 정상을 회복할 수 있으나, 일단 점령되면 운명적으로 회복이 쉬운 일이 아니다.

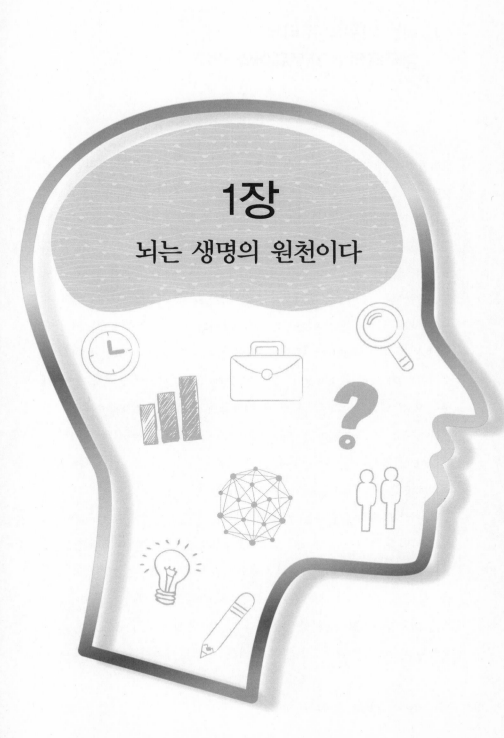

1장

뇌는 생명의 원천이다

1. 뇌는 나무의 뿌리요 컴퓨터의 소프트웨어와 같다

비뚤어진 생각을 하면 뇌의 형태가 비뚤어진다. 생각이 뒤틀리면 뇌의 형태가 뒤틀어진다. 정말일까 하고 회의를 품는 사람이 있겠지만, 장기적으로 습관에 의하여 구강구조와 두개골이 형태가 바뀌어 실제로 뇌의 형태가 변형을 겪는다. 상대와 긍정적인 마음가짐으로 동의하고 화합하면, 코드가 맞아 자신의 사고와 뇌가 편안해 지면서 마음이 편안해지고 신체도 활성화된다. 반대로 부정적 의식을 가지고 자기주장으로 대립하면 자신의 뇌와 몸 상태가 모두 힘들어진다. 자신과 상대의 의지가 부딪히기 때문이다. 뇌가 스트레스로 서로 힘들어지는 것은 당연하다. 그런 상태가 지속되면 뇌가 어떻게 되겠는가? 뇌가 스트레스를 받고 정상을 이탈하여 기능이 약화 되는 것이다. 세상의 모든 만물은 서로 적재적소에서 순응하면 편안해지고 서로 역행하면 힘들어진다. 이것은 자연계 불변의 진리이다. 따라서 상대와 대립하여 다투지 않고 소통하여 상생하며 사는 것을 자연의 일부인 인간이 삶의 교훈으로 삼아야 한다.

뇌는 신체 부위에서 가장 생기 있게 살아 움직이는 생물체다. 그런데 머리에는 뇌를 총괄하는 의식이 있다. 생각하는 사람의 주체이고 뇌를 실질적으로 관할하는 무형의 것이다. 그 육신인 뇌를 움직이는 실체적인 것이다. 의식은 생각을 자유자재로 하게 만든다. 바로 그 생각이라는 사고가 뇌세포를 움직이고 신경 물질에 명령을 전달하여 신체가 움직인다. 생각이라는 무형의 에너지가 신체운동이라는 유형의 에너지를 창조해내는 과정이 뇌에 숨어 있는 것이다.

수백 년 된 고목 나무라도 뿌리가 살아 있으면 때가 되어 줄기에 생기가
돌고 잎이 돋아 나와 또 꽃을 피우고 열매를 맺을 수 있다. 줄기만 심어도
뿌리를 내리는 특수한 식물들이 있지만, 일반적으로 나무는 뿌리가 죽으
면 줄기와 잎도 말라 죽고 꽃을 피우거나 열매를 맺지도 못한다. 어린나무
뿌리에 물을 주고 비옥한 거름을 주어 튼튼하게 잘 가꾸면 뿌리가 깊게
내려 가뭄에도 전혀 흔들리지 않는 거목이 된다. 잎이 무성하게 자라고 줄
기와 가지가 튼실하게 성장하여 아름다운 꽃을 피우고 좋은 과일을 맺을
뿐 아니라 넓은 그늘을 만들어 많은 생명체가 쉬도록 한다. 무성하게 자
란 나무가 숲을 이루어 새들이나 벌레들에게 둥지와 보금자리를 만들어
주듯이 나무는 수많은 생명체들이 살아가는 터전을 제공해 주고 있다. 그
런데 인간의 뇌가 사람의 신체에서 나무의 뿌리와 같이 매우 소중한 역할
을 한다.

사람이 거꾸로 물구나무를 서면 머리가 마치 나무의 뿌리처럼 땅에 닿
는다. 그 머리는 땅으로부터 자양분을 뽑아 가지와 줄기에 영양분을 공
급하여 무성하게 자라나고 꽃을 피우며 열매를 맺게 하는 나무뿌리와 똑
같은 위치에 있다. 실제로 뇌는 나무의 뿌리와 같이 우리 인체에서 생명
의 원천이 된다. 사람의 뇌는 식물이 사는 데 필요한 기능과 동물이 사는
데 필요로 하는 고도의 기능을 포괄적으로 할 수 있으므로, 사실은 사람
의 뇌가 나무의 뿌리보다 더욱 복잡하고 중요한 기능을 담당한다. 기본적
으로 생명을 건강하게 오래 유지하도록 만들어 준다는 것은 나무와 같다.
튼튼한 하나의 나무뿌리가 거대한 숲을 이루는 기초가 되듯이, 아름다운

한 사람의 뇌는 수많은 사람의 뇌를 아름답게 변화시켜 인간 사회를, 세계를, 우주를 더욱 아름답게 변화시킬 수 있는 밑거름이 된다. 신인류의 뇌를 가진 한 사람은 전 인류에게 변화의 씨앗이 될 수 있다.

뇌는 인체의 2% 정도의 무게를 차지한다고 하는데 신체 역할의 중요성에 비추어 보면 일부분이 아니라 인체의 99%에 해당한다고 할 정도로 중요하다. 인간은 생명과도 같은 뇌의 소중함을 인식하지 못하기 때문에 뇌를 함부로 쓰며 살게 되고, 그 원인으로 어느 날 병에 걸려 세상을 원망하며 죽어 간다. 암과 같은 치명적인 병에 걸리면 사람들은 '많고 많은 사람 중에 왜 하필이면 나에게 이런 지독한 병이 왔을까?'라고 한탄하면서 대부분이 세상을 원망한다고 한다. 또는 '나는 남한테 나쁜 짓 안 하고 착실하게 살았는데 그 결과가 암이라니…, 다른 사람들은 나쁜 짓도 많이 하면서 오래오래 잘만 사는데 왜 하필이면 나에게 이런 큰 병이 생긴단 말인가!'하면서 처음에는 모두가 화를 내고 분노를 한다고 한다.

환자들은 자신이 잘 못살아서 병이 온다는 것을 상상도 못하고 병원만을 의지하며 대부분 무슨 수를 쓰더라도 살아야겠다고 생각하고 전 재산을 다 털어 넣고 빚까지 잔뜩 짊어지고 여기저기 최고 시설을 찾아 전전긍긍한다고 한다. 이처럼 부정적 의식으로 스스로 반성할 줄 모르고 타인을 원망하며 결국 가족에게까지 무거운 짐을 남기고 어쩔 수 없이 최악의 상황을 받아들인다. 환자들은 진정으로 반성할 기회조차도 없이 인명은 재천이라고 생각하며 세상을 하직하게 된다.

긍정적인 사람은 암 선고를 받고서도 모두 죽는 것은 아니니 높은 생존 확률을 생각하고 대수롭지 않게 생각하며 낙천적으로 치료에 임한다고 한다. 부정적인 사람은 '큰일 났구나, 이제는 마지막이구나, 죽는구나'라고 생각하면서 죽을 가능성에 대한 공포부터 먼저 떠올린다. 따라서 긍정적인 사람은 뇌가 좋은 호르몬을 분비하여 신체가 조절되어 호전되는 데 반해 부정적인 사람은 병을 인지한 순간 뇌가 충격을 받고, 스트레스를 받아 악성 호르몬을 분비하여 신체조절 능력이 급속히 떨어지고 식욕도 떨어져 빨리 악화를 하게 된다. 암 환자 중에 암세포보다는 영양실조로 죽는 환자가 매우 많다고 한다. 죽음에 대한 공포와 부정적 생각으로 식욕이 떨어지게 되고, 영양이 부실하면 면역성이 떨어져 악성인 암세포가 활성화되어 신체는 빠르게 쇠락해진다. 그리고 의학적 통계에서도 사망원인은 잘못된 생활습관이 50%를 차지한다고 한다. 다음 25%가 생활환경이며 유전적, 체질적 요인은 20%에도 못 미친다고 한다. 따라서 건강장수의 80% 이상은 본인의 관리 책임이라고 하는데, 실제로 90% 이상의 원인이 스스로 어떻게 뇌를 관리했는가, 즉 어떠한 삶을 살았는가의 문제다.

식물에는 줄기와 뿌리 끝에 생장점이 있다. 사람의 전두엽은 식물에 있는 생장점과 같다. 닫히면 빨리 노화되어 병이 와서 죽게 되며 열려서 활성화되어 있으면 젊음을 유지하며 오래 산다. 전두엽은 성장에도 영향을 미치는 것이 아닐까 생각하게 할 정도로 긍정적인 성격이 신체 활성화에 중요하다. '작은 고추가 맵다'는 말이 있다. 딱딱하고 부정적인 사람은 키가 작고, 긍정적이고 부드러운 사람은 키가 더 성장하는 것인지도 모른다. 아무튼, 나무의 뿌리가 말라가면 나무가 영양을 공급받지 못하여 죽듯이, 뇌가 잘 못 되어 신체가 필요로 하는 적절한 관리를 뇌로부터 받지 못하면 병이 오는 것이다. 사람들이 아직까지 인식을 제대로 못해서 오해하고 있는데 자연의 관점에서 보면 전술한 바와 같이 세상이 불공평한 듯 보여도 비교적 공평하게 설계되어 있고, 모두 자업자득이므로 누구를 탓하거나 원망할 필요는 없다. 병의 회복에 전혀 도움이 안 되기 때문이다. 병든 자신이 살 수 있는 모든 해답은 그 누구도 아닌 바로 자기 자신에게 있고 자신의 소중한 신체 부위인 뇌를 어떻게 쓰느냐에 달려있다.

사람이 살아왔던 과거 인생길로 되돌아가 다시 시작할 수는 없겠지만, 진정한 반성과 회개를 통하여 절망적 상황을 극복하고 인생을 새롭게 살 수는 있다. 자기의 잘못된 인생을 통렬하게 성찰하고 반성해야 한다. 마음속으로 내가 살아오면서 상처 주었던 생명체들과 사람들에게 되돌아가 마주하고 앉아 깊은 심장으로부터 진심으로, 그들이 받았을 상처를 애통해하고 회개하며 화해를 이끌어 내야 한다. 그들에게 진정으로 용서를 빌고 가슴으로부터 울려 나오는 진심 어린 참회의 눈물을 흘릴 수 있다면, 새롭게 태어나 인생을 새로 시작할 수 있다. 가슴 깊이 우러나오는 진정한 회개의 눈물 한 방울은 효과가 있는지 없는지, 약이 되는지 독이 되는지도 모르고 입에 털어 넣는 쓰디쓴 한 알의 약과는 비교할 수 없는 자연 치유의 힘을 가지고 있다. 진정한 반성으로부터 흘러나오는 그 참회의 뜨거운 눈물 한 방울은 바위처럼 얼음처럼 딱딱하고 차갑게 굳어버린 자신의 뇌에 훈풍을 불게 하고 따뜻하게 데워 신체의 기능을 회복시켜 주는 힘이 있다. 진정 어린 참회의 눈물은 봄이 오면 고목 나무에서 싹이 트듯이, 시들어 가는 꽃 나무에 자양분을 공급하면 꽃이 생생하게 다시 피어나듯이, 병들어 죽어가는 신체를 생생하게 살려주는 생명의 샘물이 된다. 참회의 눈물은 선성(善性)이기 때문에 그 어떤 악성(惡性)도 물리칠 수 있다. 눈물을 흘릴 때 모든 긍정적 호르몬의 총화가 온몸의 세포에 발현하여 악성(惡性) 세포를 죽이고 선성(善性)으로 자신의 세포를 빠르게 복원하여 수복(修復)시킨다.

그러나 자신의 처지를 비관하며 흘리는 눈물과 진정한 반성을 하며 회개하여 흐르는 눈물은 다르다. 불쌍한 신세를 한탄하는 눈물은 원망이 섞여 있는 것이지만 반성의 눈물은 다른 생명체의 슬픔을 공감하고 순수한 희생봉사의 의지를 함축한 눈물이므로 다를 수밖에 없다. 자연의 이치는 그러한 것이다.

자연은 겉으로 보기에 아무 생각이 없고 힘도 없어 훼손하면 훼손하는 대로, 꺾으면 꺾는 대로 고통을 당하며 꺾이니 약하게만 보인다. 그런데 사람들은 자연이 그런 희생의식과 선으로부터 발원된 강력한 힘을 가지고 있다는 것을 깨닫지 못한다. 사실 이런 선(善)의 의식이 모여 강력한 힘을 형성하였고 실질적으로 자연계를 지배하고 있다. 세상은 언뜻 보기에 악(惡)이 이기는 것 같지만, 자세히 살펴보면 궁극적으로 선(善)이 이기는 것이 맞다. 인간의 역사도 단기간을 놓고 보면 후퇴로 보일 때도 있지만, 장기적 관점에서 보면 진보하고 있는 것이 맞다. 그리고 끝도 없이 오묘하고 아름다운 우주를 바라보자. 지구와 충돌하면 모든 생명체가 소멸한다고 하는 지름 1km 이상의 소행성만도 태양계에 30만 개 이상이 날아다닌다고 한다. 그 속에서 파괴되지 않고 아름다운 자연을 태우고 수십억 년 동안 광활한 우주를 여행하는 지구가 이렇게 의연히 존재한다는 것을 상상해 보자. 이 사실은 우주와 자연이 의식이 있으며 선이 주도 하고 있음을 반증하는 것이 아니겠는가. 악이 주도했다면 이렇게 아름답고 생명체의 생육에 적합한 우주와 지구가 생성하지도 못했을 것이고, 설사 생성됐다 하더라도 그 오랜 세월 동안에 벌써 파괴되어 이런 아름다운 자연은 존재하지 못했을 것이며, 인간이 이 시대에 번성하고 있기는 어려울 것이다.

자연이 없는데 사람이 탄생할 수는 없는 것이다. 우리는 자연의 산물이고 자연의 힘은 선(善)에서 나오므로, 우리가 선(善)하게 살아야 우리도 힘을 갖게 되어 건강하게 잘 살 수 있는 것이다.

우리가 꽃을 보고 아름답다고 느끼는 감정으로, 한 사람을 대할 때 그가 잘 낫든 못 낫든 그 사람 안에는 인생의 애환과 희로애락을 간직한 한 조각의 소중한 의식이 깃들어 있는 영혼이라 생각하고 내 몸과 같이 소중한 존재로 여기고 애틋한 마음가짐으로 가족처럼 바라보자. 누구를 막론하고 한 사람만 놓고 본다면 이 땅에 홀로 빈손으로 나타난 불쌍한 나그네에 불과하다. 누군가가 나를 힘들게 하고 스트레스받게 하는 사람이라고 냉정하게 홀대하지 말자. 사람을 미워하지 말자. 또 모래알처럼 많은 사람 중의 한 사람일 뿐이라고 하찮게 생각하지도 말자. 그가 누구든지 인연이 되는 사람이면 이 세상에 하나뿐인 고귀한 꽃으로 아름답고 귀하게 맞이하자.

보는 사람마다 지구상에 오직 하나뿐인 보석같이 존귀한 생명체로 반갑게 맞이하자. 이러한 깊은 연민을 갖는 마음 자세는 자신의 긍정적인 뇌세포의 발현에 더 할 수 없는 명약이 된다. 그런 삶의 태도는 생활에 활력을 줄 뿐만 아니라, 가슴을 따뜻하게 하고 뇌를 훈훈하게 만들어 생명의 씨앗이 되는 눈물을 만들고 감동을 만들어, 양성의 호르몬을 분비시킴으로써 자신의 병을 낫게 하고 건강장수를 가져다준다.

그러나 병이 걸린 사람들은 긍정적인 뇌 상태로 잘 살아오지 못한 연유로, 아무리 노력해도 그런 연민에 대한 따뜻한 감정이 쉽게 우러나오지 않는다. 잘못된 습관으로 뇌가 형성된 사람은 관성적으로 이유 없이 사람을 미워하고 경쟁자로서 배타적인 감정으로 바라보는 경향을 보인다. 또한, 자신의 부정적인 모습을 객관적으로 정확히 바라볼 줄도 모른다. 뇌가 그렇게 부정적으로 연습이 되어서 이미 그런 훈훈함과 따뜻함을 느낄 수도 없고 긍정적 의식을 발휘할 수가 없다. 죽을 병에 걸려서 흘리는 슬프고 억울한 눈물은 흔하지만, 반성의 뜨거운 눈물 한 방울 흘리는 일은 가뭄으로 말라버린 바위틈에서 약수가 흐르는 일 만큼이나 어렵다. 그는 이미 크나큰 병이 걸린 환자다. 모든 사람이 포함된 것은 아니지만, 그가 대체로 따뜻하고 훈훈한 마음으로 살아왔다면 병에 걸릴 확률이 많이 낮기 때문에 이미 병을 가진 사람이라면, 연민을 갖고 생명의 존귀함을 느끼지 못하는 뇌로서, 얼음처럼 딱딱하고 차가울 가능성이 높기 때문이다. 잘못 살아서 형성되어버린 뇌는 찰흙으로 만들어 굳어버린 물건과 같아서 하루아침에 바뀔 수 없으며 다시 녹여서 정상으로 만들어야 하므로 피나는 노력을 해야만 가능하다.

그런데 차갑고 거대하여 녹지 않을 것 같은 북극의 만년설과 빙산도 훈풍이 불면 어느새 금이 가고 조금씩 녹아내리다 결국 산더미처럼 무너져 내린다. 이처럼 잘못되어 얼음처럼 차갑게 굳어버린 뇌도 변하고자 하는 노력을 어떻게 하느냐에 따라서 빙산처럼 녹아내리는 것이 불가능하지는 않다. 환자 가족이나 지인들은 환자가 용기를 잃고 의기소침해 있을 때 즐겁게 웃게 하고, 뇌에서 따스함을 느끼도록 훈풍을 불어넣어 굳어버린 뇌를 녹여 줘야 한다. 기존의 나쁘게 형성된 나, 병에 걸린 나를 빨리 버려야 굳어버린 뇌와 기능이 활성화될 수 있다. 병에 대한 두려움으로 웃음을 잃어버린 나에게 용기를 주고, 뇌만 살면 병은 아무것도 아니라는 생각으로 흐드러지게 웃을 수 있는 깨달음을 얻어야 산다. 공포에 떨지 않고 웃음으로써 뇌가 스스로 기능을 발휘할 수 있다. 항상 자연을 의식하고 겸손한 태도로 타인을 존중해야 한다. 따뜻한 가슴으로 타 생명체의 슬픔을 함께 가슴 아파하는 훈훈한 연민으로부터 가능하다. 희생봉사를 즐기는 자연의 의식을 배워야 한다. 그런 연민은 자신과 타인의 행복과 불행을 동일시하여 타인에게 봉사하는 의식, 봉사하는 삶, 희생하는 삶을 실천 함으로써 가능해진다.

뇌는 컴퓨터에도 비유할 수 있다. 컴퓨터의 기계 본체는 하드웨어이며 그 안에 있는 프로그램은 소프트웨어다. 소프트웨어가 없는 컴퓨터는 기계 상자에 불과하다. 소프트웨어가 고장이 나면 컴퓨터는 무용지물에 불과하다. 컴퓨터와 마찬가지로 사람도 뇌가 고장이 나면 몸에 병이 오게 된다. 그런데 이 소프트웨어를 전문적으로 개발·관리 하는 곳, 즉 인간의 모든 행동을 관리하는 프로그래밍 센터가 뇌간과 대뇌변연계, 대뇌피질에 있다. 80만 년 전에 살았던 네안데르탈인의 뇌의 크기는 현대인류의 조상인 크로마뇽인과 차이가 나지 않는다. 그런데 대뇌피질에 있는 전두엽의 크기는 크로마뇽인의 뇌가 네안데르탈인보다 훨씬 크다. 그리고 네안데르탈인은 입천장이 평평한 데 크로마뇽인의 입천장이 움푹 들어가 있고 성대가 길어 말하기 편하고 구강구조와 전두엽이 작용하기 용이한 구조다. 이 전두엽의 작용이 용이한 구강 구조를 가져 크로마뇽인이 말도 잘하고 지능이 발달하게 되었다. 이런 구조가 크로마뇽인을 극한 환경을 극복하고 현대 인류의 조상으로 진화할 수 있게 했으며, 네안데르탈인은 퇴화하게 된 이유로 보인다. 라스코 동굴의 알타미라 동굴 벽화를 남긴 크로마뇽인은 추상적인 언어에 해당하는 그림을 남겼는데 이는 전적으로 인간의 행동을 프로그램화하는 장소인 전두엽 부분의 이마가 수직으로 발달하여, 완만하게 발달한 네안데르탈인의 이마보다 커서 가능하지 않았을까? 인간을 더욱 인간답게 만드는 것은 이처럼 전두엽의 작용 덕분이다. 그래서 장수하여 성공적인 삶을 살고자 하는 사람은 우주에서 가장 발달한 부분인 인간의 전두엽을 활성화 시키는 노력이 필요하다.

전두엽은 쉽게 말하자면, 사람이 기쁨이나 희열의 감정을 느낄 때, 눈썹 중간의 미간을 중심으로 이마의 부위가 매우 밝고 기쁘며 고양되게 표현되는 부분이다. 반대로 화가 나거나 분노의 표정을 지을 때, 이마의 미간을 잔뜩 찌푸리면서 화를 표출하는 그 부분이다. 사람이 똑같은 뇌 부분에서 희노애락처럼 다른 감정과 표정을 나타낸다는 것을 알 수 있다. 사람을 대할 때 사람의 미간에 수직의 주름이 있으면 험악하고 부정적인 인상을 주고, 수평적인 주름이 있으면 비교적 온화한 인상을 주는데 이마를 열어 연구해 본다면 뇌의 상태는 그 이상으로 크게 상반되게 발달하여 있을 것이다.

인생을 잘 살아온 사람은 전두엽 뇌세포가 활짝 핀 꽃봉오리처럼 넓고 많은 주름이 잡혀 있을 것이다. 따라서 건강하고 성공적인 인생을 살 가능성이 높다. 반대로 인생을 잘못 살아온 사람의 전두엽 뇌는 활성화되지 않아서 찌부러진 깡통처럼, 바람 빠진 풍선처럼 또는 눌러진 매주처럼 쭈그러진 상태를 상상할 수 있다. 따라서 이런 사람은 우울하게 건강을 잃고 실패하는 삶을 살 가능성이 높다. 그 전두엽을 어떻게 활용하는 것이 좋을 것인가는 이미 독자 여러분도 판단이 섰을 것이다. 그런데 문제는 그 전두엽을 우성학적으로 이롭게만 쓰면서 살아가는 것이 그렇게 간단치 않다는 것이다. 따라서 우선 어떤 방법이 좋은 것인가를 이해하고 방법을 찾아 실천하는 것이 효과적이다.

2. 뇌세포의 구성과 역할

사람의 뇌는 너무 오묘하여 마치 우주가 아직도 베일에 싸여 있는 것과 같이, 깊고 넓은 미지의 세계로 남아 있다. 뇌는 몸에서 에너지를 가장 많이 사용한다. 무게는 1.4킬로그램에 불과 하지만,우리 몸에서 피의 4분의 1, 하루 섭취 열량의 5분의 1을 소모한다. 뇌는 이와같이 우리 몸에서 일을 많이 하고 중요한 부분을 차지한다. 사람은 누구나 140억 개의 대뇌신피질 신경세포를 가지고 태어난다. 뇌세포는 자연적으로도 20세 이상 되면 하루에 2만 개에서 20만 개까지 죽는다. 그러나 걱정할 필요는 없다. 성장기가 끝난 20세 이후에 매일 10만 개씩 죽는다고 해도 70세가 되었을 때 50년간 약 18억 개 정도가 죽을 뿐이다. 뇌 전체로는 1,000억 개이지만 그 중의 지(知)와 관련되어있는 것은 140억 개다. 140억 개의 뇌 세포 중에 사람은 평생 20%도 못 쓰고 죽는데 매일 그렇게 많은 뇌세포가 죽어가도 평생 전체의 10% 정도밖에 죽지 않으므로 문제가 없다. 그리고 뇌를 계속 사용하는 사람은 죽는 숫자가 적을 뿐 아니라 뇌세포인 뉴런들을 연결하는 부분들이 더 확장되어 간다. 뇌세포가 더 생성되지는 않아도 세포와 세포들의 연결고리들이 더 많아진다는 것이다. 한 개의 신경세포는 자극에 따라 1,000개부터 20만 개의 시냅스를 만들 수 있다. 뇌세포가 최대한 활성화되었을 때 300조 바이트 곧 30만 기가바이트 정도의 용량이 되는데 뇌세포가 몇만 개씩 죽어도 상심할 필요가 없는 이유다. PC의 최신형 하드가 160기가바이트 정도이니 사람은 최신형 PC를 2천 대씩이나 머리에 내장하고 있는 셈이다.

일반적으로 상대성 이론을 창안한 아인슈타인의 뇌가 사람 중에서 대표적으로 발달한 뇌라고 하는데, 그의 뇌 일부 영역에는 일반인의 뇌보다 많은 주름이 잡혀있어 그의 천재성을 설명해주는 단서가 되고 있다고 『브레인』 저널 최신호에 발표했다. 미국 플로리다 스테이트 대학(FSU) 연구진은 비밀로 간직돼 온 아인슈타인의 뇌 사진을 입수해 분석한 결과 의식적 사고를 담당하는 회백질 부분이 크고, 그중에서도 추상적 사고 및 계획과 관련된 전두엽 부위에 남보다 많은 주름이 잡혀 있는 것을 발견했다. 아인슈타인의 뇌 대뇌피질, 즉 의식적 사고를 담당하는 뇌 표면의 회백질에 전반적으로 남보다 훨씬 복잡한 주름이 잡혀 있는 것을 발견했다. 회백질 층이 두꺼운 사람은 일반적으로 지능지수(IQ)가 높은 것으로 알려져있는데, 아인슈타인의 뇌에서는 추상적 사고에 핵심적인 역할을 하고 예측과 계획을 할 수 있게 해 주는 전전두엽 역시 남다르게 복잡한 주름이 발견됐다. 뇌의 가장 바깥쪽에 있는 회백질은 학습기능과 사고력을 상징하는데, 이 회백질의 신경세포와 뉴런은 새로운 것을 배우고 경험할수록 넝쿨처럼 가지를 뻗어 다른 신경세포와 정보를 주고받는다. 부정적이고 열성적인 인자를 많이 갖게 되면 뇌가 완성되는 사춘기 때 뇌가 활성화되지 못하여 회백질이 발달할 수 없고 지능과 기억력 등 많은 문제가 발생하도록 설계되어 있다.

연구보고서에 따르면 학력 수준이 높은 사람의 평균 수명이 더 높게 나온다. 물론 학력이 높을수록 수입이 높아 안정된 삶을 유지하고 위험을 회피하는 직업을 가지며, 건강관리에 더 많은 신경을 쓴다는 것을 감안하면 지능지수와 수명을 단순 비교하는 것은 무리가 있다. 하지만 학력 수준이 높은 사람은 뇌를 많이 사용하는 직업에 종사할 가능성이 높다. 뇌를 활발하게 많이 사용하는 것은 건강에 도움을 준다는 것이 의학적 정설이다. 나이가 들어서도 포커나 머리를 쓰는 오락거리를 하는 노인들이 치매나 병에 더 강하다는 것으로 뇌와 수명과의 연관성을 유추할 수 있다.

뇌에 관한 이해를 돕기 위하여 30년간 미래예측을 86% 적중한 'IQ 165' 레이 커즈와일의 말을 들어보자.

_조선일보, 2013. 07. 20.

평생 인공지능을 개발해온 레이 커즈와일 박사는 지능의 보고(寶庫)인 인간의 뇌에 관해서도 깊이 연구했다.

Q: "우리 뇌의 한계는 어디까지인가요?"

A: "생각은 뇌의 80%를 차지하는 신피질(neocortex)에서 이뤄집니다. 신피질은 패턴을 읽고 기억하는 약 3억 개의 모듈로 구성됐는데, 우리가 배우고 경험하는 기억이 각각의 모듈에 저장되고 그 총합이 곧 지능이죠.

그런데 20세쯤 되면 인간은 신피질의 3억 개 모듈을 모두 사용해요. 스무살이 넘어서부터는 새로운 기억을 저장하기 위해 기존의 기억을 하나씩 지워가야 하는 거죠. 우리 뇌의 모듈이 3억 개가 아닌 30억, 300억 개라면 얼마나 좋을까요? 그래서 뇌를 클라우드에 연결해 인조신피질을 늘리고, 두개골이란 태생적 한계를 뛰어넘어야 합니다. 2045년 특이점 이후엔 이 기술도 가능해집니다."

Q: "천재와 일반인은 뇌용량의 차이가 있나요?"

A: "뇌용량은 공평합니다. 모든 인간의 뇌는 양적으로 거의 비슷한 부

피이고, 사람들 대부분이 신피질 모듈을 전부 다 활용해요. 앞서 언급했듯 20세가 되면 용량이 꽉 차죠.

문제는 3억 개의 모듈이 저마다 다른 것을 저장한 게 아니고 같은 것을 중복 저장한 것도 많다는 겁니다. 사람마다 기억력과 지능의 차이가 있는 것은 이 때문이에요. 명석하고 지능이 높은 사람일수록 모듈 간 정보의 중복이나 모순이 적습니다. 유한(有限)한 뇌를 비슷한 정보로 채우거나 상반되는 것들로 채운다면 뇌를 비효율적으로 사용하는 셈이죠.

뇌를 하나의 사회로 가정한다면 각 모듈은 사회구성원입니다. 구성원들이 매번 싸움만 반복하거나, 모두 똑같아서 새로운 능력을 개발할 수 없다면 그 사회에 무슨 발전이 있겠습니까."

Q: "뇌를 최대한 활용하려면?"

A: "선택과 집중이 필요합니다. 아직 뇌용량을 다 채우지 않은 어린이가 어떤 환경·정보에 노출되는지가 그래서 중요하죠. 어릴 때는 뇌에 주입되는 관념, 개념, 정보가 신피질의 공간을 무섭게 채워가니까요.

어떤 사람은 과학을 잘하고, 어떤 사람은 음악에 천재적인 재능을 보이는데, 유한한 모듈을 해당 분야에 대한 정보로 채워넣기 때문입니다. 베토벤은 신피질 모듈의 대부분을 음악으로 채웠고, 아인슈타인은 물리학으로 채웠던 거예요."

그러면 이러한 대형 용량을 가진 사람의 뇌는 주로 무엇을 하는가? 뇌의 본능은 쾌감이 느껴지는 데에 강하게 반응하며 '쾌감의 추구'를 하게 설계되어 있다. 뇌가 쾌감을 느끼게 된 것은 생물체와 인간이 수억 년간 진화하면서 생존과 번식을 위해서 먹고 마시고 짝짓기를 해야 했는데, 이런 행동에 수반되는 쾌감은 강력한 동기부여 기능을 했다. 싫어하는 것을 먹거나 시시한 이성을 만나거나 더구나 불쾌한 것을 추구하지는 않는다는 것이다. 또한, 뇌는 새로운 것을 배우려는 학습본능이 매우 강하다. 새로운 것을 알게 되는 순간 뇌에는 쾌감 호르몬인 도파민이 분비되고 보다 큰 보상에의 기대와 흥분, 의욕이 넘친다. 인류가 오늘날 눈부시게 발전하게 된 것도 학습본능에서 비롯되었다. 이런 방식으로 뇌는 날마다 생활에 긴장감을 주고 여러 가지 일을 하는데 뇌를 자극하는 일을 하지 않으면 신경세포는 죽게 되어 있다. 사람의 몸 가운데 태어나서 가장 빨리 발달하는 것이 뇌 조직이다. 뇌를 좋게 만들려면 생동감 있고 활기차게 생활해야 한다. 매일 즐거운 작업의 일을 찾아 주는 것이 좋으며, 스트레스와 같은 뇌에 나쁜 영향을 주는 긴장을 느꼈다면, 뇌에 대한 긴장을 풀어 주는 일이 필요하다. 사람이 어려서부터 자신이 관심을 가지고 흥미로워하는 분야가 있는데, 그런 일을 하도록 도와줘야 각자의 뇌가 가진 특기를 최대한 발휘 할 수 있다. 획일화된 교육만이 능사가 아니고 인간 개개인이 뇌에 가지고 있는 자신의 소질을 개발·발전시켜 주는 방향으로 지도가 필요한 것이다. 유명한 음악가나 과학자, 체육인이 어려서부터 그의 소질을 발견한 부모로부터 키워지는 것을 보면 알 수 있다. 보는 바와 같이 반대로 뇌를 활성화시켜주지 못하고 엄숙한 분위기나 억압적인 분위기에서 고집이나 자존심을 세우며 우울하게 자라도록 하면, 머리도 나빠지고 소질을 개발할 수도 없어 장래가 암울해질 수밖에 없다.

그리고 사람은 모두 원시시대로부터 발달하여 온 유전자로 인하여 안정 추구 심리가 강하다. 결과로서 뇌는 나쁜 상황, 즉 최악을 가정하여 생각하도록 설계되어 있어서 본능적으로 긴장하게 되어 있고, 그 스트레스로 인해 나쁜 호르몬이 분비되고, 누적되면 질병이 오고 노화가 가속화 된다. 따라서 이런 원초적인 안정추구 심리로부터 발현되는 긴장을 극복해 주기 위해서는, 본인이 의도적으로 끊임없이 낙관적이고 긍정적으로 사고하여 뇌의 긴장을 풀어주고, 뇌를 활성화 시켜 주어야 한다. 뇌가 원하는 대로 방치하고 놔두면 항상 긴장하며 우울, 분노, 슬픔 등 부정적, 열성적으로 활동하는 것을 본능적으로 선호하게 되어 있기 때문이다. 생존 본능의 안전추구 심리가 그런 방향으로 뇌의 사고를 유도하고 있다. 뇌의 형태마저도 우울하고 분노하며 스트레스를 받는 영향에 따라 점차적으로 변형이 되어 버린다. 즉, 스트레스를 받는다는 것은 말 그대로 '압력을 받는다', '눌린다'이다. 이런 원인으로 뇌의 형태가 변형되면 신체가 활성화되지 못하고 몸에 이상 신호가 오게 된다.

인간이 이러한 뇌의 본능을 파악하고 어려서부터 긍정적이고 낙관적으로 사고하도록 유도하고 가족 간에도 항상 웃고 친화적으로 대화하여 좋은 호르몬이 많이 분비되도록 해야 한다. 어려서부터 낙관적이고 긍정적인 사고를 하는 사람은 뇌가 모든 면에서 우성적으로 발전 진화하게 설계되어 있다. 부정적, 열성적인 인자를 보유한 성격으로 출발하면, 지속적으로 부정적 방향으로 진행하게 되고, 살면서 어느 시점에 도를 넘으면 문제가 발생하게 설계되어 있다.

우리 인간은 고등 동물로서 부모의 교육적 역할이 후손의 성장에 결정적인 영향을 미치게 한다. 어린애들의 뇌는 백지상태와 같아서 부모와 가정환경에 절대적으로 영향을 받게 되어 있다. 백지상태의 도화지에 어떤 그림을 그려 넣어야 할 것인지는 거의 부모의 몫이다. 부모가 자녀를 어떤 환경에 노출 시켜 어떤 교육을 하는가에 달려 있으며 환경에 따라 전혀 다른 성격을 가진 인격체의 사람으로 성장하게 된다. 부모들은 누구나 자녀가 공부를 잘하는 뇌를 갖기를 희망한다. 그런데 그것보다 더욱 중요한 것은 긍정적이고 낙천적인 사고를 하도록 도와줘야 하며 궁극적으로는 그런 교육이 IQ 발달에 긍정적 영향을 미친다. 부모가 자녀에게 공부하도록 규정하고 통제하며 압박하는 것은 자녀의 자유로운 두뇌 활동을 억압하여 오히려 두뇌 발달과 학습에 부정적인 영향을 미친다. 그리고 아울러 복잡 다양한 현대를 살아가는 사람에게는 IQ(Intelligence Quotient, 지능지수)보다 EQ(Emotional Quotient, 감정적 지능지수)나, SQ(Social Quotient, 사회성 지수)가 더욱 중요하다. 즉, EQ(감성지수), SQ(사회성 지수)를 높여서 건강한 뇌를 형성해 가도록 만들어 주는 것이 자녀의 성공과 행복을 위하여 장기적으로 효과적이다. 인생을 살아본 성인들은 인생에서 공부가 전부는 아니며, 공부를 잘한다고 인생에서 성공이나 행복이 보장되는 것도 아니란 것쯤은 안다. 사람은 자연의 구성원으로 태어나서 가족을 이루어 짧지 않은 인생을 살기 때문에, 소중한 가족 간에 일생동안 서로 행복할 수 있는 방법을 찾는 것이 가장 고등한 뇌를 가진 인간의 현명한 선택이다. 인생에서 일시적인 성공보다는 일생을 통한 꾸준한 성취와 만족이 훨씬 행복하고 중요하다. IQ가 좋은 사람보다 EQ, SQ가 좋은 사람의 일생이 더욱 행복하고 성공적인 삶을 살 가능성이 높다. 무엇보다 평생을 통하여 개개인의 행복이 고려되어야 한다. 그러기 위해서는 두뇌가 좋은 것보다 좋은 습관을 머리에 갖는 것이 무엇보다 소중하다.

이런 좋은 인생의 습관을 많이 갖기 위해서는 가족 간에 서로 지대한 영향을 미친다는 사실을 알고, 가족 구성원이 함께 긍정적이고 아름다운 뇌를 가질 수 있도록 인생의 좋은 동반자가 되어야 한다. 우주와 같이 넓고 오묘한 뇌를 잘 이용하는 방법은 어릴 때부터 긍정적으로 살게 하여 우성 인자를 많이 가지도록 교육해 주는 것이 제일 중요하다.

청소년 시기에 성장판이 닫힌 후에는 아무리 좋은 것을 먹고 규칙적인 생활을 해도 키가 크지 않기 때문이다. 마찬가지로 뇌와 인체구조가 이미 형성되고 나서 뇌를 새롭게 바꾸는 것은 거의 불가능하므로 성장기에 우성적인 습관이 잘 형성 될 수 있도록 도와주고 좋은 가르침을 줘야 한다. 가정교육이 아이의 장래를 밝게도 만들 수 있고 어둡게도 만들 수 있으니 어떻게 키워야 할 것이지는 어른들의 몫이다.

3. 뇌의 발달 과정과 기능

뇌는 위치적으로 앞쪽 부분에 전두엽, 꼭대기에 정두엽, 옆쪽에 측두엽 그리고 뒤쪽에 후두엽이 있다. 사람의 두뇌는 기능을 중심으로 대뇌피질, 대내변연계, 뇌간의 세 부분으로 나눌 수 있다. 첫째, 원뇌는 뇌간이라고 하는데 파충류의 뇌로 호흡과 소화, 순환계 및 생식계 등 기본적인 생명을 관장하며 식욕, 수면욕, 공격욕을 관장한다. 둘째, 원시 포유류의 뇌(개, 고양이의 뇌)는 대뇌변연계(大腦邊緣系)라고 하는데 2억 년 전에 생겼으며, 공포, 분노, 쾌락, 호불호, 안전추구, 사랑과 소유의 욕구 추구 등 다양한 감정반응과 운동신경을 담당한다. 셋째, 가장 발달한 신포유류의 뇌라고 하는 대내피질은 400만 년 전에 생겼으며, 인간의 뇌로 파충류, 포유류의 뇌가 가지는 욕구에 명예욕과 자기실현의 욕구를 더 가지고 있다. 신포유류의 내에 있는 대뇌피질은 끊임없이 비교하고, 판단하고, 좀 더 빠르게, 좀 더 많이, 좀 더 정확하게 등등 수많은 요구를 수행하여 현대문명을 창조하고 지배하고 있는 곳이다. 인간의 뇌인 대뇌피질은 동물의 원시적 뇌인 대뇌변연계를 이성적으로 제어하는 역할을 하면서 대뇌변연계와 공동으로 매우 합리적인 분업 자세를 취한다.

뇌의 한가운데에 있는 전두엽이 활성화되어 대내변연계를 즐겁게 놀도록 만들어 주면, 식욕과 생명력이 활성화됨과 동시에 신체의 중추인 내장을 강하게 만들어, 결정적으로 암을 비롯한 질병으로부터 면역성을 높여

준다. 그렇지 못하고 전두엽이 우울해하고 시셈, 미움, 질투, 야비, 화 등 부정적 요소를 갖게 되면 대내변연계에 독성 호르몬을 분비하여 건강에 치명적인 결과를 초래하게 된다. 따라서 인간의 이성을 통제하는 대내신피질이 과도하게 대뇌변연계를 너무 억압하지 않는 것이 좋다. 인간이 인간다운 두뇌를 발휘할 수 있는 것이 이성을 갖고 있다는 것인데 그런 이성적인 뇌로 너무 억제하면 스트레스가 되고 뇌의 활성화 작용을 저해할 수가 있다는 것이다. 그래서 도가 지나쳐 너무 감정적이고 동물처럼 폭력적으로 살아가는 것이 아니라면 어느 정도 대뇌변연계를 해방시켜 주어 활성화되도록 조절할 필요가 있다. 너무 규정과 통제로 빡빡하게 삶을 규정하다 보면 어느 정도까지는 이성으로 통제 가능하지만, 그 범위를 벗어나면 폭발하는 경향이 있다. 해방이란 과도한 긴장과 스트레스를 풀어주고 기분 전환을 시켜주라는 것이다. 뇌는 놀게 해주어야 왕성하게 활동을 한다. 여가 시간을 활용하여 휴식을 취하거나 공원을 산책하거나 화초 가꾸기, 등산, 운동, 여행, 영화, 연극, 장기, 바둑을 접하는 것은 좋은 방법이다.

뇌는 호기심이나 학습의욕에 의해 활성화되고, '알았다'고 생각하는 순간에 쾌감을 느끼는 데, 쾌감 신경에 베타 엔도르핀이라는 뇌 속 호르몬(뇌 내 모르핀)이 분비되기 때문이다. 이 엔도르핀은 베타 엔도르핀으로 '몸 안의 모르핀'이라고 하며 마약과 비슷한 성질을 갖고 있다. 임산부가 출산할 때 심한 진통이 와도 견디게 할 만큼 쾌감이 큰 성분이다. 또한, 쾌감 정보가 대뇌신피질에 전달되는 것을 돕고 있는 것이다. 알츠하이머의 노인성 치매는 대뇌기저핵 또는 전두연합야의 아세틴콜린 계통이 완전히 파괴되어 생긴 것이다. 이 쾌감 신경은 뇌의 한가운데 있는 대뇌변연계를 지나게 되어 있다.

이 쾌감 신경은 뇌의 가장 앞에 있는 전두엽(前頭葉)으로부터 방사형으로 대내신피질 안으로 퍼져간다. 그래서 우리가 쾌감 또는 쾌락을 느끼게 되는 것이고 뇌와 신체를 젊고 활기차게 만들어 준다. 그런데 쾌감이나 쾌락을 혐오스럽게 생각하거나 '사고정지' 상태에 있으면 뇌는 노화 되기만 할 뿐이다. 뇌를 젊게 하려면 무엇이든 즐거운 마음으로 해야 한다. 그렇게 함으로써 뇌에서 호르몬 분비가 증가하게 된다. 반대로 화를 내고 짜증을 부리는 뇌는 노화가 급격히 진행된다. 자신감을 가지는 데에도 쾌감 신경이 관여한다. 스스로 기분을 좋게 하여야 자신감이 배가 되는 것이므로 항상 기분 좋은 인생을 사는 것이 성공의 가능성을 높인다. 같은 상황에서도 긍정적으로 생각하고 웃으며 대처하면 뇌는 그런 방향으로 성장하지만, 화를 내고 부정적 생각으로 대처하면 그런 요인이 뇌세포에 박혀 나쁜 방향으로 자신을 지배하는 상위개념의 뇌가 되어버린다. 자신의 생각과는 다르게 뇌가 모든 상황에 대하여 호불호에 대한 개념을 강하게 가지고 제어를 하므로 자신의 판단력이 정상적인 기준에서 어긋나기도 하고, 자신에 대한 나쁜 이미지를 심어주는 행태로 나타나게 된다. 예를 들어 화를 내지 말아야 한다고 생각은 하면서도 뇌가 자신의 이성적 판단을 억제하여 자신도 모르게 화를 표출해내는 식으로 사고와 행태가 바뀌게 되니 사회생활에서 많은 영향을 받을 수밖에 없다. 사람은 하지 말아야 한다고 다짐을 하건만 자신도 모르게 화나 짜증을 내고, 그다음에 밀려오는 것은 후회막급이란 감당하기 어려운 감정이다. 이처럼 뇌가 한번 형성이 되고 나면 바꾸기 어려운 것이다. 따라서 뇌가 스스로 만족하고 기분 좋은 상태를 유지 할 수 있도록 대인관계와 문제를 풀어가는 방식에 있어서 항상 긍정적 사고를 하는 노력을 해야 한다. 제일 좋은 것은 뇌가 타인에 헌신하고 희생봉사를 하는 데서 기쁨을 느낄 수 있을 만큼 지속적으로 긍정의 훈련을 해야 한다. 생각이 바뀌면 뇌가 바뀌고, 뇌가 바뀌면 말이 바뀌고, 말이 바뀌면 행동이 바뀌고, 행동이 바뀌면 습관이 바뀐다. 습관이 바뀌면 생각을 바꾸게 할 수 있다. 항상 좋은 생각을 하여 좋은 습관을 양성하는 것을 인생에서 큰 가치로 두어야 한다. 이런 행동이 자신의 뇌를 매우 건강하고 힘 있는 상태로 만들어 준다.

보는 바와 같이 뇌는 오랜 세월을 거치는 동안 파충류의 뇌, 개·고양이 등 동물의 뇌, 신포유류인 사람의 뇌로 점차적으로 진화발전 하면서 그 인지 기능이 발달하고 크기도 점점 커지고 있다. 사람의 뇌에서도 전두엽 뇌가 더욱 발달한 사람이 사회생활에서 성공 가능성도 높으며 건강하여 장수 할 가능성이 높다. 향후 오랜 시간이 흘러 이런 부류의 사람들이나 후손들이 한 단계 더 진화 발달된 '신인류의 뇌'를 보유할 가능성이 높다. 이런 뇌의 소유자들은 생명체의 존엄성을 인식하고 범우주적인 상생의식 (相生意識)으로 자기 희생적이고 타인에게 봉사하는 의식을 발휘하여 생명체의 공존을 도모하게 될 것이다. 자연 역사 발전의 결정체인 사람의 뇌가 백만 년에 걸쳐서 전두엽을 가진 호모사피엔스로 진화되었는데, 사람의 전두엽을 더욱 진화 발달시켜 자연계의 원리처럼 타 생명체에 헌신하고 희생봉사를 최고의 기쁨으로 생각할 만큼 진화 발전시켜야 한다. 즉, 우리 인간은 전두엽을 통하여 진정한 신인류의 뇌로 진화해야 하는 의무를 가진다. 역사상 수많은 철학과 종교가 수천 년 동안 인류의 더욱 이상적인 삶을 추구해 왔고, 추구한 만큼 인간의 철학과 생활에 일부 성과도 있었지만 폐해도 만만치 않았다. 아직도 빈곤, 불평등, 전쟁, 폭력 등 인류 문제 해결이 시급함을 볼 때 전 인류가 신인류의 뇌를 갖는 것은 인류 문제를 근본적으로 해결해줄 수 있는 방법이다.

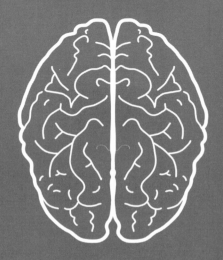

신사고(新思考)를 통한
인류의 뇌혁명

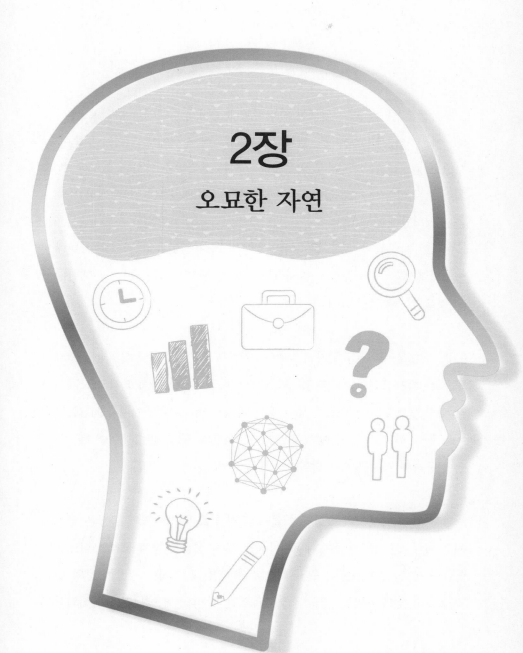

2장

오묘한 자연

1. 자연의 모든 대상은 에너지를 내재하고 있다

조상들은 풀 한 포기 돌멩이 하나라도 소중하게 다루어야 한다고 했다. 즉, 예로부터 사람들은 풀, 나무, 돌, 물 그 어느 것에도 의식이 있으며, 우연히 존재하는 것은 아무것도 없다고 믿는 애니미즘 사상이 있었다. 이처럼 모든 물체가 서로 영향을 주고 질서와 조화를 이루는 과정에서 우주가 생성되었다고 믿는다.

이처럼 사람들이 '존재하는 어떤 것이든 의식이 있다'고 믿었듯이 현대 물리학에서도 모든 물질이 존재하는 곳에는 반드시 어떤 힘이 존재한다는 것을 입증하고 있다.

즉, 현대물리학에서 분자를 나누면 원자가 되고 원자는 12개의 미립자로, 미립자는 5개의 소립자로 구성되어 있다. 그 소립자를 쪼개고 쪼개면 더 이상 형태로는 파악할 수 없는 음(-)과 양(+)의 순수한 에너지만 남는데 이를 '양자'라고 부른다. 원자폭탄과 수소폭탄의 제조 원리도 이런 에너지를 이용하여 가공할 힘을 발휘하게 하는 것이다.

다시 말해 에너지의 집합체인 물질을 점점 쪼개보면 결국 물질은 없어지고 에너지만 남는다. 이 에너지가 하나의 구심점을 향해 뭉치면 비로소 물질이 된다. 분자, 원자, 원자핵을 더 쪼개면 그 안에는 굉장한 양의 전자가 돌고 있다. 물질의 궁극은 에너지였던 것이다. 이 에너지가 목적의식을 가지면 물질은 생명이 된다. 즉, 물질이 존재하면 거기에는 의식이 존재하고 의식은 물질을 주관한다. 이 우주에는 양자라고 하는 생명의 에너지가 넘쳐나고 있고, 나무나 바위도 모두 에너지로 이루어져 있다. 이런 에너지들은 의식을 내재한 입자들이다. 이처럼 풀, 나무, 돌, 물 같은 산천초목이 모두 의식이 있어서 서로 영향을 미치는데, 우주의 가장 발달한 물질인 인간의 뇌를 가진 사람들의 상호 영향은 가히 짐작할 만하다.

자연의 진화법칙에 의해 짧게는 수백만 년에서 길게는 수억 년이라는 세월에 걸쳐 대대세세(代代世世) 이어져 온 생명 유전자를 보유한 인간이 범 우주적 요구, 즉 대자연의 상생에 대한 요구를 거슬러서는 생존하기 어렵다는 것을 유추해 볼 수 있다. 지금 우리가 가지고 있는 인간의 유전자도 길게는 수십억 년 전에 살았던 생명체로부터, 짧게는 수백만 년 전에 살았던 인류 조상으로부터 생명체를 통해서 살아서 전해져 온 것이다. 즉, 오늘날 우리 인류는 아버지의 아버지, 그 아버지의 할아버지, 그 할아버지의 할아버지 등 아득히 먼 조상으로부터 이어져 온 소중한 유전자를 가지고 살아가고 있으며, 현재 살아 있는 우리에게는 그 아들의 아들, 그 아들의 손자, 그 손자의 손자에게 계속 전해 줘야 할 소중한 유전자를 발전 진화시켜야 하는 의무가 있다. 인간은 이처럼 기나긴 세월 속에 탄생하여 오늘날까지 전해져 존재하게 된 고귀한 하나의 생명체이다. 이런 사실만으로도 인간은 서로의 소중한 존재를 인정하고 무조건 존중하고 더불어 상생하며 살아가야 한다. 이것이 긴 시간을 통하여 입증된 우주가 존재하는 기본 섭리이므로 역설적으로 이를 거스르는 그 어떤 것도 자연 도태될 수밖에 없다. 즉, 우주와 자연에서 살아남기 어렵다. 우주에는 생명이 존재할 만한 조건을 완비한 행성이 있으면 자연적으로 생명체가 탄생하고, 생명체가 존재할 만한 조건이 소멸하면 생명체도 더불어 멸종한다. 현재 생명체가 존재할 조건이 안 되는 금성, 화성, 목성에 사람과 같은 생명체가 존재할 수는 없는 이치와 같다.

자연에서 밀림이나 숲이 형성되어 있는 생태계를 살펴보면 이름없는 작은 풀로부터 수십 미터에 달하는 나무까지, 서로 질서와 조화를 이루며 거대한 숲을 이루고 있다. 나무들은 자기가 편하기 위하여 옆에 서 있는 상대 나무의 가지 사이를 뚫고 들어가 자기 영역을 확장하고 상대에게 피해를 주거나 죽게 하는 경우는 많지 않다. 기회만 생기면 경쟁상대를 쓰러뜨리고 이기려 드는 우리 인간 세상과는 무릇 다른 상생의 법칙이 적용되고 있음을 알 수 있다. 크고 작은 나무나 작은 식물이라도 대부분 서로를 이웃으로 인정하고 잘 어우러지다 보니 더욱 조화롭고 아름다운 숲을 이루게 되고, 지구의 모든 생명체가 생육할 수 있는 환경이 조성되었다. 이렇게 상생(相生)하고 조화(調和)를 이루는 숲은 얼마나 이로운 일을 하는가. 즉, 숲은 이산화탄소를 흡수하여 공기 오염을 막고 파괴된 자연환경을 회복시키며, 산소를 공급해 줘서 모든 식물의 생육을 돕고, 생명체들에게 먹을 것과 안식처를 제공해 주는 생명의 원천이 되고 있다.

이런 숲에서 사는 식물과 곤충도 상생을 도모하고 있다는 것을 알 수 있다. 꽃은 열매를 맺기 위하여 예쁜 꽃과 향기로운 꿀을 만들어 벌과 나비를 부르는데, 벌과 나비는 향기로운 꿀을 얻으면서 꽃에게 수분(受粉)을 하도록 도움을 준다.

이런 자연에서 조화롭게 자라는 생명체는 상생을 최고의 가치로 안다.

'존재하는 어떤 것이든 의식이 존재한다'는 명제는 식물도 마찬가지다. 어떤 식물 중에는 자기 몸에 붙은 해충을 잡기 위하여 몸에서 벌을 부르는 수액을 뿜는 식물도 있다.

해충의 공격을 받으면 無線통신으로 경고물질을 방출하여 옆에 있는 나무들에게 대비하게 하고 有線통신으로 뿌리에 사는 곰팡이들과 균사를 연결하여 멀리 있는 나무까지 정보를 전달한다. 영화 '아바타'에 나오는 판도라 행성에서는 모든 식물 뿌리들이 연결돼 뇌 신경망처럼 거대한 정보 네트워크를 이룬다. 나비족(族)의 간절한 기도를 받은 '영혼의 나무'는 이 네트워크를 통해 모든 동물에게 판도라를 파괴하는 인간 군대에 대항하라는 총동원령을 내린다. 지구에서도 판도라 행성에서처럼 식물들이 서로 정보를 주고받는 땅속 네트워크가 있다는 연구 결과가 잇따라 나왔다. 네트워크 회로는 뿌리 끝에 공생(共生)하는 곰팡이와 같은 미생물이, 식물이 해충의 공격을 받으면 곰팡이가 다른 식물들에 경고 신호를 보낸다는 것이다. 식물은 해충의 공격을 받으면 공중에 경고 물질을 방출한다. 영국 에버딘대 연구진은 공기를 통한 물질 이동을 막기 위해 콩과식물인 잠두를 각각 비닐봉지로 모두 감쌌다. 그러고는 비닐봉지 하나를 열고 해충인 진디를 넣은 뒤 다시 막았다. 이 잠두는 진디의 천적인 기생벌을 부르는 화학 물질을 방출했다. 그런데 비닐봉지로 둘러싼 다른 잠두들도 똑같은 화학 물질을 방출했다. 이를 통하여 식물이 서로에게 뿌리로 통신하여 대책을 마련한다는 것을 알 수 있다.

브리티쉬 콜롬비아 대학의 생물학과 교수가 미송나무에 실험을 하였다(한국 EBS, 2013. 10. 02). 방사성탄소(C14)를 이용하여 큰 나무의 줄기를 비닐봉지로 밀봉하여 그 안에 방사성탄소(C14)를 많이 투입하였다. 식물은 광합성을 위하여 대기 중의 탄소를 흡수하게 된다. 그런데 실험결과 주변의 식물들에서도 많은 탄소(C14)가 측정되었다. 놀라운 것은 자신의 새끼라고 할 수 있는 어린 미송나무에서는 제일 많은 다량의 탄소가 측정되었다는 것이다. 나무는 자신의 가지 한 부분으로 흡수하게 된 탄소(먹이)를 나무가 생존에 필요한 물질이기 때문에 이웃에게 아낌없이 나눠주는 행위를 하고 있는 것이다. 이와 같이 식물들끼리는 서로에게 필요하고 유용한 물질을 아낌없이 공유하며 살고 있다는 것을 알 수 있다. 자연계의 기본적인 원리는 이처럼 상생하고 희생하는 의식이 근간을 이루고 있어서 거대한 힘을 형성할 수 있었고 무한 생명체들이 탄생하여 살고 있는 것이다.

또한, 실험에서 나무를 전기톱으로 벨 때 전자파를 통한 장치를 이용하여 나무가 두려움을 느끼고 있다는 것을 알 수 있다. 옆에 있는 나무를 베고 또 전기톱을 들고 벨 나무 곁으로 가기만 해도 베지도 않은 나무에서 나무를 벨 때와 동일한 전자파의 흐름이 감지된다고 한다. 아무 생각이 없는 듯 보이는 식물도 존재를 위협하는 것에 대하여 반응을 한다는 것이다. 그런데 우리 인간 사회는 어떤가? 인간사회에서 일어나는 끔찍한 사건들을 접하다 보면 사람의 생명을 너무 쉽게 해치고, 생명경시 현상이 극에 달한 시대에 살고 있다는 것을 알 수 있다. 우리 인간은 생각하는 동물로서 뇌로부터 각성할 수 있다. 보는 바와 같이 길을 가다 무심코 꺾은 꽃이나 나뭇가지도 아파할 수 있다는 것을 깨달음으로써 우리 뇌는 모든 생명체에 대한 경외감(敬畏感)을 배우고 인간에 대한 소중함을 깨달아야 한다.

이처럼 생각 없이 존재하는 생명체 같지만, 나무도 인간처럼 생각을 한다. 서로가 상대를 인정하니 내가 잘 낫고 네가 못 낫다고 하는 싸움이 있을 수 없다. 서로의 존재가 자신에게 고마울 따름이고 상생과 조화로움 속에 거대한 생태의 숲으로 성장하여 더욱 큰 힘을 발휘하게 된다.

자연계에서 상생의 세계를 살펴볼 수 있는 것은 더 있다. 즉, 영양분을 독식하도록 홀로 떨어져 심어 놓은 나무가 더 빠르게 잘 자랄 것 같지만, 오히려 더 느리게 자란다. 숲 속에서 선의의 조화로운 경쟁을 하면서 서로에게 도움을 주며 자라는 나무가 홀로 자라는 나무보다 더 잘 자랄 뿐 아니라, 새로운 식물군락을 형성하여 숲을 더욱 울창하게 만든다. 사람의 경우도 마찬가지다. 서로 어울려 노는 아이들이 외톨이로 크는 아이보다 전인적 인격 형성에 유리하다는 것은 상식이다. 사람과 자연의 생태계가 다르지 않다는 것을 알 수 있다. 자연은 상대를 인정하고 조화롭게 형성이 될 때 더 크고 거대한 힘을 발휘하도록 설계되어 있다. 하나의 먼지로부터 시작되어, 끝을 상상할 수 없을 정도로 무한한 우주도 이러한 자연의 질서와 조화 속에 탄생과 소멸을 반복하며 발전하고 있다.

보이지 않는 생명현상을 더 살펴보자. 아름다운 음악을 듣는 닭이 튼실하고 영양가 많은 알을 낳는다거나, 좋은 음악을 듣는 젖소가 양질의 젖을 더 많이 생산한다는 것은 상식이 된 지 오래고 이러한 현상은 식물에도 적용된다는 것이 밝혀지고 있다. 식물이나 나무도 생각을 한다는 것이다. '사랑한다'고 글을 써 놓고 좋은 의식, 긍정적인 말을 해주며 가꾸는 양파나 고구마 줄기가, '미워한다'고 써 놓고 나쁜 의식, 부정적인 말을 해주며 키우는 것과 대비해 매우 잘 자라는 것을 실험을 통해서 확인할 수 있다. 눈으로 보이지도 않고, 알 수 없는 사람의 의식이 식물의 성장에 직접적으로 영향을 미친다는 것을 확인할 수 있는 증거이다. 이런 실험을 통하여 학생들에게 고운 말 쓰는 습관, 바른 생각을 하는 습관을 길러주는 학교가 학생들로부터 호응을 불러일으키고 큰 학습효과를 누리고 있다. 부모로서 자녀에게 말 한마디가 얼마나 큰 영향을 미친다는 것을 인식해야 하는 이유가 있다.

이러한 현상은 무생물로 생각하고 의식이 없을 것으로 생각하는 생명의 근원인 물에 까지도 나타난다. 일본의 에모토 마사루는 물에서도 의식이 작용한다는 것을 '감정을 가진 물'에서 발표를 했다. 즉, '사랑합니다'라는 말을 써 놓고 좋은 의식을 주입한 물을 며칠 동안 놔둔 후에 물을 얼려서 그 결정체 사진을 찍어 보았더니 보석처럼 빛나는 아주 아름다운 육각수 모형을 띄었고, 반대로 '미운 놈'이라고 써 놓고 나쁜 의식을 주입한 물을 며칠 동안 놔둔 후에 물을 얼려 결정체를 만들어 사진을 찍어 보았더니 마치 폭격 맞은 것처럼 칙칙한 색깔에 형체가 파괴된 흉한 모습이 나타났다고 한다. 육각수가 인체에 이로움을 많이 주는 좋은 성분의 물이라는 것은 과학적으로 잘 알려진 사실이다. 우리 인체의 75%가 물이고 뇌의 80%가 물인데 우리가 어떤 사고를 하고 어떻게 살아야 하는지를 알려주는 충격적인 실험인 것이다. 삶에서 밝고 깨끗하고 바른 생각을 하고 좋은 삶을 실천 하는 것이 얼마나 중요한 것인지를 보여 주는 것이다.

이런 보이지 않는 의식이 작용한다는 것을 느끼게 해 주는 오묘한 자연의 현상들은 더 있다. 〈이상한 비밀, strange secret〉에서 러시아의 과학자 Dr. Pavel Naumov은 〈감각 외에 느끼는 것, extra sensory perception〉이 있다는 것에 대해 실험을 하였다. 즉, 어미 토끼와 새끼 토끼 사이에 텔레파시가 일어나는지 확인하는 실험을 했다. 어미 토끼를 해변에 묶어 두고 뇌에 전자 감응장치를 달았다. 새끼 토끼를 잠수함에 태워 어미에게서 멀어지면서 몇 마리 새끼를 죽이는 실험을 했는데, 죽이는 순간마다 어미의 뇌가 반응했다. 그래서 감각하는 다섯 가지 감각 외에 추가로 교감하는 무엇이 있다는 것을 기록하였다.

이런 의식을 공유하는 비슷한 예로 미로를 찾아가는 쥐 실험에서도 찾아볼 수 있다. 첫 번째 쥐는 미로를 10분만에 통과를 하는데 두 번째, 세 번째 쥐는 동일한 미로를 순서대로 9분, 7분 만에 더 빨리 통과를 하게 된다. 이를 통하여 직접적으로 가르치지 않았지만, 나중에 참여한 쥐는 앞의 쥐보다 길 찾는 시간을 단축 시킬 줄 안다는 것을 발견할 수 있다. 이는 쥐들이 학습하는 동안에 다른 동료 쥐들도 보이지 않는 의식의 경로를 통하여 정보를 전달받고 있다는 것을 암시하는 것이다.

인간의 인지 능력도 같은 맥락에서 발달 된다고 본다. 과거에 교통 통신이 발달하지 않은 넓은 지구상에 교류도 없이 퍼져 살고 있지만, 교류할 수 없을 정도로 멀리 떨어져 살고 있는 인간 집단이 비슷한 사고와 생활 형태를 유지하고 살아간다는 것을 보면 놀랍다. 즉, 전혀 교류가 없는 브라질 밀림에 사는 부족이나 아프리카 밀림에 사는 부족이 비슷한 사고와 결혼습관, 생활습관을 유지하고 살아가며 유사한 인간문제를 겪으며 비슷한 방식으로 해결하며 살고 있다. 그 당시 인간의 행동반경은 태어난 곳으로부터 몇 십 킬로를 넘기 힘들었을 것이라고 한다. 상호간에 학습적으로 문화를 전파 한다는 것은 불가능하다. 그럼에도 어느 한 지역에서만 오랫동안 석기시대나 원시시대의 모습으로 사는 것이 아니라, 동일한 시대에는 지역이 다르더라도 거의 비슷한 주거형태와 문화의식 습관을 가지고 살아간다는 것이다. 이처럼 인간의 인지능력도 직접적인 가르침이 없지만, 과학적으로 설명할 수 없는 방식으로 부지불식 간에 공유하고 있다는 것을 간접적으로 알 수 있다.

아프리카 코끼리와 아시아 코끼리는 토착 자연환경에서 살아남을 수 있도록 각각 귀의 크기와 코끝의 형태도 다르게 발전했다. 즉, 아프리카 코끼리는 더워서 귀가 더 크고 코끝에 돌기가 두 개가 있어 물건을 코끝으로 바로 짚을 수 있다. 아시아 코끼리는 환경이 덜 더워 귀가 더 작고 코끝에 돌기가 하나만 있어 물건을 코로 감아서 집는다. 그런데 동료 코끼리가 죽으면 사람과 비슷한 애도의식(哀悼儀式)을 한다는 것에는 차이가 없다. 동물들도 오랜 세월 동안 누구로부터 따로 배워서 학습한 것이 아니지만 비슷한 의식을 공유하고 있다는 것을 알 수 있다.

이처럼 생명체들이 서로 공유하는 것을 설명하는 용어를 굳이 찾자면 텔레파시라는 용어를 사용할 수 있다. 하지만 과학적으로 증명된 것은 아니다. 여러가지 서술한 예에서 보았듯이 동시대를 살아가는 생명체는 아직까지 과학적으로 증명을 할 수 없기 때문에 무엇인지는 모르지만, 보이지 않는 무엇에 의한 학습효과로 직접적으로 접촉하여 가르치지 않아도 동일한 의식을 공유하게 된다는 것을 알 수 있다. 열거한 일련의 상황을 통하여 우리는 과학적으로 인지하는 자연의 세계가 너무 협소한 범위의 세계라는 것을 느낄 수 있다. 한정된 시공간(時空間)적 범위 내에서 인간이 상대적으로 우월하다고 하여 다른 생명체를 하찮게 생각해서는 안 된다. 자연의 상태에서 다른 대부분의 생명체들은 비나 태풍이 온다거나 폭설이 올 것을 미리 예측하지만 인간은 과학과 기계의 힘을 빌리지 않으면 예측이 어렵다. 이처럼 인간은 자연에서 적응력이 가장 취약하다. 다만 다른 동물에 비하여 복잡한 언어로 소통하고 창의적인 머리로 도구를 사용할 수 있었던 것이 타생명체들과 차별적으로 발전된 원인이다. 따라서 인간이 최고라는 그릇된 관념에서 벗어나 심오한 우주와 자연의 법칙에 순응하며 살아야 한다. 자연은 아직까지 많은 부분이 베일에 싸여 있지만, 상대를 인정하고 조화를 이루며 살라고 하는 상생에 대한 요구는 자연의 가장 기본적이고 핵심적인 것이라는 것을 알 수 있다.

상술 한 바와 같이 모든 존재하는 것은 의식이 내재한다는 것을 인식하고 적용을 하면 된다. 사람이 살아가면서 화를 내지 않고 사는 방법은 타생명체뿐 아니라 자신을 위해서 핵심적인 실천 사항이 되어야 한다.

화를 내지 않기 위해서는 우선 그 현상과의 단절, 마음 다스림 등이 필요하다. 우리 모두는 동일한 '근본'으로부터 에너지를 받았기 때문에 이 근본을 통해 서로 다 함께 연결돼 있다고 생각해야 한다. 서로 다른 컴퓨터가 인터넷망을 통해 하나로 연결된 것처럼 말이다.

위의 현상을 통하여 알 수 있는 것은 사람은 네트워크를 통해 모두 하나로 연결돼 있기 때문에 한 사람의 고통과 기쁨은 다른 사람에게 전달될 수밖에 없다. 동시대를 살아가는 인간들은 비슷한 사고와 스트레스를 동시에 경험하며 산다고 보는 것이 맞다. 그 사회의 스트레스와 피로도가 얼마나 높은지를 연구하는 사람들이 늘어 가고 있다. 따라서 사회 구성원이 좋은 기류를 유지 할 수 있도록 함께 노력해야 한다. 타인과 내가 동등한 인격체의 사람이란 사실을 깨달아야 한다. 다른 사람을 대할 때는 자기 자신을 대하듯 하고, 반대로 자기 자신을 대할 때는 다른 사람을 대하듯 할 수 있다면 너와 내가 다를 수 없으니 사회가 얼마나 긍정의 에너지로 넘칠 수 있을 것인가.

자연의 에너지를 말하자면 언급하지 않을 수 없는 것이 있다. 사람들이 아직까지 인지하지 못하고 있지만, 자연에는 실제로 특수한 물질이 존재한다. 생명체의 생육에 핵심적 작용을 하며 자연의 법칙을 실현하고 있는 실질적인 물질이다. 사람의 뇌가 잘못되어 몸에 병이 왔을 때에도 뇌를 회복시켜 몸을 정상의 상태로 만들 수 있는 핵심 물질이다. 나무와 숲에 가장 많이 존재하며 보통 사람들은 그 존재를 알 수 없지만 느낄 수는 있다. 환자가 산이나 숲에 있을 때 병세가 호전되는 것을 알 수 있다. 울창한 숲 속 나무에서 발산하는 피톤치드(phytoncide)라고 하는 방향성 물질은 건강에 큰 효과가 있다고 과학적으로 증명되고 있다. 그런데 이 물질은 아직까지 사람들이 과학적으로 명쾌하게 밝히지 못하고 있지만, 피톤치드와는 비교할 수 없을 정도로 중요한 작용을 한다. 숲에서 피톤치드만이 나온다면 그것을 숲에 가지 않고서도 사람이 어디서나 사용하면 되지만, 그것이 전부가 아니고 숲에서 몸이 회복된다는 것은 그것보다 오묘한 무엇이 있다는 의미다. 말기 암 환자가 모든 것을 포기하고 인생을 마지막으로 정리하기 위해 숲에 들어가 자연 속에서 생활하다 보니 살게 되었다고 하는 일화가 많다고 언급한 바 있다. 그것이 바로 자연의 힘이다. 그래서 자연으로 돌아가 자연에서 해답을 찾아야 한다. 이처럼 자연의 힘을 이용하는 것이 매우 유용하다는 것을 알 수 있다. 그래서 조기에 암을 발견하는 것보다는 차라리 방치하는 편이 낫다는 극단적 의견도 있다. 환자에게서 암세포가 아니고 '유사암'을 발견하고 의사들은 다짜고짜 메스부터 들이대는 것이 문제다. 일단 수술을 하게 되면 환자의 기력을 떨어뜨리고 기존의 균형마저 무너뜨려 급격히 면역성이 약화하고 자연치유의 능력을 상실하게 된다. 일본의 의사들은 자신이 암에 걸릴 경우 수술을 하지 않고 자연 치유에 맡기는 사람이 많다고 한다. 메스를 들이대지 않았다면 자연의 힘에 의해 더 오래 살 수도 있었을 텐데, 결국 기운을 차리지 못하고 병상에서 곧바로 사망하는 경우가 많다. 우리가 독감이 걱정되어 매년 맞는 독감 예방접종도 신체에서는 자연치유의 능력을 약화시킬 수 있다는 것이다. 자연은 당연히 원래부터 스스로 회복이 되도록 설계되어 있기 때문이다.

그리고 인간은 자연처럼 악습관을 버리고 긍정적 희생봉사의 의식으로 살면서 수양을 열심히 하면, 오묘한 물직의 존재를 깨닫게 되고 누구나 모든 병을 치유할 수 있는 부드러운 물질의 존재를 확인할 수 있다. 자연의 이치대로 따라 하면 그 어떤 환자도 회복할 수 있게 되어 있다. 이 오묘하고 심대한 자연의 법칙을 이해 하고, 선(善)을 추구하는 철저한 실천적인 삶, 타인을 위한 희생 봉사의 삶을 산다면 그 무엇도 두려울 게 없다. 어떤 경우에도 긍정적인 삶의 자세는 세상을 아름답게 하고 생활의 윤활유가 된다.

2. 무위자연(無爲自然)

—자연의 강한 힘은 부드러움으로부터 나온다

태풍, 폭우, 폭설, 지진, 화산폭발, 해일과 폭염이 내리쬘 때, 대자연 앞에 사람은 무기력해 보인다. 자연은 무서워 보이기도 하지만, 모든 과정이 대자연의 지속적인 진화 발전을 가능하게 하는 순리를 보여주는 과정일 뿐, 자연의 본질은 부드러움이다. 생명 탄생의 기원인 물은 얼마나 신선하고 부드러운가. 씨앗을 품어 생명의 싹을 트게 하고 자양분을 공급해 주는 대지의 흙은 얼마나 포근하고 부드러운가. 대지를 데워주고 생명을 자라게 하는 햇볕은 얼마나 따스하고 부드러운가. 또한, 꽃을 피우고 곡식을 익게 하는 바람은 얼마나 싱그럽고 부드러운가. 이런 자연환경에서 부드러운 땅을 뚫고 자라나는 어린 새싹은 얼마나 포근하고 부드러운가. 부드러운 물에서 태어나 작은 몸짓을 하는 생명체들은 얼마나 앙증맞고 부드러운가. 어디 이뿐이겠는가. 풀, 나무, 곡식, 과일 등 자연의 살아있는 생명체는 모두 부드럽다. 자연의 본질은 원래 부드러움이다. 이러한 부드러움이 생명체를 탄생시키고 생명을 성장시키는 핵심 역할을 한다. 살아 있는 모든 생명체는 자연처럼 부드럽다. 생명 탄생의 본질은 부드러움에 있다. 살아 있는 사람이 왜 부드러워야 하는 가는 충분히 알만하다.

반대로 딱딱한 것은 죽음이다.

바위, 돌, 철, 플라스틱은 딱딱하다. 딱딱한 것은 죽은 것들이다. 살아 있는 것은 딱딱하지 않다. 자연의 이치가 그렇다. 부드럽지 않고 유연하지 않은 것들은 강한 것을 만나면 부러지거나 깨진다. 적수천석(滴水穿石: 물방울이 바위를 뚫는다)이란 말은 부드러움의 힘을 잘 표현한다. 바위틈에 뿌리를 박고 자라면서 바위를 쪼개는 나무도 부드러움이 딱딱함보다 강하다는 것을 보여준다. 우리는 여기에서 삶의 지혜를 배울 수 있다. 우리는 자기주장을 관철하기 위하여 고집을 부리고 온갖 논리로 무장하여 말을 강하고 세게 내뱉고, 상대를 압박하고 모진 말을 하여 상대에게 폭력을 휘두르는(무력뿐 아니라 언어폭력 등) 것이 자연의 순리에 얼마나 역행하는 것인지 깨달아야 한다. 딱딱한 것들은 부드러운 것을 잠시 이기는 것 같이 보이지만, 결코 길게 이기지 못한다. 강한 게 살아남는 것이 아니라 살아남는 것이 강한 것이다. 오래 살아남는 것들을 보면 부드럽고 아름답고 착한 것들이다. 오래 지속되는 자연의 것들은 아름답다.

예로부터 지천명(50대 ,知天命 – 하늘의 뜻을 안다.)이니, 이순(60대,耳順 – 귀가 순리대로 들린다.)이니 하는 말들은 인생을 살아가면서 사람이 살아온 세월만큼 더욱더 하늘의 이치와 순리에 가깝게 살아야 함을 강조한 말이다. 옛 성현들은 모두 자연의 뜻을 잘 이해하고 있었다. 그러나 이런 삶의 자세가 인생에 얼마나 많은 영향을 미치는지를 미처 실감하지 못했기 때문에 실천에 인색한 것은 아니었을까?

우리는 부드러움이야말로 자연계를 관통하는 핵심 진리이며 가장 큰 힘을 발휘하는 원천이라는 것을 자연으로부터 배워야 한다. 세상에 부드러운 사람을 싫어하는 사람은 없다. 사람이 무병하여 건강 장수를 누리고 인생에서 성공하기 위해서는 부드럽게 살아야 한다. 부드러움은 강한 것을 능가하는 힘이 있다. 우리가 부드러움의 미학을 알고 자연의 순리대로 사는 것을 자연으로부터 배움이 옳다.

오래전에 동양의 사상가인 노자(老子)도 이에 대한 이치를 설파하고 있다.
노자의 도덕경(道德經)은 상편 37장과 하편 43장으로 구성되어 있는
데, 총 81장으로 구성된 도덕경을 통해서 일관되게 도(道)란 물과 같이 부
드러운 것이라고 역설하였다.
노자는 제8장에서 "최고의 선이란 물과 같다(上善若水). 물이란 능히
만물을 이롭게 하되 다투지 아니하고, 모든 사람들이 싫어하는 낮은 곳에
처한다. 그러므로 도에 가까운 것이다."라고 설파하였다.

노자는 "천하에서 가장 부드러운 것은 천하에서 가장 굳은 것을 마음
대로 부리고, 형체가 없는 것은 틈이 없는 데까지 들어간다. 이런 까닭으
로 인위적으로 하지 않음이 유익하다는 것을 알겠다."고 설파했다. 노자
는 도를 물에 비유하여, 무위(無爲)와 불언(不言)의 공이 큼을 말하고 있
다. 세상을 다스리는 이치도 바로 물처럼 흐르듯이 자연스럽게 되길 바랐
고, 임금이 백성을 교화시키는 것도 인위적인 것보다는 무위자연(無爲自
然)의 도(道)보다 나은 길이 없다는 것을 말해주고 있다. 노자는 "만족할
줄 알면 욕됨이 없고, 그칠 줄 알면 위태하지 아니하여 가히 오래일 수 있
다. 만족함을 모르는 것보다 더 큰 재앙은 없다."고 강조했다. 무위자연과
절제의 도를 통해서 오늘날 사람이 살아야 할 길과 심각해진 환경의 문제
까지 일찍이 강조한 선각자였다.

노자는 자연 속에서 생활하며 생명경외(生命敬畏) 사상을 갈구했다. 우
리는 노자로부터 핵심화두인 무위자연(無爲自然)을 배우게 된다. 무위자

연의 도는 흐르는 물과 같이 자연의 이치를 터득하는 과정이며, 인위적인 파괴의 힘을 배척하는 것이다. 따라서 노자의 가르침은 오늘날 생명존중과 환경보전 의식에 맞닿아있다. 무위자연의 도를 체득한 사람은 극단적이고 과격한 일을 피하고 소극적인 방법을 취하며, 의식주의 생활에 있어서도 사치를 버리고 검소함을 취할 것을 설파하였다. 우리가 아는 바와 같이 생각하기에 따라서는 사람이 살아가는데 그다지 많은 물질이 필요하지 않다. 아무리 많은 부를 가진 사람이라도 살 줄 모르면 불행해지는 것이고, 적게 가진 사람이라도 자족(自足)할 수만 있다면 얼마든지 행복해 질 수 있다. 노자는 "인간에게 타오르는 탐욕의 불을 끄고 마음을 고요하게 만들면 장차 천하를 얻을 것이다."고 역설하였다. 무위자연의 도를 통해서 인간의 마음을 다스려 상생의 길로 나가면, 결국 병든 자신을 치유하고, 동시에 천하를 얻을 수 있다는 것을 가르쳐 준 것이다.

1) 사람은 딱딱하고 부정적인 생각을 하는 순간 신경계가 긴장하고, 심장 박동이 빨라져서 몸에 충격을 준다. 호르몬 분비와 혈액 구성비가 달라져 혈관도 비정상적인 수축과 팽창을 반복하게 된다. 따라서 '욱'하는 성질을 참지 못하여 습관적으로 화를 내거나, 대화 중에 상대의 말을 끊는다거나, 부드럽지 못한 언어로 반박하는 말 습관을 지녀서는 안 된다. 상대의 마음을 상하게 하는 말 한마디는 오히려 자신의 뇌에 큰 상처를 낸다는 것을 명심해야 한다. 자기주장을 고집하고 생각을 외곬수로 막히게 하면 신체 기능도 막히게 된다는 것을 알아야 한다. 서로 대치하고 반목하는 순간, 인체는 자연의 순리에 역행하여 자연 진화의 방향과는 반대로 가게 된다. 말하는 습관은 부정적이든 긍정적이든 뇌의 형성에 영향을 미친다는 것을 깨달아야 한다. 말하는 습관은 한번 잘못되면 평생을 두고 자기 앞을

가로막는 고치기 어려운 고질병이 되어 버리고, 잘 길들이게 되면 평생 자신을 지켜주는 든든한 보도(寶刀)가 된다는 것을 알아야 한다.

2) 부드럽게 말하는 습관은 한순간에 형성될 수 없다. 어려서부터 양질의 습관을 꾸준히 배양시켜야 긍정적인 구강구조와 좋은 뇌의 구조가 형성되는 것이다. 서로 다른 의견을 가지고 있더라도 대화를 할 때는 항상 열린 의식과 부드러운 대화로서 접점을 찾는 노력을 하는 것이 필요하다. 그래야만 자기 생각을 막히지 않게 하고 물처럼 부드럽게 흘려보낼 수 있다. 자기주장이나 고집으로 생각이 막히지 않는다는 것은 뇌가 막히지 않는다는 것과 같다. 뇌가 막히지 않는 것은 신체가 막히지 않는다는 것이다. 이렇게 할 수 있는 사람은 신체의 신진대사가 촉진되고 피부가 윤기가 나고 밝아지게 된다. 딱딱하고 명령적인 말이 강한 힘을 발휘하는 것이 아니다. 부드럽고 감동적인 말 한마디가 상대의 심금을 울려 가슴을 열게 하고 행동하게 한다. 대화를 할 때는 항상 상대방의 입장에서 생각하면 답이 쉽게 풀린다. 진심이 담긴 부드러운 말 한마디가 딱딱한 명령어보다 진한 감동과 강한 설득력을 가지고 있다. 부드러운 물방울이 딱딱한 바위를 뚫듯이 자연의 힘은 부드러운 곳에서 나온다. 물처럼 부드러운 사람은 전두엽 뇌가 발달하여 대체로 말이 살갑고 마음도 훈훈하다. 부드러운 물이 바위를 뚫는 것과 같이 부드러운 사람은 다른 사람의 마음을 녹일 수 있고 움직이게 할 수 있으니 살아가면서 얼마나 큰 양식을 가진 것인가. 이런 사람은 친구가 많이 있게 마련이며 함께 하고자 하는 사람들도 많다. 사람들은 그와 함께 무슨 일이든 하고 싶어 하고 이성이라면 사귀고 싶어 할 것이다. 성공 가능성이 높아지는 것이다. 딱딱한 사람, 차가운 사람을 좋아하는 사람은 많지 않다. 간단한 생각의 차이에서 인생의 진로가 바뀌게 된다. 작은 생각의 차이가 삶의 방향을 바꾼다, 우리는 어떻게 살 것인가?

신사고(新思考)를 통한 인류의 뇌혁명

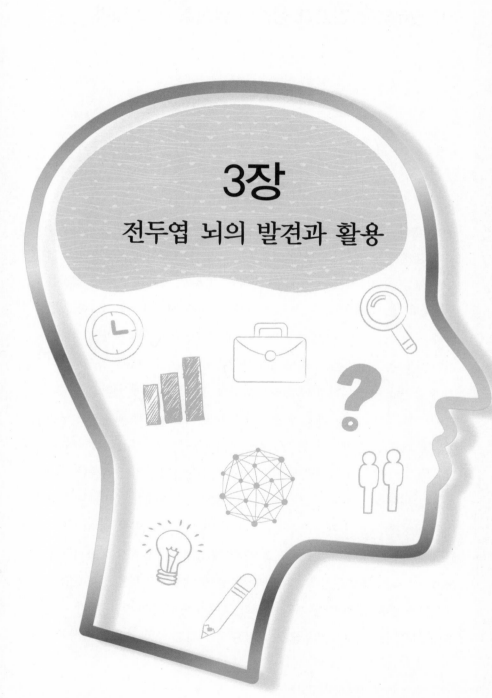

3장
전두엽 뇌의 발견과 활용

1. 전두엽은 건강과 성공의 열쇠를 쥐고 있다

일소일소 일노일노(一笑一少一怒一老)라는 말이 있다. 한번 웃으면 한 번 젊어지고, 한번 화내면 한번 늙어진다는 의미다. 뇌 중에서도 전두엽의 작용을 잘 표현한 말이다. 전두엽이 활성화되면 대뇌변연계가 강화되면서 내장기능에 강한 생명력을 불어넣어 준다. 고령이 되면 대뇌변연계의 고장이 건강에 치명적인 결과를 초래하기도 한다. 뇌출혈이나 심장병으로 갑자기 세상을 떠날 가능성이 높은 것이다. 따라서 나이가 들수록 성질을 온화하고 부드럽게 가져야 한다. 이 부분이 인체에서 얼마나 중요한 것인가를 알 수 있다. 전두엽에는 기쁨, 희열과 슬픔, 분노를 동시에 조절하는 기능이 있다. 전두엽은 사람이 어떤 생각을 하고 어떤 감정을 표출하느냐에 따라 반응이 극명하게 달라진다. 반응에 따라서 인체에서 최고의 선물이라고 할 수 있는 뇌 내 모르핀이 나오고 반대로 독성에 해당하는 노르아드레날린과 아드레날린 분비를 하게 하는 핵심적인 기능을 한다. 기뻐할 때는 전두엽 부근의 미간이 활짝 펴지며 쾌활하게 웃거나 기쁨을 표시하는데 이때 뇌는 행복감을 느끼며 세로토닌과 도파민을 분비하여 인체 내의 독성 물질을 죽이고 인체를 활성화시킨다. 반대로 화를 내거나 분노를 표시하면 전두엽의 미간이 찌그러지면서 상대에게 불쾌감을 표시한다. 뇌에서는 악성 호르몬인 노르아드레날린을 분비하여 인체를 공격하게 된다. 화를 한번 내면 10만 개의 세포가 죽는다는 연구가 있다. 인간 두뇌 중에 다른 곳에서는 일반적으로 교감·부교감 신경 등의 구조로 활성화와 제어를 하는 기능이 동시에 작동된다. 그런데 이 전두엽 뇌에서는 작용을 활성화할 수 있는 기능은 있지만, 활성화되는 기능을 제어하고 정지시키는 기능은 없다고 한다. 이것은 자연계의 진화론적 관점에서 무엇을 의미하는가? 이 전두엽의 기능을 자연계에서 좋은 방향으로 무한대로 활성화시켜 활용해야 한다는 것을 의미한다. 다시 말해서 우리 전두엽 뇌의 구조와 역할이 진화론적인 관점에서 무한대로 상생 협력 발전하도록 설계되어있는 자연의 이치와 똑같이 설계되어 있다. 동물도 전두엽이 있지만, 그 활용도에서 사람과 비교하면 비교할 수 없을 정도로 많은 차이가 있다. 지구상에 생명체가 탄생한 이래 가장 발달한 물질은 인간의 두뇌이며 그 두뇌에서도 전두엽 뇌가 지구 생명체의 미래를 담보하고 있다. 따라서 인류와 지구 생명체의 미래는 전두엽이 열쇠를 쥐고 있다. 전두엽을 자연처럼 긍정적이며 낙천적인 뇌로 잘 활용하면 무병장수하여 행복하게 살 수 있고 전두엽을 부정적으로 사용하면 인체에 치명적인 위해를 가해 병에 걸리고 인생을 행복하게 오래 살 수 없도록 되어 있다. 전두엽이 주는 메시지를 잘 읽고 자연처럼 희생봉사의 자세로 살아야 하는 이유다.

전두엽이 발달했는지를 어떻게 알 수 있을까?

우선 자신의 전두엽이 발달했는지 발달하지 못했는지를 가늠해 볼 수 있다. 코미디 상황극을 보면서 얼마나 잘 웃을 수 있는 지, 감동적인 음악을 듣고 얼마나 기뻐하고 감동의 눈물을 흘릴 수 있는지, 실수하여 수치스런 상황에서도 얼마나 자연스럽게 인정할 수 있는지, 기쁘거나 슬플 때 눈물이 얼마나 잘 나오는지, 상대방에게 얼마나 부드럽고 살갑게 말을 할 수 있는지, 화가 나는 상황에서도 얼마나 유연하게 웃으며 대처할 수 있는지, 농담을 잘해서 상대를 웃길 수 있고 타인의 농담을 잘 받아들일 수 있는지 등을 보면 사람의 전두엽 상태를 어느 정도 짐작할 수 있다. 똑같은 상황에서도 사람마다 반응의 강도가 다르다. 대체로 긍정적인 사람은 유연하고 반응이 빠르며 부정적인 사람은 경직되고 반응이 느리다.

전두엽이 감동하여 반응하는 훈훈한 일화가 있어서 소개하고자 한다. 90년대에 중국에서 지인에게 들었는데, 어느 날 갑자기 사무실로 탈북자가 불쑥 찾아왔다고 한다. 지금은 탈북자가 새터민이라는 말로 자연스럽게 부를 만큼 많아졌고 돕는 사람도 많아서 상대적으로 쉽게 자리 잡고 있지만, 90년대에는 과거 독립운동 시절만큼이나 험난한 역경을 뚫고 탈북에 성공해야 하는 시절이 있었다. 탈북자가 어느 날 사무실로 찾아와 좀 도와 달라고 하는데 중국에서 공안에 쫓기며 다닌 몸이라 손과 얼굴에 난 상처나 꾀죄죄한 행색이 말이 아니었다고 한다. 그 사람은 생명의 위협을 느끼며 하루하루 연명해 가는 삶을 살기 때문에 좀 도와 달라고 애원을 했다고 한다. 지인은 같은 동포인 한 사람이 너무 불쌍해 보여서 탈북자가 도와 달라는 말에 선뜻 인민폐 3천 원을 주었다고 한다. 당시 화폐가치로 그 사람들은 1~2원이면 한 끼를 해결할 수 있는 때였는데, 발각되면 생명을 걸어야 하는 상황에서 언제 밥을 먹었는지도 모를 만큼 배고픔을 참고 쫓겨 다닌 그에게 3천 원은 큰돈이 아닐 수 없었다. 그 돈을 받은 탈북자는 감동하여 눈이 토끼 눈처럼 빨개지더니 닭똥 같은 눈물을 펑펑 쏟아내면서 울었다고 한다. 그 광경을 보고 자기도 몰래 인생이 뭔가 싶은 생각이 들어 와락 부둥켜안고 함께 펑펑 울었다는 말을 했다. 탈북자를 도와주면 중국 공안에 처벌받을 수도 있고 자기도 먹고살기 바쁜 시절이라, 그 누구도 도와주지 않았기 때문에 누군가 자기를 쳐다보기만 해도 무서웠던 상황에서 생면부지로 아무 연고도 없는 사람이 큰 맘을 쓴 것을 아는 터라, 탈북자의 전두엽이 진한 감동을 받아 폭포수 같은 눈물을 흘렸을 것이다. 그런데 내가 아는 이 지인은 매우 긍정적이고 유머 감각이 뛰어난 사람이라 늘 친구가 많다. 구강이 매우 긍정적으로 발달해 있어 입 모양이 부드럽게 퍼져 있고 유머 감각이 풍부하고 말을 잘한다. 그리고 유난히 피부에 윤기가 흐르고 나이에 비해 젊음을 유지 하는 사람이다. 그의 전두엽 상태로 봐서 충분히 도움을 베풀만한 사람이었던 것이다. 그가 부정적인 사람이었다면 그 시대상황에서 도와준다는 것이 쉽지 않았고 탈북자는 더 힘들어 졌을 수도 있다. 이처럼 긍정적인 사람은 이 세상 어디서든 부정적인 사람보다 '사람 사는 세상'을 만들고 사람 냄새를 풍긴다는 것을 알 수 있다.

이런 사람이 있는 반면 전두엽이 발달하지 못하여 부정적인 사람은 같은 상황에서도 잘 웃지 않게 된다. 부정적인 사람은 머리가 딱딱하고 차가우며, 삶이 메말라 있어 감동이나 슬픔을 느끼는 강도가 낮아 좀처럼 눈물을 보이지 않는 스타일이다. 이런 사람은 반대로 쉽게 우울해하는 것을 즐기고, 대체로 자기주장이 강하며 강직한 성격이나 공격적인 성격의 사람이 많다. 우울증이 심해지면 뇌 구조로 인하여 극복을 잘 못하고 상대적으로 극단적인 결정을 할 가능성도 높다.

인간은 누구나 자신의 머리 상태가 비정상이라고 느끼는 사람은 많지 않다. 심지어 정신병자도 잠시 정상으로 돌아왔을 때 자기가 비정상이라는 것을 인정하지 않으려 한다고 한다. 그런데 사실은 모든 사람이 나이가 들어가면서 뇌가 정상의 상태에서 점점 멀어져 간다고 보는 것이 맞다. 생물학적으로 성인이 된 사람이라면 뇌세포가 하루에 거의 10만 개씩 죽어

간다는 것은 무엇을 의미하는가. 그럼에도 불구하고 뇌 상태가 비정상이라는 것을 느끼는 사람은 거의 없다. 왜냐하면, 일반적으로 뇌가 그것을 인식할 수 없을 만큼 시간이 흐르면서 서서히 변하기 때문이다. 뇌가 비정상적이라 할지라도 어느 날 스스로 정상적인 뇌의 상태를 직접 체험하기는 쉽지 않으므로 정신병자처럼 크게 이상이 없으면 자기는 모두 정상이라고 믿고 살기 때문에 인식하기 어렵다. 아마도 나이가 들어 치매증에 걸리면 그때 비정상으로 느끼게 될 것이다.

이 부분에서 뇌가 잘못된 상태를 알 수 있는 명백한 한 가지를 말하고자 한다. 즉, 암과 같은 심각한 질병에 걸린 사람은 뇌가 잘못되었다는 것을 인정해야 한다. 뇌가 잘 못 되면 오장육부를 관할하는 뇌 기능이 정상적으로 작동하지 못하게 되고, 따라서 신체를 정상적으로 조절하지 못하게 되어 심각한 질병이 발생한다. 마치 컴퓨터가 아무리 최신형이고 좋은 하드웨어를 갖추었다고 하더라도, 소프트웨어가 바이러스에 감염되어 정상 작동을 멈추면 하드웨어의 프로그램을 사용할 수 없는 이치와 같다. 한 가지 바이러스에 감염되면 시간이 흐르면서 점차적으로 시스템을 전체적으로 정지시키는 것과 같이 나쁜 습관으로 열성적인 인자를 가지고 장기간 생활하다 보면, 자기도 모르는 어느 날 신체 기능에도 이상이 오게 된다.

사람은 뇌가 생명에 매우 중요하므로 조그만 손상에도 생명을 위협받지만, 경우에 따라서는 뇌의 어느 한 부분이 없어도 생존에는 문제가 없을 수도 있다. 뇌의 반쪽이 없는데도 살아가는 사람이 있는 것을 보면 알 수 있다. 다만, 각각의 뇌가 담당하는 기능을 발휘하지 못하게 될 뿐이다.

즉, 기억 중추가 사라지면 과거의 기억을 못하게 된다. 좌뇌의 운동중추에 문제가 생기면 오른쪽 팔다리를 못 쓰게 되고, 우뇌의 운동중추에 문제가 생기면 좌측 팔다리를 사용 못할 가능성이 높다. 사람이 왼손잡이보다는 오른손을 쓰는 사람이 많게 된 것이 언어중추가 있는 왼쪽 뇌가 발달하면서 강화되었다는 설이 있다. 한편, 수백만 년 전에 살았던 네안데르탈인도 오른손잡이가 많았다는 연구결과가 있어 이는 후천적 요인 이전에 유전적인 요인도 연구되어야 한다.

최근에 일본의 뇌 학자 하루야마 시게오는 "우뇌는 전생을 기억하는 뇌이며 우뇌가 없어지면 과거 관련 꿈을 꾸지 않는다."는 흥미로운 연구결과를 발표하기도 했다. 즉, 좌뇌로도 기억되는 현생의 일은 꿈을 꾸는데, 교통사고로 우뇌를 잘라낸 환자에게서 현생에서 전혀 가보지 않았지만 꿈에서 매우 익숙하고 마치 어제 가 보았던 장소처럼 생생하고 편안한 장소에 관한 꿈은 다시는 꾸지 않게 되었다는 것이다. 또, 한가지 예로 자폐아는 뇌 신경이 가까운 부분만 발달했고 먼 신경은 미발달되어서 나타나는 것이므로, 어려서부터 뇌를 발달시키는 교육 프로그램을 활용함으로써 극복 가능하다는 결과를 발표했다. 이처럼 뇌가 작용하는 역할은 상상을 초월한다.

모두 뇌를 어떻게 발달시키느냐의 문제로 귀결된다. 잘못된 뇌 상태라는 것은 대체적으로 전두엽 뇌의 상태를 말한다고 보면 크게 틀리지 않다.

전두엽이 활성화되지 않은 사람과 대화를 해보면 자기주장으로 똘똘 뭉쳐 있어서 소통이 잘 안 되고 거대한 벽을 마주한 느낌이 든다. 그를 대하는 사람도 힘이 들지만, 그 자신은 더욱 불행한 세계에 빠져 살고 있다는 것을 인식하지 못한다. 부정적 의식으로 작은 일에 감사하고 기뻐할 줄 모르고 살기 때문에, 세상이 얼마나 아름답고 살 만한 세계인지를 인식하지 못하며 살고 있다. 잘 살면 전두엽 뇌를 발달시키는 것이고 잘 못 살면 전두엽 뇌를 사멸시키는 것이다. 뇌가 살아야 몸이 산다는 이치에서 보면 어떻게 살 것인가는 자명한 것이다. 이렇게 중요한 전두엽을 발달시킬 수 있는 방법은 무조건 열성에 해당하는 부정적 사고와 분노, 미움, 시샘, 질투, 투쟁, 야비 등 나쁜 습관은 무조건 버리고, 작은 일에도 기뻐하고 감동 받을 줄 알아야 한다. 긍정적 사고, 친절, 화합, 타인을 위한 삶을 실천 하는 것이 중요하다. 봉사의 삶을 사는 것은 쉬운 일이 아니지만, 실천할 수 있다면 부정적 열성 인자를 극복하는 가장 효과적인 방법이 된다.

2. 세계 장수촌 사람들은 긍정적이며 낙천적이다
-그들의 인생에서 의미를 찾아야 하지 않을까?

세계적인 장수촌으로 알려진 파키스탄의 훈자, 러시아의 코카서스, 에콰도르의 빌카밤바, 일본의 오키나와 지역의 사람들을 TV 통해 본 적이 있다. 그들이 사는 지역은 자연이 오염되지 않고 경치가 아름답다. 장수촌 사람들은 항상 웃기를 좋아하고 이웃과 함께 더불어 즐겁고 낙천적인 삶을 사는데, 얼굴이 미소년처럼 해맑고 천진난만하기 그지없는 모습이다. 건강의 지표라고 하는 피부가 우윳빛 피부로 나이에 비해 훨씬 젊어 보인다. 그들은 사소하고 작은 일에도 기뻐하고 '매일 감사하며 살아간다'는 말을 입에 달고 산다. 채식을 많이 하고 햇볕을 많이 쬐며 과일을 많이 먹는다. 적게 먹는 소식을 즐기되 영양을 골고루 섭취하였고 늘 몸을 많이 움직이는 노동을 했다. 이런 내용은 장수자들에게서 보여지는 보편적인 모습과 비슷하다.

그런데 나는 그중에서도 자신이 "일생을 살아오면서 한번도 가족이나 다른 사람에게 '모진' 말을 한 적이 없었고, 그렇게 살아온 것이 건강 장수하는 비결이 아닐까."라고 웃으며 말한 사람이 충격적으로 뇌리에 박혔다. 그는 어린아이처럼 천진함이 얼굴 만면에 퍼져 있고 얼굴은 윤기가 흐르고 있었다. 이 장수노인이 인생에서 '어떤 경우에도 모진 말을 한 적이 한번도 없었다'고 한 말을 다시 생각해 보면 타인을 원망하거나 탓하지 않고 타인을 위해 내가 희생봉사 하는 삶을 살았다는 것으로 들렸다. 또한,

그가 말을 할 때는 말씨가 더없이 부드럽고 인자한 미소를 머금고 있었다. 모진 말을 하려면 말을 딱딱하고 매섭게 뱉어야 하는데, 인자한 장수노인의 그런 말씨는 한번도 모질게 말을 해보지 않은 듯 더 할 수 없이 살가운 말씨였다. 넓게 퍼진 두터운 입가로부터 만면에 부드러움이 묻어났다. 그 장수노인의 인생철학에는 '인생에서 자신이 좀 손해를 보면서 살아도 별 상관없다'고 생각하는 사람이다. 이웃들과 나누는 삶을 사는 데서 즐거움을 찾고, 자신이 손해를 봐도 괜찮다는 마음가짐이 세상사를 해결하는 지혜라고 생각하며, 자신의 의식을 편하게 다스릴 수 있는 사람이었다. 자연의 모습과 많이 닮아있었다. 자연은 누가 자신을 이용하고 고통을 주더라도 누군가 수혜를 얻었으면 기쁘게 생각할 뿐 그것을 거부하거나 슬퍼하지는 않는다. 나무는 베어지면서 누군가 자신을 건축 재목으로 쓰든, 땔감으로 쓰든 개의치 않는다. 공기, 나무, 물, 풀, 곡식 등 자연은 자신을 아낌없이 내어 주지만 바라는 것이 없다. 이에 비하면 인간은 자신의 사소한 이익 앞에 얼마나 교활해지는가. 인간의 세계를 보면 아흔아홉 개를 가진 자가 백 개를 모두 갖기 위해 하나 가진 자의 약한 손을 비틀어 뺏으려고 하는 비정하고 부끄러운 형국임을 부인 할 수 없다. 8020 파레토 법칙이 9010(10%의 사람이 전 세계 부의 90%를 소유)까지 심화되고 있는 부의 양극화 현상을 보면 인간세계의 잘못 뒤틀어진 실상을 잘 알 수 있게 해준다. 그런데 희생봉사의 의식을 가진 자연은 무한한 힘을 가져 병 없이 영원하지만, 나쁜 뇌를 사용하게 된 인간은 자연계에서 마땅히 살아야 하는 수명도 채우지 못하고 중간에 병들어 도태되어 가고 있는 실정이다. 이것이 우리 인류가 자연계의 진실을 이해하고 배워야 하는 이유이다.

장수촌 사람들에게서 나의 관심을 끄는 것은 '모질다'라는 말이다. 사전적 의미로는 "마음씨가 몹시 매섭고 독하다." 라고 기록되어 있다. 달리 말하면 사람을 쉽게 원망하고 탓하며 독설을 할 수 있는 상태를 말한다. 사람의 뇌 상태는 원래 잘못되지 않으면 모진 말을 내뱉기가 쉽지 않다. 욕이 습관이 된 사람은 욕을 늘 입에 달고 사는 사람도 있지만 욕을 못하는 사람은 욕설을 한 마디도 꺼낼 수조차 없다. 모진 말을 할 수 있다는 것은 그 사람의 뇌 상태가 이미 모진 말을 해도 거부감과 죄책감을 느끼지 못하기 때문이다. 이미 뇌가 잘못되어 있다는 것을 입증한다. 습관적으로 모진 말을 자주 내뱉다 보면 구강구조가 변형되고 뇌가 잘못 변형된다. 모진 말을 한번도 하지 않았다는 장수노인의 뇌는 구조 자체가 모진 말하는 것이 매우 거북스럽고 불편하기 때문에 절대로 모진 말을 할 수 없게 발달된 사람이다. 모진 말을 할 때는 혀를 움직이는 근육이 다르다. 일단 뇌에 힘이 들어간다. 혀로 입안의 바람을 밀어 구강의 안쪽에 세게 부딪혀 나오는 소리와 함께 턱의 상박과 하박을 세게 압박하여 소리를 내야한다. 한번 모진 말을 하게 되면 습관적으로 하게 되고 혀의 모드, 즉 혀의 형태가 모진 말을 잘하는 형태로 자리를 잡게 된다. 입의 구강구조도 그렇게 변형이 된다. 모질게 말하고 잘난 체하며 주장하는 말씨로 함부로 말하면 그런 혀로 인해 전두엽이 내려앉아 뇌가 순기능을 발휘하지 못하게 된다. 기분이 우울해지고 호르몬 분비가 원활하지 못해 뇌 기능이 떨어져 몸에도 이상이 온다. 반대로 살갑고 부드러운 말은 혀로 바람을 세게 밀어서 차 낼 필요없이 혀만 부드럽게 움직이면 된다. 누구나 자신이 모진 말을 쉽게 하거나 세차게 말을 한다면 자신의 뇌는 이미 건강하지 못하다는 점을 인정해야 한다. 빨리 그런 습관을 버리고 좋은 습관을 배양하여 아름다운 뇌를 갖도록 노력해야 한다. 그러나 한번 잘못 형성된 뇌와 혀, 구강구조로 말미암아 말을 하루아침에 부드럽고 살갑게 하는 것은 쉽지 않다. 자연에서 오랜 기간에 형성된 것은 무엇이든 쉽게 변하지 않는다.

　장수 노인들처럼 이렇게 긍정적이며 낙천적인 생활습관을 가지고 살아가는 사람들은 원래 발달된 전두엽 유전자가 있기 때문이며, 또한 좋은 습관으로 살아가기 때문에 전두엽을 더욱 발달시킨다. 인간에게 긍정적인 전두엽의 발달은 건강장수와 행복한 삶을 동시에 가져다준다.

　장수하는 사람들은 모두 현 생활에 매우 만족하고 있으며, 번성한 가족들과 함께 하루하루 즐겁게 살 수 있다는 것에 너무 감사하고 행복하다고 말한다. 그들 중 누구도 사회적으로 성공하고 거대한 부를 축적해서 행복하다고 말한 사람은 한 명도 없었다.

　장수 노인 대부분이 큰 사업을 하거나 풍족한 부를 모은 사람들은 아니었다. 평범하게 텃밭을 일구며 살거나 가축을 방목하며 살아가는 소박한 농부들의 이야기다. 손수 가꾼 채소나 치즈 바른 빵과 감자를 이웃들과 사이좋게 나눠 먹고 사는 것이 일상이다. 소소한 일상생활과 생활의 궁핍에서 이런저런 인간 세상사는 모두 겪는 그들일 테지만, 내가 좀 손해 본다는 인생관을 가지고 살아가니, 다른 사람들과 이해관계로 충돌할 일이 없고 주름진 얼굴이지만 그저 이를 드러내서 항상 웃고 산다. 장수마을은 서로에게 경쟁적으로 잘하게 되니 긍정의 유전자가 상승효과를 일으켜 더욱 따뜻하고 훈훈하여 살만한 아름다운 마을이 되는 것이다. 그들의 소박한 삶의 자세는 희생 봉사적인 자연의 모습과 닮아있다. 우리 인간은 그런 소박한 자연의 모습에서 삶의 진리를 배워야 한다. 장수 노인이 생각하는 바와 같이 인류 모두가 그런 뇌를 가질 수만 있다면, 인류의 탐욕과 이기심에서 비롯되는 싸움, 부조리, 폭력, 투쟁, 전쟁이 사라지게 될 것이다. 타 생명체와 더불어 베풀고 희생하며 살아가려는 것은 자연계를 관통하는 진화의 핵심요소다. 다른 요소들도 중요하고 장수에 도움이 되는 것이겠지만, 그중에서도 더불어 봉사하는 삶이 무엇보다 인생의 의미를 높이게 된다. 장수촌 사람들의 삶이야말로 노자가 말한 무위자연(無爲自然)의 미학을 실천하며 사는 사람들이라고 생각된다.

온 세상 불행을 혼자 짊어진 것 같은 모습을 보이는 부정적인 사람과 이런 장수 노인들의 낙천적인 삶의 차이는 전두엽을 어떻게 발달시켰느냐에 따른 차이라고 할 수 있다.

뇌는 싫어하는 것, 귀찮은 것, 재미없는 것, 흥미없는 것에 대해서는 일종의 혐오감이나 거절 반응을 보인다. 이처럼 생각하는 것과 판단하는 것조차 거부 반응을 보이므로, 부정적인 생각을 하면 뇌의 시냅스 배선 움직임에 정지현상이 생기게 마련이다. 부정적 의식으로부터 출발하여 주장하게 되고 화를 내면 뇌가 견디지 못하고 혈전이 생겨 뇌경색이나 뇌출혈, 심근경색으로 나타난다. 뇌는 나쁜 성격을 만드는 열성인자를 싫어한다. 보는바와 같이 장수 노인들은 긍정적인 사고를 통하여 건강하고 행복한 삶을 살아갈 수 있었다.

그런데 긍정적인 뇌로 전두엽이 발달한 사람이 건강만을 얻는 것으로 끝나지 않는다. 인생에서 성공할 가능성도 상대적으로 높아진다. 온 세상 불행을 혼자 짊어진 사람처럼 행동하는 사람은 무슨 일이든 쉽게 시시하다고 생각하고 감동이 일어날 리 없다. 감동이 일어나지 않으니 적극적으로 일을 하려 하지 않고, 적극적으로 일을 하지 않으니 기회를 상실할 가능성이 높다. 뇌가 부정적인 사람은 자신의 신체 건강에도 결정적으로 나쁜 영향을 미치지만, 사람들과 융화하지 못하여 좋은 인상을 주지 못하기 때문에 인생에서 좋은 기회를 갖는 것이 쉽지 않고, 설령 인생에서 기회가 주어져도 자신의 것으로 만들기가 쉽지 않다. 뇌가 활성화가 안 되어 몸의 면역성이 떨어지니까 병에 취약하게 된다. 몸이 건강하지 못하고 사람들과 어울려 사교적인 성격이 못되니 인생에서 성공할 기회를 얻을 가능성도 낮아지는 것이다. 만병의 원인과 인생에서 실패의 원인은 머리를 좋은 곳에 쓰는 방법을 모른 결과라고 해도 크게 틀리지 않다. 인생에서 실패를 꿈꾸는 사람은 없을 것이다. 인생 실패의 원인 중에 큰 부분을 차지하는 것이 부정적인 머리에서 기인하는 바 크다.

긍정적인 뇌를 가진 사람은 작은 일에도 항상 스스로 감사하고 기뻐할 줄 알기 때문에, 상대방이나 소속된 조직원에게 매우 좋은 인상을 남겨 좋은 기회를 얻을 가능성이 높다. 세상은 누구나 그런 사람에게 마음의 문을 열고 호감을 갖기 때문이다.

자기도 먹고살기 어려운데 누구를 돕고 누구에게 봉사하란 말인가 하고 자기의 처지를 핑계 대는 일은 온전한 방법이 아니다. 없으면 없는 대로 심적으로나마 또는 작은 손길이나마 나보다 더 어려운 사람들을 돕고 불쌍한 사람을 연민할 줄 아는 뇌로 발달시켜야 한다. 이웃이나 주변 사람과 사소한 일로 다투지 않고 불편하게 하지 않으며 내가 좀 손해 보는 일이 나를 보배롭게 한다는 생각으로 서로 양보하는 것이다. 그런 자세는 누구를 위해서라기보다 바로 자기 자신의 뇌를 건강하고 아름답게 하기 위해서 필요한 것이다. 콩 한 조각이라도 나눠 먹는 마음가짐이 자신을 건강하게 만든다. 아무리 부자라도 마음이 가난한 사람은 가난한 것이며 아무리

가난한 사람이라도 마음이 부자이면 그 사람이 진정한 부자다. 이런 각도에서 보면 다른 사람을 돕고 봉사하는 사람들과 장수 노인들의 전두엽 뇌의 상태는 상당한 공통점이 있다.

장수 노인들이 이웃들과 나누며 살고, 더불어 사는 삶을 즐기듯이 타인을 돕고 봉사하는 데서 기쁨과 보람을 느끼는 사람들이 점점 늘어가고 있다. 인간 사회 집단의식의 성숙과 더불어 인간 두뇌가 긍정적이며 희생봉사의 뇌로 발달하고 있다는 증거로 보인다.

희생봉사의 뇌를 가진 사람들은 어떤 삶의 형태를 보이는지 살펴보자.

끼니를 걸러가며 아껴 모은 수십억 원을 가난한 학생들에게 장학금으로 기꺼이 기부하고 한 푼도 상속하지 않고 생을 마감하는 사람도 많다.

어떤 노인네는 이웃들이 보내준 쌀로 끼니를 때우고, 다른 사람들이 쓰다 버린 텔레비전 등 낡아빠진 가재도구를 주워다 쓰고, 불도 안 땐 추운 단칸방에 살면서도, 생을 마감할 때 보니 수십억 원에 해당하는 부동산을 모아 놓고, 전 재산을 불우이웃 돕기 성금으로 기부하여 세상을 깜짝 놀라게 한다.

다른 사람의 혈육을 입양하여 친자식처럼 사랑으로 키우는 사람들도 많다. 어떤 연예인은 많은 고아를 입양하여 키우고 불우한 난민과 병자들을 돌보며 살면서도 하나도 고생스럽지 않고 오히려 자신에게 도울 수 있는 기회가 주어져서 인생이 얼마나 기쁜지 모른다고 감사한다.

세상에 이런 사람들은 수없이 많은데, 그렇다면 이런 사람들의 뇌는 정상인의 뇌와 비교하여 특별한 것이고 비정상적인 것일까, 아니면 인간의 본성에 더욱 가까운 뇌인가.

　인간은 식욕, 수면욕, 성욕만 있는 파충류의 뇌에서 안전추구와 호불호가 있는 개, 고양이의 뇌로 진화를 거쳐서 명예욕을 추구하는 신포유류인 인간의 뇌로 진화했다. 인간의 뇌에는 이전까지의 동물들이 갖고 있지 않은 완전한 전두엽을 갖게 됨으로써, 유전자의 가치관과 동화하고 싶다는 욕구가 나타나게 되었다. 유전자의 가치관이란 이타적이고 희생 봉사하는 자연의 가치관과 동일하다. 그래서 인간은 다른 동물들과 달리 자신만을 위하는 원초적 본능에 덜 충실하게 되었고, 유전자의 가치관을 실천하는 과정을 배우는 것으로 보인다. 자기만 편안하고 호의호식하는 본능을 억제하고 자신보다 더 불행하고 힘든 사람에게 따뜻한 손길로 기부하고 봉사활동을 하는 지혜를 발휘하는 것이 더욱 즐겁다는 것을 차츰 알아가게 되는 것이다. 전두엽을 보유한 인간만이 느낄 수 있는 감정이다. 전두엽을 가지고 있지만 아직까지 세상에는 이러한 것을 느끼지 못하는 사람들이 훨씬 많은 것도 사실이다. 하지만 세상은 길게 보면 긍정적인 방향으로 발전한다. 이러한 이타적 본능에 충실한 사람들은 질병에도 매우 강하다. 장수 노인들도 일반적으로 이런 이타적인 뇌가 발달하였다고 생각된다. 자연의 섭리처럼 봉사를 많이 하며 사는 사람들의 수명이 보통 사람들보다 길게 된 것은 지극히 자연스럽다. 이는 자연계의 희생봉사 의식과 똑같다. 희생봉사를 많이 하는 사람의 뇌는 벌써 자연에 가깝게 근접해 있다. 자연이 될 수 있는 여건이 되어 있는 것이다. '세상에 변하지 않는 것이 있다면 모든 것은 변한다.'라는 말처럼 영원히 변하지 않는 것은 없다. 그럼에도 불구하고 상대적으로 세상에서 가장 완벽하고 영원한 것은 자연밖에 없다. 사람이 자연처럼 될 수 있다면 더 바랄 게 없을 것이다. 자연을 닮을 수 있다면 유한 해 보이는 사람의 삶이 영원한 것과 연결이 될 수 있다. 사람의 뇌가 영원(永遠)과 연결이 된 것 같지만 뇌는 유한(有限)한 물질에 불과하므로 실제로는 보이지 않는 실체인 인간의 의식(意識)이 영원과 연결되어 있다고 보면 틀리지 않다. 현재 인간의 뇌로 인식 가능한 것으로 보면 자연이 최고의 경지에 도달해 있다. 인생을 잘 살아서 사람의 실체인 의식을 지고지선(至高至善) 하도록 아름답게 만들어 생을 다하고도 자연처럼 희생봉사의 의식으로 존재할 수 있다면 고양된 의식이 영원히 존재할 수 있는 것이다. 현재 살아가는 사람 중 자연이 요구하는 삶에 가장 부합하는 삶을 사는 사람은 다른 사람과 생명체에게 희생봉사를 하고 사는 사람들이며, 광의의 의미로는 장수 노인들도 그런 삶의 방향으로 산 사람들이라 할 수 있다. 이들은 모두 자연계에 순응하면서 인생을 살았기 때문에 이들의 후손이 진화 가능성이 가장 높은 뇌를 보유하고 있다. '강한 것이 오래가는 것이 아니라 오래가는 것이 강한 것이다'라는 말은 자연과 장수노인들에게도 해당된다.

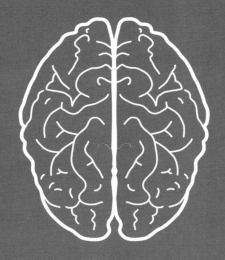

신사고(新思考)를 통한
인류의 뇌혁명

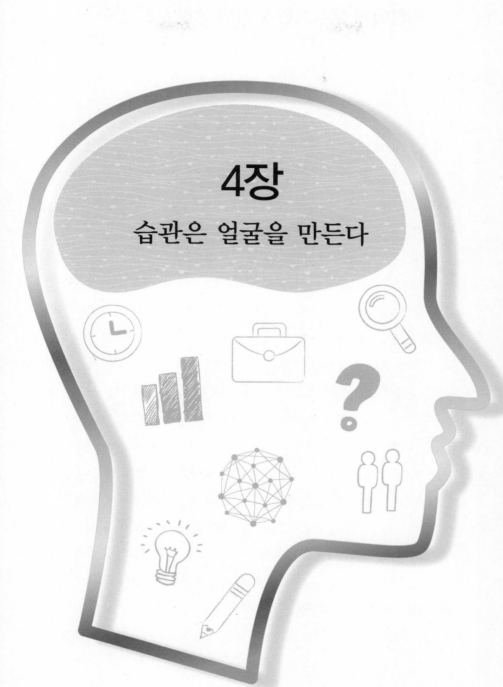

4장

습관은 얼굴을 만든다

1. 사람에게 우성적인 인자와 열성적인 인자

이 우주가 생성된 원리도 하나의 먼지 입자로부터 시발 되지 않았을까? 우주는 그 시초로부터 선성(善性)을 가지고 있었을 것이라 생각된다. 즉, 공존, 상생, 조화, 화해, 소통, 협력, 원만, 정의, 친절, 선의, 관용, 부드러움, 맑음, 밝음, 바름 등의 성질을 가진 것이다. 이러한 성질의 입자들이 모여 화합하고 폭발하여 행성, 은하계, 우주로 형성 발전하게 되었지 않을까. 상호 공존과 상생을 도모하는 과정에서 아름답고 오묘한 자연이 형성된 것이라 가정된다. 현재 자연이 가지고 있는 희생적이고 이타적이며 공존과 상생을 도모하는 성질은 원래 입자들이 가지고 있는 본성일 것이다. 비옥한 흙에서 풍성한 곡식을 수확할 수 있고 황무지 땅에서는 흉작을 할 수밖에 없다. 땅은 심고 가꾼 대로 정직하게 보답해준다. 자연과 흙은 원래 본성이 희생 봉사적이어서 농작물을 가꾸지 않아도 만물이 어느정도는 수확 할 수 있게 해 준다. 사람이 나무를 베어 목재로 쓰더라도 자연은 헌신적으로 또 새로운 숲을 형성하여 사람을 이롭게 해준다. 거대한 태풍이 불어와 바닷물을 뒤집고 사람에게 홍수로 인명·재산 피해를 주어 커다란 재앙을 안겨 주는 것 같지만, 씨앗을 멀리 퍼뜨려 새 생명을 잉태하고 새로운 종의 출현을 돕도록 자연계를 혼돈과 정리의 과정에 놓이게 한다. 이처럼 자연의 모든 작용은 때로는 불완전해 보이거나 때로는 과해 보이는 것 같지만, 자연의 생태계에 활력을 불어넣고 생명체를 탄생 유지 발전시키는 순기능 작용을 한다. 이런 것들이 모두 공존과 희생을 추구하는 자연의 본성이고 우주 형성의 본질인 것이다. 우주형성 시초의 성질이 악성(惡性)이었다면 악성이 발전하여 거대 악성의 우주가 형성되었을 것이다. 분열적 악성이었다면 우주는 아마 형성도 되기 전에 파멸되었을 것이다. 그 시초가 선성(善性)이었으므로 오랜 시간을 거쳐서 아름답고 오묘한 우주와 자연이 형성된 것이다. 향후 이 지구와 자연이 파멸의 방향으로 가느냐, 아니면 한 단계 상승된 진화의 세계로 지속적인 발전을 하느냐 하는 것은 우주의 가장 진화된 물질인 인간의 뇌가 자연을 닮아 희생봉사와 상생의 의식을 최고의 가치로 숭상하는 새 인류의 뇌로 발전할 수 있을 것인가에 달려 있다. 불행하게도 인간이 파국을 맞아 멸종한다 하더라도 지구와 우주는 지속될 것이지만, 인간에게는 큰 재앙이 아닐 수 없다. 지금처럼 교만, 탐욕, 이기심으로 가득 찬 뇌를 가진 인간들이 불평등적 무한 경쟁을 지속한다면 파멸의 운명을 피할 수 없을 것이다.

우주와 자연의 본질은 상생과 조화다. 꽃은 자신이 암·수술을 가지고 있지만, 혼자서 스스로 수분(受粉)을 하지 않고 멀리 있는 다른 꽃과 수분을 한다. 지렁이는 암수 동체이지만, 혼자서 스스로 교미를 하지 않고 다른 대상과 교미를 한다. 자연의 대상들은 이러한 자신만을 위한 이기적인 행동이 결코 자신을 이롭게 하지 못한다는 것을 생리적으로 느껴서 알고 있다. 타 생명체를 좋아해 주고 협력하여 상호 주고받는 것이 훨씬 좋은 우성을 얻을 수 있어 자신에게 이득이 된다는 것을 감지하고 있다. 즉, 자연 현상은 서로를 이타적으로 존중하고 협력, 상생하는 것을 최우선시하는 의식으로 설계되어 있다. 이렇게 조화와 상생의 과정에 우성 인자가 탄생하여 무한하게 발전하도록 되어 있다. 이를 이해 한다면 우리도 자연의 일부이므로 마땅히 어떻게 살아야 하는 것인지 알 수 있다. 인간은 스스로 총명한 존재이므로, 혼자만 권력을 누리고, 자기들끼리만 호의호식하며 호사스럽게 사는 행동이 자연의 이치와 크게 배치된다는 것쯤은 알 수 있다. 자신의 이기심과 탐욕이 자신뿐 아니라 자신이 소속된 집단과 사회에 큰 독을 만들어 가는 행동이 된다는 것을 깨닫고, 상호 공존(共存)과 상생(相生)의 의식을 발휘해야 한다.

적자생존(適者生存)이란 아는 바와 같이 영국의 철학자 스펜서가 주장한 이론으로, 환경에 적응하는 생물만이 살아남고, 그렇지 못한 것은 도태되어 멸망한다는 이론이다. 자연에 순응하여 적응하는 우성인 유전자가 살아남고 자연의 이치에 적응하지 못하는 열성 유전자는 도태되는 자연의 이치를 말한다. 다윈은 '종의 기원'을 통하여 진화론으로 더욱 진화 발전 계승시켰다.

인간도 자연의 일부분으로서 자연의 적자생존 이론을 거스를 수 없다. 자연계뿐만 아니라 인간의 세계도 적자생존의 논리가 관통하고 있다. 즉, 인과응보, 자업자득, 사필귀정이 그대로 적용되고 있다. 우리가 바라보는 세상은 온갖 불의가 만연하는 곳이라고 생각했었는데, 사실은 그것이 아니고 길게 보면 더욱 정확한 평가에 의한 결과로 우리의 삶을 관통하고 있다는 것을 미처 깨닫지 못하고 있을 뿐이다. 사람이 인격적으로 어떤 인자를 가지고 살아가는가에 따라서 무병장수하여 진화의 씨앗이 될 것인지, 아니면 중도에 병에 걸려 도태되어 질 것인지가 정해진다.

자연계에서 우성은 유전되고 열성은 도태 되어져야 한다면, 우리 인간이 살아가면서 갖게 되는 우성과 열성 인자들에는 어떤 것이 있는지 살펴보자.

우성인자	열성인자
긍정·소통·부드러움·웃음·훈훈함·밝음·바름·깨끗함·감사·희생·봉사·살가움·실수인정·수치스런 상황을 잘 적응함·솔선수범·정직·정의·청렴·친절·겸손·맑음·공존·조화·화합·타협·협력·원만·친근·선의·관용·인자·이타·진실·성실·근면·노력·져주기·웃음·기쁨·희열·만족·고움·근면함·물욕.	부정·불소통·딱딱함·자기주장·잘난체함·야비함·교만함·거만함·자존심·고집·이기심·미움·시샘·질투·음모·모질게 함·실수 불인정·수치를 못 참는 것·차가움·냉정함·어두움·더러움·분노·투쟁·화냄·짜증·악의·거짓·부패·불친절·탐욕·이기심·교만심·공명심·우울·난폭함·엄숙함·태만·소홀·게으름·이기기·남을 탓함·비뚤어짐·불만족·거칠음·명령.
우성 인자 보유(긍정, 밝음, 상생, 희생, 협력, 봉사, 훈훈함) → 뇌에서 우성 호르몬 분비유도(뇌 활성화) → 전두엽 활성화 → 신체 신진대사 원활(면역성 증가) → 건강장수/인생의 기회 충만 → 성공적 인생.	열성 인자 보유(부정, 분노, 탐욕, 투쟁, 주장, 냉정, 야비) → 뇌에서 독성 호르몬 분비유도(뇌 약화됨) → 전두엽 약화 → 신체 신진대사 악화(면역성 약화) → 질병 단명/ 인생의 기회 상실 → 실패적 인생.

위 두 부류의 단어들은 자연의 적자생존 논리에서 보면 매우 강력한 우성과 열성에 해당한다. 우성의 상태에 노출 시키면 뇌 분비계가 활성화되어 건강이 좋아지고 무병장수하며 그런 생활태도는 인생에서 성공할 수 있는 기초를 마련해 준다.

뇌를 열성 상태에 노출시키면 뇌 분비계가 수축하고 긴장하여 악성 호르몬을 분비하고 건강에 문제가 발생한다. 즉, 이런 의식으로 생활하다 보면 뇌를 압박하고 조이게 되어 활성화가 안 되고 기능을 십분 발휘하지 못하며 시간이 흐르면서 병이 오게 된다. 사회 조직 생활에서도 누구에게나 환영받기 힘든 상태로 인생의 기회를 많이 상실한다.

자연의 이치는 우성 인자를 많이 보유하면 생존에 유리하며, 열성 인자를 많이 보유하면 생존에 불리하다. 자신은 우성인자와 열성인자를 각각 얼마씩 보유하며 살고 있는지 위 표에서 확인해 보고 열성을 어떻게 줄이고 우성 인자를 어떻게 더 늘려서 살아가야 할 것인지 스스로 마음의 각오를 새롭게 다질 수 있다.

위에서 열거한 우성인자를 보유한 사람과 열성 인자를 보유한 사람의 삶은 완전히 다른 방향으로 진행된다. 쌍둥이라 할지라도 살아가는 환경과 어떤 성격의 인자를 많이 보유하고 있는가에 따라 두 사람의 인생은 다르게 흘러간다. 사람의 사주팔자가 운명을 결정지을 수는 없는 것이고 맞지도 않다. 한날한시에 태어난 쌍둥이라 할지라도 전혀 다른 삶을 살고 있는 것만 보아도 알 수 있다. 만물의 영장인 사람이 사주팔자나 길흉화복을 점쳐서 자기 행동방식과 의식을 결정하는 것은 맞지 않고 사행심리라 하지 않을 수 없다.

인생이 잘 풀리지 않는다고 점을 보고 사주팔자를 보는 것보다 자기 성찰을 통하여 내가 왜 자연의 우성인자를 많이 보유하지 못했는가를 반성해야 한다. 지금부터라도 열성인자를 버리고 우성인자를 많이 보유하는 삶을 살 수 있도록 노력해야 한다. 항상 긍정적인 사고로 사물을 바라보고, 부드러운 말씨와 겸손한 태도로 사람을 존중하며 부정적 인식과 나쁜 습관을 버리도록 매일매일 노력해야 한다. 누구나 긍정적이고 부드럽고 훈훈한 성격의 사람을 좋아하며, 부정적이고 딱딱하며 자기주장이 강한 사람을 좋아하지는 않는다.

긍정적인 사람들은 비슷한 부류 그룹과의 접촉을 통하여 발전의 기회를 많이 얻게 되고 성공할 확률이 그만큼 높아진다. 어떤 부류는 자기주장이 강하여 의기투합이 되면 그런 것을 추종하는 사람들이 있을 수 있다. 목적의식을 가지고 일치된 목표를 쟁취하기 위하여 투쟁하는 사람들이 있는데, 목표와 이익을 성취하기 위하여 투쟁과 폭력을 동원하고, 목숨을 담보로 한 극단적인 행동을 하는 그룹들이 있다. 열성을 많이 가진 존재가 되는 것은 인생에서 불행의 씨앗을 잉태한 것이다.

2. 나이 사십이 되면
자신의 얼굴에 책임을 져야 한다

얼굴로 사람을 판단하는 것은 극히 경계해야 한다. 우생학적인 측면에서 19~20세기 초 인종주의와 홀로코스트의 이론적 근거로 사용된 전례가 있었기 때문이다. 그렇지만 사람이 상대를 배려하는 따뜻한 의식으로 인생을 살면 인자한 얼굴이 형성되고 건강도 함께 따라온다.

링컨이 사람의 사십 대 얼굴의 중요성을 강조하면서 언급한 얼굴에 대한 책임을 보면 이마의 주름이 세로로 잡혔나 가로로 잡혔나, 입꼬리가 쳐졌나 올라갔나, 눈이 깊은가 얕은가, 눈빛이 강렬한가 부드러운가 등등 여러 가지로 그 사람이 살아온 인생을 파악할 수 있다는 것으로 해석해 볼 수 있다.

링컨이 근대인에게 얼굴의 중요성으로 경종을 울렸지만, 인류는 수천 년 전부터 이미 그런 생각을 하면서 인생을 살았다.

동양의 사상가인 공자도 수천 년 전부터 나이에 따른 사람의 책임성을 강조한 바 있었고, 수많은 사상가들도 자연에 순응하며 살 것과 사람 됨됨이가 중요함을 많이 설파하였다.

공자는 논어(論語) 위정편(爲政篇)에서 나이 사십에 불혹(不惑: 마흔이 돼서는 주관적이고 객관적인 완성이 되어 유혹에 흔들리지 않는다) 오십에 지천명 (知天命: 객관적이고 보편적인 하늘의 뜻을 알았다) 육십에 이순(耳順: 어떤 말을 들어도 거슬리지 않고 마음에 와 닿았다) 칠십에 종심소욕(從心所欲: 마음이 하고자 하는 대로 하여도 법도에 벗어나지 않았다)해야 한다고 했다.

사람의 인생관이 중요함을 강조하고 있다. 살펴보면 긍정적으로 관조하는 삶, 인자한 삶, 상생과 조화로운 삶, 자연에 순응하는 삶을 살아야 공자가 말한 바의 삶을 살 수 있다. 마음을 잘 잘 다스려야 자연스런 현자의 얼굴이 만들어지는 것이다.

조선 시대 최고의 의학자로 수많은 연구 업적을 남긴 허준(許浚)도 사십 대에 대하여 언급을 했다. 즉, 동의보감(東醫寶鑑)에서 "마흔은 본격적으로 몸이 변화하기 시작하는 시기이다." 라고 하였으며, "生은 나의 의지가 아니었지만, 生老病死는 내 의지에 따라 얼마든지 변할 수 있기 때문에 마흔 살 이후에는 마음의 건강에 더 관심을 기울여야 할 때이다." 라고 말했다. 허준은 조선 최고의 의학자이지만 사람의 생명과 병이 의술에만 의지하지 않고 삶의 자세나 마음가짐에 따라 병이 오거나 치유될 수 있음을 꿰뚫어보고 있으며 사십 대가 중요한 시기라는 것을 정확히 짚어 말하고 있다. 이런 사상가의 말을 들을 때면 사람은 한번쯤 거울에 자신을 들여다보고 새로운 자기 모습을 발견하게 된다. 내 얼굴에 주름살이 많이 늘었구나, 잡티가 많이 생겼구나, 피부가 까맣구나, 내 얼굴이 늙었구나'하는 생각을 하게 되는 것이 일반적인 사람들의 태도이다. 그런데 내 얼굴이 온화한 미소를 머금고 있는지, 눈매는 인자한 빛을 발하고 있는지, 입은 긍정적으로 부드럽게 발달했는지, 수직이 아닌 부드러운 수평의 주름살인지(수직의 주름살은 험한 인상을 주며, 수평의 주름살은 인자한 인상을 준다. 실제 살아오며 뇌로 어떤 생각을 하고 어떤 표정을 짓는지에 따라 수평 주름과 수직 주름으로 다르게 나타나며 사람의 인상을 결정짓는다) 입꼬리가 올라가서 웃는 인상인지를 관찰하는 사람은 많지 않을 것이다.

어떤 사람은 말이 부드럽고 다정다감하여 훈훈하게 느껴지고 친근감이 든다. 그런 사람은 표정도 밝고 윤기가 흐른다. 어떤 사람은 말씨가 딱딱하고 거칠며 표정도 차가운데 윤기가 없고 까칠하다. 물론 각자의 영양 상태와의 연관성을 완전 배제할 수 없지만, 대체적으로 내면에 흐르는 그 다른 무엇이 작용하고 있다는 것을 부인 하기 어렵다. 그래서 나이가 들수록 품위 있는 자신을 만들어 가는데 자신 돌보기를 게을리하지 말아야 하는 것이다.

중국 춘추전국시대 『국어(國語) 오어편(吳語篇)』에 '무감어수 감어인(無鑑於水 鑑於人)'이라는 말이 있다. 옛사람들은 '물에다 얼굴을 비추어 보지 말고 사람에다 비추어 보아야 한다'고 말했다. 문명이 발달하지 않아 거울도 귀하던 그 옛날에 물에다 비추어 자신의 외관을 가꾸는데 힘쓰지 말고, 사람 됨됨이와 그 성패에 있어 훌륭한 사람에게 자신을 비추어 거울과 경계로 삼을 것을 설파했다. 자신이 어디가 부족한지, 삶을 어떻게 살아가야 맞는지를 스스로 경계로 삼아야 한다는 말이다. 성형이 범람하는 오늘날에 이 말을 다시 되새겨봄 직하다. 예나 지금이나 사람 사는 이치는 같으며, 성형을 어떻게 하든 자기가 살아온 인생의 면면을 얼굴에서 모두 지우기는 쉽지 않다.

현대 의학적으로도 사람의 신체는 사십 세 때 가장 많은 변화를 겪는 다고 한다. 일본에서 장수의 상징인 히노하라 박사는 100세가 넘었는데 도 진료, 순회강연, 집필 등으로 바빠서 젊은이들과 같은 스케줄을 소화 한다고 한다. 그는 "사람은 타고난 유전자로 마흔까지 산다. 그 이후는 제 2의 유전자로 살아야 한다. 그건 바로 좋은 생활습관이다." 라고 했다. 예 나 지금이나 전문가들이 이구동성으로 말하는 것을 종합해 보면 사십 대 에서 암 사망률이 가장 높은 이유를 알 수 있다. 히노하라 박사의 말처럼 좋은 의식을 갖는 생활습관을 잘 길러 온 사람은 건강장수의 탄탄대로 길 을 가게 되고, 그렇지 못한 사람은 중도에 탈락하게 되는 분수령이 되는 시점인 것이다. 좋은 습관은 뇌를 강하게 만들고, 좋은 뇌는 신체를 강하 게 만들어 건강장수 하도록 만들어 준다. 좋은 습관과 건강장수를 담보한 강한 유전자를 후세에 전해 줄 수 있다는 것은 후세와 가문이 번창하게 되는 밑거름이 되는 것이다.

사람들은 사회생활이 한창일 때 사십 대를 맞이한다. 사십 대쯤 되면 사람들 대부분이 개성적인 얼굴로 변해있다. 동창회를 나가서 친구들의 얼굴을 들여다보면 사람마다 살아온 자취에 따라서 다른 모습을 하고 있 다는 것을 발견하고 놀라게 된다. 살아온 삶의 족적에 따라 상당히 많이 달라 보이기 시작하는 나이다. 어떤 사람의 얼굴은 아직까지 어린이처럼 천진난만하고 귀여운 얼굴일 수도 있고, 반면에 어떤 사람은 마흔에 어둡 고 탐욕이 가득한 심술궂은 얼굴을 가지고 있을 수도 있다. 나이에 걸맞 는 인자한 모습도 있지만, 세파를 겪은 듯 독기 서린 얼굴도 있을 수 있 다. 그런데 자세히 들여다보면 어린 시절 그들의 성격과 얼굴의 모습이 많 이 다르지 않다는 것을 느낄 수 있다. 스스로 다른 사람과 비교하여 나는 어떤 모습일까 점검해보고 새롭게 마음가짐을 가질 수 있다.

사십 세가 넘어가면 일란성 쌍둥이도 생김새가 다를 수 있다. 오래 떨어져 서로 다른 환경에서 살아온 쌍둥이는 만나서 도저히 쌍둥이라고 할 수 없을 정도로 모습이 다른 사람도 있다.

쌍둥이가 아니더라도 어린이들은 얼굴이 비슷비슷한데 어른들의 얼굴은 나이가 들어감에 따라 형제라도 많이 달라진다는 것을 느낄 수 있다. 사람은 사는 환경과 조건에 의해서 외형이 달라진다는 것이 자연의 정설이다. 그러므로 사람의 의식도 살아가면서 처해 있는 환경에 영향을 받을 수밖에 없다. 즉, 처해진 생활 환경에 따라서 생각을 달리하고 삶의 방식이 달라질 수밖에 없다.

훈훈하고 인자한 얼굴, 딱딱하고 각박한 얼굴, 부드럽고 다정한 얼굴, 무겁고 신중한 얼굴, 가볍고 야비한 얼굴, 아무 생각 없는 무미건조한 얼굴, 각각 사람마다 천차만별이다. 사십 여년 동안 살아온 결과로서 사람은 의식에 따라 연륜과 함께 살아온 품위가 묻어나게 되어 있는 것이 얼굴이다. 나는 어떤 모습일까?

그런데 얼굴의 외형적인 이미지 차이로서 끝나면 오히려 큰 문제가 될 일은 없겠지만, 뇌에 수십 년 동안 살아온 삶의 기록이 고스란히 새겨져 있다는 데 문제가 있다. 그동안 인생을 잘 살아온 사람은 백세까지도 질병 없이 성공적인 인생을 살아갈 수 있다는 것을 확인받는 반면 잘못 살아온 사람은 중도에 불행한 죽음에 이를 수밖에 없는 심각한 질병을 잠재하며 산다고 할 수 있다. 그래서 사십 대의 건강장수는 개개인의 성공에 중요한 시기다. 더구나 사십 대는 개인의 차원으로 끝날 일이 아니다. 가족과 사회의 중심에서 허리와 같은 중요한 조직을 짊어지고 가야 하는 가장 핵심적인 중추 역할을 하고 있기 때문에 사십 대 개인의 파국은 가정적으로나 사회적으로나 커다란 손실과 상처를 남기게 된다. 우리가 뇌의 중요성을 인식하고 늦기 전에 성공적 인생을 살 수 있도록 미리 준비해야 하는 이유다.

옛 선현들의 말씀 이면에는 사람이 잘살았는지 못살았는지가 얼굴에 나타난다는 것을 암시하고 있다. 지금까지는 옛 선현들의 말씀에 크게 의미를 부여하지 않는 삶을 살았더라도 이제 스스로 느껴 반성하고 빨리 새로운 양질의 습관을 양성하기 시작해야 한다. 쉽지는 않겠지만, 다시 새로 태어났다고 생각하고 또는 앞으로 남은 일생동안 후손을 위해 한번은 나쁜 습관을 고치고 죽는다는 각오로 심기일전하여 새로운 삶을 산다면 인생에 분명 변화가 올 것이다. 그런 변화는 진화의 밑거름이 될 것이다. 자신을 위해서, 후세를 위해서 지금 변화를 시작해야 한다. 한 사람의 변화는 두 사람을 변화시킬 수 있고 두 사람의 변화는 나아가 그 집단을 변화시킬 수 있다. 강물의 발원지는 세류지만, 세류가 모여서 큰 물줄기를 만들고 큰 물줄기가 강을 이룬다. 흘러가는 강물은 갈수록 큰 물결을 만들며 장강처럼 도도히 흐른다. 장강은 바다에 이를수록 강인지 바다인지 모를 거대한 물줄기를 형성하여 거스를 수 없는 변화의 힘을 만들어 낸다.

3. 몸이 먼저인가? 의식이 먼저인가?

"몸이 더 중요한가 의식(뇌)이 더 중요한가?"라는 질문은 "계란이 먼저인가 닭이 먼저인가"라는 명제처럼 난해해 보이지만 사실은 단순하다. 여기서 뇌라고 하면 신체의 일부분으로 몸이 될 수도 있지만, 실제로는 의식으로서 뇌를 움직여 사람을 움직이는 실체를 말한다. 당연히 머리의 뇌가 우선이고 중요하다. 몸을 많이 다쳐도 뇌가 살아있으면 생존할 가능성이 높지만, 뇌사상태에 빠지고 심장이 멎으면 사망으로 판정한다. 신체에 손상 없이 몸이 완전하게 살았다고 하더라도 뇌사상태라면 회생할 가능성은 없다. 뇌가 신체에서 그만큼 중요하다. 누구나 몸살감기에 대한 경험이 있을 텐데, 사람이 몸살감기를 앓고 나서 회복될 때를 생각해 보자. 보통 머리부터 아프기 시작하여 점점 오한이 엄습하고 온몸이 오그라들어 견디기 힘들 정도로 아파져 온다. 회복될 때를 생각해 보자. 구름이 걷히거나 비 온 뒤 하늘이 맑게 개이듯이 머리상태가 정상으로 돌아오면서 일어날 수 있겠다는 밝은 의식부터 돌아온다는 것을 알 수 있다.

몸살감기의 과정을 살펴보면 몸이 갑자기 춥거나 더운 비정상적인 상태에 노출되고, 피로가 많이 겹쳐 면역성이 떨어질 때 바이러스에 쉽게 감염이 된다. 머리에 열이 나고 몸에 오한이 엄습해 오면서 정상적인 기능을 못하게 된다. 뇌는 바이러스가 침투하여 면역기능이 떨어져 몸살감기를 앓는 상태에 빠진 것을 알고 침투한 세균에 대항하려고 백혈구를 늘리는 등 비상조치로 대응한다. 병원에서 열을 내리고 감기를 치료하기 위하여 해열제를 주고 약을 조제하여 주는데 그것이 모든 것을 해결해 주지는 못하며 국부적인 역할을 할 뿐이다. 뇌는 신체기능이 비정상에 빠진 것을 감지하고 혈액, 신경계, 호르몬 등 모든 면역체계에 적신호를 보내 종합적으로 대처하여 싸울 것을 명령한다. 그런 상태에서 적당한 휴식과 신체기능을 활성화시켜주면 몸은 스스로 본래의 기능을 회복하게 된다. 이런 과정을 통하여 몸은 다시 정상을 회복하게 된다. 꼼짝 못할 정도로 천금같이 무겁던 몸이 어느 순간 문득 눈을 떴을 때, 의식이 맑아지고 몸이 가벼워져 '이제는 나았구나'하는 느낌을 뇌로부터 알 수 있다. 즉, 뇌가 정상을 회복하여 신체에 이제는 몸을 컨트롤할 수 있으니 일어나서 정상적으로 생활하라는 명령을 내린다는 것을 알 수 있다.

반대로 생각해 보면 몸살감기가 심할 때, 팔다리나 허리가 아파서 기능이 마비되어 거동을 못했던 것은 아니라는 것을 알게 된다. 몸이 아플 때는 몸을 관장하는 뇌의 의식이 피로하고 힘들어 신체에 움직이라는 명령을 내리는 시스템에 문제가 생긴 것이고, 반대로 몸이 회복될 때는 뇌의 피로가 회복하여 정상적인 시스템이 작동할 때라는 것을 알 게 된다. 그때의 느낌은 신체가 마치 자연의 숲들이 아침을 맞이한 것처럼 상쾌함과 평화로움을 느낄 것이다. 이처럼 뇌가 신체를 관장하고 있다는 것을 알 수 있다. 우리의 신체는 모두 소중한 부분이지만 뇌의 역할이 얼마나 큰지를 알 수 있다.

아무리 우람하고 강한 신체를 가진 운동선수라 할지라도 뇌가 약화 되면 신체의 쇠락을 면할 길이 없다. 국가를 대표하여 세계를 제패했던 강인한 체력의 소유자도 어느 날 갑자기 젊은 나이에 병마를 견디지 못하고 쓰러져 초췌한 모습을 보여주는 것을 보면 신체적으로 우람한 체격과 체력이 병마에 절대적으로 작용하지 못한다는 것을 간접적으로 알 수 있다. 전성기에 강한 체력으로 저명했던 많은 운동 선수들이 아직은 젊은 나이에 안타깝게 병마로 쓰러져 가는 것을 볼 수 있다. 반대의 사람도 있다. 즉, 체력은 약골처럼 보이는데도 좋은 피부를 가지고 건강하게 오래 살아가는 사람들도 많다. 대체로 뇌가 긍정적이고 건강한 사람이다. 건강한 신체도 중요하지만 건강한 뇌는 얼마나 더 중요한지를 짐작할 수 있게 한다. 의식이 신체에 얼마나 큰 영향을 미치는 지 알아보자

'플라시보 효과'라는 말이 있다. 즉, 약효가 전혀 없는 거짓 약을 진짜 약으로 가장하여 환자에게 복용토록 했을 때 환자의 병세가 호전되는 효과를 말한다.

사람의 뇌가 중요한 역할을 한다는 것을 확인할 수 있다. 가짜 약을 주면서도 좋은 효능이 있다고 말을 하고 주면 뇌는 그것을 믿고 몸에 들어온 악성 세포를 죽이기 위하여 모든 방법을 동원하여 그에 상응하는 역할을 함으로써 몸의 회복을 앞당긴다. 반대로 가짜 약을 주었다고 알려 주면 뇌는 회복작용을 멈추고 몸은 급격히 악화하게 된다. 뇌는 원래 그런 역량을 가지고 있는데 긍정적인 역량을 어떻게 강화시켜주고, 이끌어 내어 사용할 수 있게 하는가가 중요하다. 성인 야뇨증을 통하여 잠재의식이 "보이지 않는대상"과 교감하여 신체에 어떤 영향을 주는 지에 대하여 간접적으로 느껴보자

야뇨증도 다른 병과 마찬가지로 원인이 명쾌하지 않은 병이다. 그런데 대부분 꿈을 통하여 나타난다. 즉,꿈에서는 분명히 변기통이나 소변을 누어도 될만한 장소에 정상적으로 방뇨를 했는데 아래가 축축해 오면서 실

수 했다는 것을 알고 깨어난다. 이런 꿈을 통하여 우리는 뇌가 잠재적인 세계의 "보이지않는 대상"과 교감하여 야뇨증이 생성된다는 것을 알 수 있다. 만약 이런 종류의 꿈을 꾸지 않았다면 이불에 야뇨를 하지 않았을 것이라는 것을 추측 해 볼 수 있다. 이와 같이"보이지 않는 대상"은 꿈을 통하여 우리의 야뇨증에 영향을 주고 있다는 것을 짐작 할 수 있지만 사실은 우리의 삶 속에서 치명적으로 불가분의 관계를 맺고 있다. 꿈을 꾸고 대부분 이렇게 말한다."어제밤 꿈자리가 나빴다", "꿈 자리가 뒤숭숭하다", "꿈자리가 사나우니 조심해야겠다", "꿈을 꾸었더니 머리가 지끈거리고 몸이 찌부둥 하다", "꿈을 꾸고 나서 팔이나 몸의 한 부분이 누구에게 맞은 것처럼 아프다". 이처럼 사람들은 '보이지 않는 대상'과 끊임없이 교감을 하면서 살고 있지만 자세히 모르고 있으며,중요한 것은 사람들에게 긍정적인 것보다는 매우 부정적으로 작용한다는 사실이다. 우리의 생명은 소중하므로 맹목적으로 방심하지 말아야 한다. 언젠가 많은 부분이 논의 되기를 바란다.

그리고 신체 또한 뇌 의식에 지대한 영향을 준다는 것을 명심해야 한다. 팔다리를 움직이고 걸으며 숲이나 나무 등 자연을 바라보며 아침 바람을 쐬는 것만으로도 뇌는 생기를 찾고 강한 생명력을 발휘한다. 산책이나 운동을 하는 것은 팔다리 등 신체의 건강에 국한하지 않고 뇌의 건강에도 많은 영향을 미친다. 녹색을 보는 시각, 자연의 소리를 듣는 청각, 발바닥에서 느껴지는 다양한 경사(傾斜)면의 촉각, 음이온과 피톤치드가 풍부한 공기를 마시는 시원함 등이 어우러진 환경 속에서 몸을 움직이는 것이야말로 최고의 심신치유법이 된다. 이처럼 신체를 움직이고 시각, 청각 등 오감으로 느끼는 감각을 신경계를 통하여 갖가지 정보를 제공하며 뇌의 활성화에 도움을 주게 된다. 조석으로 산책하는 것은 다리운동을 통하여 심장에 펌프질을 하고 온몸에 혈액순환을 돕고 장기(臟器)를 활성화시켜 주는 역할을 한다.

그와 동시에 새벽의 새로운 기운은 잠자는 뇌를 깨워 기분 좋고 상쾌하게 만들어 준다. 양질의 호르몬을 많이 분비시켜 신체 각 기관을 조절하고 활성화하는 작용을 한다. 신체가 조절되고 신진대사가 원활하게 이루어지면 뇌는 더욱 상쾌함을 맛보게 된다. 그래서 산책이나 기분 좋은 활동이 신체 근육 단련 못지않게 중요한 역할을 한다. 따라서 몸과 뇌는 상호불가분의 협력작용을 한다. 반대로 술 담배를 많이 하고 산책과 운동을 하지 않으면 뇌는 그만큼 혹사를 당하기 때문에 빨리 늙어가고 기능도 약화된다. 중국 속담에 "사람의 생명은 운동하기에 달려 있다."는 말이 있는데, 모든 살아 있는 생명체는 물리적, 화학적으로 운동하는 데서 생명을 유지하고 건강과 활력을 얻는다는 것을 알 수 있다.

내 몸이 귀하다고 잘 부려 먹지 않고 편하게 놀리는 것은 오히려 자신의 건강을 악화시키는 것이며 반대로 부지런하게 살면서 많이 부려 먹을수록 자신의 몸을 아끼는 것이 된다. 생명체는 살아 있다는 증거가 그 활발한 움직임에 있다. 사람의 몸은 죽으면 자연으로 돌아가게 되는데 살아 있는 동안 창조적인 두뇌운동과 육체적인 운동을 부지런히 할수록 자연으로 늦게 돌아간다. 신체적인 운동과 함께 뇌를 잘 훈련시켜야 한다. 뇌를 생명의 근원으로 소중하게 생각하고 우성적인 습관으로 가득 채워 생활에 활용하고 보물처럼 잘 가꾸어야 한다. 그러면 힘을 갖게 된 우리의 뇌는 웬만한 질병과 스트레스에는 끄떡하지 않을 만큼 강인한 면역성을 갖게 해 준다.

4. 얼굴에서 책임져야 할 두 기관
-입과 눈

    사람은 주로 눈과 입을 사용하여 자기 의사를 표현하며 안면 근육, 눈썹 등은 자기감정과 의사 전달을 하는 과정에서 부차적으로 사용하는 신체 기관이다. 뇌에 대한 절반의 자극은 얼굴로부터 오며 나머지 절반은 몸과 발, 손에서 온다. 얼굴에 신경 근육이 많이 분포되어 있기 때문에 그렇다. 사람이 자기 의지대로 제일 많이 사용하는 얼굴의 두 개 기관인 입과 눈 중에서 눈은 주로 외부에 있는 모습을 그대로 받아들이고, 때에 따라서 자신의 의지를 표현한다. '눈은 마음의 창'이라는 말이 있듯이 눈은 자신의 의사를 표현하여 상대에게 전달하는 역할을 한다. 눈으로 상대에게 좋은 감정을 표현하기도 하고 반대로 상대를 강하게 압박하는 표현을 하기도 한다. 눈은 뇌에 매우 가까운 위치에 있고 뇌로부터 나온 아주 많은 신경 다발과 연결되어 있어 뇌와 불가분의 밀접한 관계를 가진다. 사람들은 미워하거나 좋지 않은 감정을 표현할 때도 눈으로 상대를 쏘아 보는 행동을 한다. 이런 행동은 뇌에 부정적인 영향을 미친다. 사람의 성격이 하루아침에 바뀔 수 없으므로 한번 습관화된 나쁜 행동은 장기적으로 뇌를 열성적 인자를 많이 가진 부정적 방향으로 유도한다. 따라서 건강한 뇌를 갖기 위해서는 상대를 미워하거나 상대를 위압하려는 감정을 눈으로 표현하지 말아야 한다. 반대로 좋은 감정을 담은 인자하고 부드러운 미소로 상대를 바라볼 수 있다면 뇌에 더없이 좋은 영향을 미친다.

    그런데 사람의 얼굴에서 의사를 전달하는 눈과 입 두 가지 기관 중에서 혀를 포함한 구강 구조가 눈보다는 뇌에 훨씬 더 큰 영향을 미친다. 즉, 사람의 눈이 의사를 전달하지만 다른 사람을 미워하거나 적개심을 가지고 상대를 보는 등의 부정적 행동은 보통 사람들이 살아가면서 그렇게 많이 하는 행동은 아니다. 눈은 사실상 보고 받아들이는 기능이 위주가 되어서, 입에 비하면 자신을 표현하는 기능을 많이 하지는 않는다. 이에 반하여 입은 먹는 기능을 제외하더라도 의사 전달을 할 때 자신을 표현하는 입의 사용 범위는 매우 직접적이고 광범위하다. 뇌의 신경 다발이 손과 함께 혀, 입술, 치아 구강기관으로 가장 많이 뻗쳐 있고 구강구조를 많이 써야만 의사와 감정 표현을 다양하게 할 수 있다. 얼굴의 이목구비 등 각 기관이 뇌와 밀접하게 연결되어 있다. 더구나 입은 뇌와 거의 일체가 되어 있다고 해도 과언이 아니다. 입은 사람이 생각하고 느끼는 감정 중에서 공포감부터 희열의 기쁨에 이르기까지 정 반대의 감정까지도 매우 광범위하게 다른 방식으로 표출해 내기 때문에 사람 각자의 대변인 역할을 한다. 그중에서도 전두엽 뇌로부터 많은 정보를 혀로 전달하기 때문에 말을 어떻게 하느냐에 따라 전두엽 뇌가 긍정적으로도 또는 부정적으로도 발달한다. 장기적으로 말을 세고 딱딱하게 하지 말고 조심스럽고 부드럽게 잘해야 하는 이유다. 그만큼 뇌와 입은 불가분의 관계를 맺고 있다. 입에는 조상 대대로 전해오는 유전적인 내력과 개인이 살아가면서 후천적으로 갖게 된 상당 부분의 정보가 모여 있는 곳이다.

사람의 만 가지 문제는 여기서 발생한다. 과거에 목숨까지 잃게 만드는 설화(舌禍)도 입으로 인해 발생한다. 입은 인간의 자기 자신을 표현하는 실체이다. 수백만 년 전부터 점차 삶이 고도화되면서 인간의 입은 먹는 기관의 역할에서 자기의사를 정확히 전달하기 위한 도구로서 역할이 점점 중요하게 되었다. 현대인에게 입은 그 중요성이 더욱 커지고 있다. 과거 원시 시대에는 사람의 생활이라는 것이 지구상에 개체가 적어서 동종 간 복잡한 언어를 사용한 경쟁이 덜 치열했고 식욕 해결 위주였다. 즉 과거에 뇌를 사냥하는 데 사용하고 입을 열매를 따 먹는 데 사용했다면, 현대인은 더욱 복잡한 사회의 다양한 부류의 사람과 치열한 두뇌의 경쟁을 피할 수 없으며 다양하고 많은 정보를 입으로 전달하며 살아야 한다.

현대인은 태어나면서부터 원시인이 고민하던 먹는 문제를 여전히 해결해야 한다. 더불어 더욱 치밀하게 조직화 된 고도 산업사회에 적응해 살면서 사회적 동물로서 부의 축적욕, 출세 명예욕, 문화적 욕구, 교육 욕구 등을 해결해야 한다. 이처럼 인간은 무한 경쟁의 사회에 노출되면서 희로애락(喜怒哀樂)의 기본적 감정 외에 분노, 폭력, 자기주장, 탐욕, 교만심, 잘난체함, 미움, 시샘, 질투, 야비심, 이기심 등 열성적이고 공격적 성향의 감정을 더욱 많이 표출하지 않으면 안 되는 상황에 처하게 되었다. 이런 과정에서 먹는 기능으로서의 입보다는 자기 방어와 자신의 주장과 성격을 표출하는 기관으로서의 입의 기능이 더욱 중요시되게 되었다. 사람이 한 마디 말을 하기 위해서는 수많은 근육과 신경조직을 움직여야 가능하다. 혀와 입은 인간이 자기자신의 의사와 감정을 정확히 표현할 수 있는 최적합의 도구이다.

언어의 도구는 입인데 앵무새나 구관조의 입 모양은 사람의 구강구조와 완전히 다르지만, 사람의 말을 비슷하게 흉내 낼 수 있다. 달리 생각해 보면 말하는 사람에 따라서 구강을 사용하는 부분이 수백 가지로 다를 수 있지만, 말은 비슷하게 만들어 낼 수 있다는 것이다. 사람의 입은 대충 사용해서 말을 해도 알아듣는 데는 문제가 없을 정도로 말을 하도록 잘 발달 해 있다. 인류가 현재 사용하는 언어 수만 해도 수천 가지가 될 정도로 다양한 소리를 낼 수 있다. 말소리를 만들어 내는 데는 구강이 수많은 형태로 작용하여 만들어 낸다는 것을 알 수 있다.

그리고 언어 습관은 부드러운 언어를 사용하는 사람과 딱딱한 언어를 사용하는 사람의 수명에 각각 다른 영향을 미칠 수 있다. 그만큼 언어는 입과 불가분의 관계이고 입은 뇌와 불가분의 관계에 있다. 부정적이고 세찬 말을 할 때의 혀 구조와 긍정적이고 부드러운 말을 할 때의 혀를 움직이는 근육의 구조가 다르다. 세찬 말은 구강에 긴장을 주어 입을 작게 오므리고 목구멍으로부터 혀가 바람을 세차게 밖으로 몰아내며 구강 안 벽을 부딪치게 해서 나오는 말이다. 부드럽고 살가운 말은 노래하는 것과 비슷하게 입의 긴장을 풀고 혀를 밖으로 부드럽게 내밀면서 구강 벽에 부딪힘이 없이 자연스럽게 허밍 하듯이 편하게 하는 말이다. 사용하는 근육이 다를 수밖에 없다. 따라서 뇌와 여러 구강구조에 다른 영향을 미친다. 그런데 부드럽고 상냥하며 긍정적인 말을 할 때의 뇌의 상태는 자신도 매우 기쁘고 희열을 느끼는 상태가 된다. 좋은 말 기쁜 말을 하고, 기분 좋은 노래를 하면 자신도 기분이 좋아지는 것이다. 뇌는 반대로 듣기 싫은 말 기분 나쁜 말을 하고 큰소리로 화를 내면 악성 호르몬이 쏟아져 자신도 우울해지고 상승작용을 하여 화가 증폭된다. 이처럼 뇌와 입은 불가분의 관계이고 상호 밀접한 작용을 하고 있어서 좋은 말을 많이 하면 뇌가 좋아지고 좋지 않은 말을 많이 하면 뇌가 나빠진다. 당연히 좋은 말을 쓰게 하려면 뇌가 좋은 생각을 해야 가능하다.

이와 같이 입은 뇌와 불가분의 관계에 있어서 사용하는 언어에 따라 사람의 성격이 다를 수 있다. 영어를 쓰는 유럽 사람들은 발음할 때 입과 입술을 한껏 벌려서 하얀 치아를 많이 드러내는 구조이다. 이는 전두엽 뇌를 매우 밝게 만들어서 사람의 성격을 명랑하고 긍정적으로 만들어 준다. 그래서 유럽의 영어권 사람들이 처음 만나는 사람을 보고도 매우 밝고 명랑한 표정으로 오래된 이웃처럼 인사를 하는지도 모른다. 유럽 국가의 대부분은 선진국이어서 친절하며 부드러운 사회 분위기가 영향을 미칠 수 있지만, 언어와의 상관성을 완전배제할 수 없다고 생각된다. 표정이 딱딱하고 어두운 민족은 사용하는 언어와의 연관성을 연구해봄 직하다. 언어는 그 미세한 전달기능의 발달 정도와 뇌에 미치는 영향이 동일 공동체 구성원의 장래에 영향을 미칠 수 있다.

입은 긍정과 부정, 부드러움과 딱딱함, 기쁨과 슬픔, 즐거움과 분노, 화합과 분열, 훈훈한 마음과 차가운 마음, 사랑과 미움의 감정 등 평상적인 감정 전달에서 미세하고 섬세한 감정을 상반되게 정확히 전달할 수 있는 기관이다. 따라서 혀, 입술 등 구강의 모든 기관은 뇌와 직접적으로 연결이 되어서 자신을 가감 없이 전달하므로, 사람이 어떤 생각으로 어떤 말을 하고 살아왔는가에 따라서 입에 흔적이 고스란히 남아 있게 된다. 해부학적으로 봤을 때, 딱딱하고 센 말 등 부정적 습관을 입에 담아 장기적으로 주장하는 말씨로 표현하게 되면 말이 거칠게 들리고 위아래 턱이 크게 보면 부정합이 되며 또 위아래 턱이 붙어 꽉 조여진 상태로 전체적인 하박부와 구강이 작아진다. 입이 작아진다는 것은 턱의 하박부가 상박부에 달라붙어 있는 형태이다. 그리고 위턱이 앞쪽으로 나오지 않고 위턱이 뒤쪽으로 밀려들어 가며 귀 쪽에서 상하박부가 붙어 있는 부분에서 신경을 압박하는 구조가 된다. 그러므로 부정적으로 살지 말고 긍정적으로 잘 살아서 넓고 큰 하박부를 만드는 것이 건강에 매우 유리하다.

　사람의 입 모양과 혀의 굵기나 길이 등 구강구조가 곧바로 긍정적인 사람과 부정적인 사람을 특징적으로 구별할 수 있다고 단정하는 것은 아니다. 다만, 구강구조가 발달한 사람은 성격이 대체적으로 개방적이고 말을 잘하여 사교성이 있고, 또한 건강에도 긍정적 영향을 미친다는 것은 확실하다. 이런 문제 제기 의식이 더 의미를 갖기 위해서는 과학적인 연구가 필요하며 우선 독자들이 주변에서 관찰하여 스스로 느껴보고, 검증하는 문제는 전문가들의 몫이 될 것이다.

　그러면 입 모양을 살펴보자. 우선 입술이 두툼하고 부드럽게 퍼져 있으며 혀가 길고 굵은 것은 유전적인 요인과 함께 해부학적으로 성장하면서 긍정적으로 말을 부드럽게 하면서 형성된 것이다. 아래턱은 크고 팔자 주름(법령, 法令)이 콧망울(콧구멍을 싸고 있는 부분) 위쪽에서 아래로 둥글고 넓게 퍼져 있고, 인중 부분이 짧은 경향이 있어 말할 때나 웃을 때 위의 치아가 넓게 잘 드러나서 잇몸까지 보일 정도로 올라간 사람도 있다. 전체적으로 입술 모양이 예쁘게 발달되어 있다. 과학적으로도 이미 하박부가 발달한 사람의 성격이 긍정적이고 성공 가능성이 높다는 보고서가 많다. 입을 벌려 치아를 드러내어 활짝 웃는 모습만으로도 전두엽을 밝게 활짝 깨어나게 만들어 준다. 뇌를 전체적으로 활성화 시켜 신체를 건강하게 유지 시켜 준다.

　긍정적 사고를 가지고 활짝 웃으며 부드럽게 말을 하면 구강이 우성적인 형태로 형성되면서 뇌를 긍정적이며 우성적인 상태로 만들어 간다. 그래서 웃음과 미소는 자기도 기뻐지고 상대방을 무장해제 상태로 만들어 줄 수 있다.

입이 작고 입술도 좁으면서 치아의 폭이 좁은 형태는 평소에 말을 주장하는 어투로 세차게 하고 딱딱하고 부정적으로 주장을 많이 하여 발달한 것이다. 반면에 입술이 두툼하고 넓게 펼쳐져 있는 형태는 일반적으로 말을 부드럽게 하며 형성된 것이다. 대화에서도 자기주장을 펼 때 감정을 싣지 않고 상대를 존중하여 항상 조심스럽게 말하는 습관 속에 구강구조가 그런 모양으로 발달한다. 콧망울 옆으로 팔자 주름이 넓고 부드럽게 퍼진 사람이 하박부가 발달한다. 가족들의 말하는 습관처럼 환경적 요인과 함께 부모의 유전적인 요인도 많이 작용한다. 인중 부분은 예로부터 자손 관계의 복을 살피고 개인의 수명을 점친다고 하는 미신이 있다. 그런데 해부학적으로 보았을 때 인중이 짧다는 것은 어려서부터 이를 드러내어 자주 웃었다는 반증이며 말을 할 때도 상대에게 친근감을 주면서 목소리를 부드럽게 밖으로 배출해서 형성된 것이다. 반면, 자기주장이 강하고 권위적인 말은 목구멍에서 윗입술과 인중 윗부분을 통하여 입천장에 세게 부딪혀서 딱딱하게 조절되어 나온다. 이때 입술과 구강으로부터 뇌에 전달되는 과정에 많은 신경을 통하여 전두엽 부위에 매우 나쁜 신호를 보낸다. 뇌가 전체적으로 경직되고 형태까지 뒤틀리며 축소 위축되는 결과를 초래한다. 이런 상태가 되면 뇌의 각종 기능에 장애를 초래한다. 총명하던 뇌도 빡빡해 지면서 점점 아둔해지고 건강하던 몸이 점점 병이 잦아지고 나이가 들어가면서 피부나 얼굴 등 신체 각 부위에 노화가 빨리 시작되게 된다. 뇌가 기능을 충분히 발휘하지 못 하기 때문이다. 이처럼 나쁜 생각과 나쁜 습관이 뇌에 치명적인 영향을 미치게 되고 뇌 기능이 약화되면 오장육부가 약화되어 우울증에서 암, 난치병까지 각종 질병을 유발하게 된다. 긍정적인 사람은 대체로 젊어 보이고 얼굴에 윤기가 흐르며 부정적이고 거친 사람은 얼굴도 거칠고 노화가 빠르다는 것을 느낄 수 있다.

상대방에게 호감을 가지고 의식을 밝게 하여 치아를 드러내며 웃는 모습으로 부드럽게 말하다 보면 혀의 위치가 자연스럽게 구강 앞으로 나와 굵고 넓게 퍼진 형태로 발달한다. 긍정적인 모양이다. 입이 크고 입술이 넓으며 길고 굵은 혀를 가지고 있는 사람은 대체적으로 웃음이 많으며 말을 부드럽게 잘하고 노래도 잘한다. 감성이 매우 풍부하여 눈물도 잘 흘리는데, 이런 부류의 사람은 긍정적이며 밝고 명랑한 성격의 사람들이 많은 편이다. 이런 부류의 사람들은 친근감을 주고 처음 보는 사람들과도 부담을 느끼지 않아 오래된 사이처럼 자연스럽게 말을 잘한다. 기분 좋은 말이나 조크를 잘 하기 때문에 상대방도 호감을 가지게 하는 뇌 구조를 가지고 있다. 대화하다 보면 서로 소통이 잘 되고 의기투합이 잘 되며 친구로 사귀고 싶게 만든다. 인생을 항상 긍정적으로 경쾌하게 받아들이고 작은 일에도 감사하고 잘 웃으며 명랑 쾌활하여 구강과 입이 잘 발달 해 있다. 보는 바와 같이 사람의 입은 뇌와 직접적으로 연결되어 있고 우리가 아는 것보다 훨씬 다양하게 자신을 표현해 주며 나 자신과도 일체화되어 있고 건강에도 지대한 영향을 미치고 있다.

[긍정적 입모양]

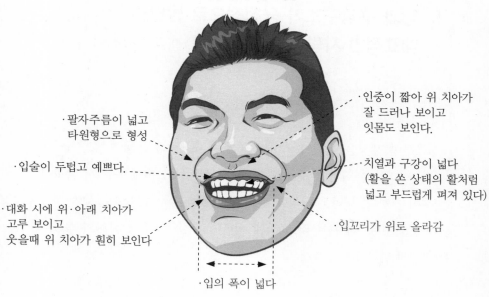

·인중이 짧아 위 치아가
잘 드러나 보이고
잇몸도 보인다.

·팔자주름이 넓고
타원형으로 형성

·치열과 구강이 넓다
(활을 쏜 상태의 활처럼
넓고 부드럽게 펴져 있다)

·입술이 두텁고 예쁘다.

·대화 시에 위·아래 치아가
고루 보이고
웃을때 위 치아가 훤히 보인다

·입꼬리가 위로 올라감

·입의 폭이 넓다

[부정적 입모양]

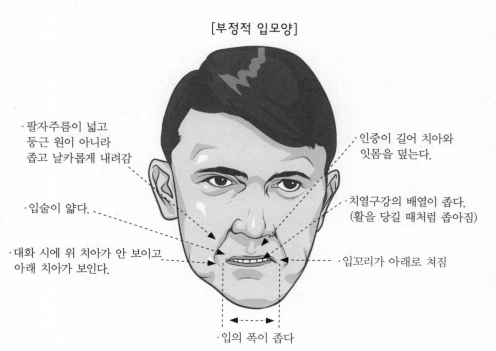

·팔자주름이 넓고
둥근 원이 아니라
좁고 날카롭게 내려감

·인중이 길어 치아와
잇몸을 덮는다.

·치열구강의 배열이 좁다.
(활을 당길 때처럼 좁아짐)

·입술이 얇다.

·대화 시에 위 치아가 안 보이고
아래 치아가 보인다.

·입꼬리가 아래로 처짐

·입의 폭이 좁다

5. 입과 구강구조가 긍정적으로 발달한
대표적인 사람들- 연예인(가수·개그맨) 및 아나운서)

　성공하여 세상을 움직이는 사람 중에는 대체적으로 긍정적인 사람들이 많다. 이들은 힘든 상황에 처해서도 긍정적이고 낙천적이어서 극복하는 힘이 강하다. 어려운 상황을 전화위복(轉禍爲福)의 기회로 삼아 성공한 사람들이다. 어려서부터 습관에 의하여 구강구조가 발달하여 부드러운 말씨의 달변가들이 많다.

　구강 구조로 사람을 살펴보면 가수, 개그맨, 탤런트, 아나운서 등이 긍정적으로 잘 발달한 부류의 사람들이다. 입술이 두툼하고 대체로 입이 크고 부드럽게 크게 퍼져 있어서 말을 잘할 수 있는 구조다. 말을 할 때나 웃을 때 인중이 짧아 위의 치아가 많이 보이고 입이 크게 벌어져 굵은 혀의 놀림이 훤히 보일 정도다. 입 모양도 둥그렇게 예쁘게 발달해 있다. 그리고 콧망울과 연결된 팔자 주름이 콧망울 위쪽에서 시작하여 부드럽게 볼 쪽으로 자연스럽게 타원형으로 넓게 퍼져 내려온다. 잘 웃는 습관이 있고 긍정적인 사람들의 하박부가 그렇게 발달한다. 호감 가는 인상이고 사람 좋게 생겼다는 소리를 듣는다. 전두엽 뇌가 감성적으로 발달하여 잘 웃을 수 있고, 또한 쉽게 슬퍼할 수 있으며, 감동을 받아 눈물을 잘 흘리는 뇌 구조다. 그렇다고 이런 부류의 사람들이 자연에서 열성 인자에 해당하는 미움, 시샘, 질투, 거짓, 야비 등은 없고 우성만 있어서 그렇다는 것은 아니다. 다만, 뇌가 긍정적으로 활성화 되어 있어 감성이 풍부하고 친화력이 있으며 그런 요소들이 건강장수에도 긍정적 영향을 미친다는 것이다.

보스턴의 배스 이스라엘 디코니스 의료센터에 있는 고트프리트 슐링 박사와 게이겨 크리스천 박사가 최근에 MRI 스캔으로 확인한 결과를 살펴보자. 이들의 관점은 이렇다." 어린 시절에 음악 훈련을 받았다면 당사자의 입장에서는 외부의 강력한 정신적인 요구를 받은 것과 같다. 이것이 어린이 뇌의 성장과 발달에 영향을 미치지 않았겠는가? 이들은 음악가 15명과 일반인의 뇌를 MRI로 촬영해 비교했다. 그 결과 음악가의 뇌는 회질(파충류, 개, 고양이가 아닌 인간의 뇌세포가 모여 있는 뇌 표면의 회색 부분)의 부피가 현저하게 크다는 사실을 밝혀냈다. 회질 중에서도 일반인과 비교해 두드러지게 부피가 큰 부위가 있었다. 감성, 운동기능, 기억과 관련된 곳이었다. 알츠하이머병에 걸리면 초기에 손상을 받는 기억부위가 여러 곳인데 음악가에게서 부피가 컸던 기억 부위가 그 중의 하나다. 물론 이것은 정황 증거에 불과하다. 하지만 어릴 때 음악 훈련을 받으면 나중에 알츠하이머병에 걸릴 위험이 줄어들 가능성이 있다고는 말할 수 있다. 알츠하이머병은 두정엽(대뇌피질의 정수리 부근), 측두엽(대뇌피질의 관자놀이 부근)에서 제일 먼저 발생하는 장소인데 음악 활동을 하거나 기억력 증강운동을 해주면 이들 부위가 점진적으로 좋아지는 과정을 볼 수 있다."

_헬스조선, 2012. 7. 23.

보는 바와 같이 뇌와 기억력 및 감성과는 불가분의 연관성을 가지고 있다. 이런 음악 활동은 입을 통하여 훈련하게 되고 그런 교감이 뇌의 활성화에 적극적인 역할을 하여 기억력을 높일 수 있다는 것이다.

발성할 때를 보면 가슴에서 깊은 소리를 뱉어내 구강을 커다랗게 열고 소리를 증폭하여 머리를 울리며 입에서 내뱉는 형태다. 사람은 태어나자 마자 머리 정수리에 생명에 몹시 중요한 숨구멍이라고 하는 부드러운 부분이 있는데 전두엽 뇌와 매우 밀접하게 연관되어 있는듯하다. 노래를 하면 전두엽에 자극을 주어 뇌를 활성화 시켜준다. 노래를 하는 것이나 개그를 하는 것은 전두엽 활성화에 매우 긍정적 작용을 한다. 가수나 개그맨은 대체로 밝고 좋은 피부로 젊음을 유지하는 사람들이 많은데 직업적으로 이렇게 뇌를 긍정적으로 훈련받게 되는 공통적인 이유가 있다.

입을 크게 벌려 발성을 하고 노래를 하면 사람이 활짝 웃을 때처럼 전두엽 뇌가 꽃처럼 활짝 피면서 뇌 내 모르핀 등 아미노산이 함유된 좋은 호르몬을 분비하여 면역성을 높여 주고, 뇌의 회질 등이 활성화됨으로 해서 신체 각 부위가 활성화되어 피부도 밝고 좋아지며 질병에 강한 체질을 가지게 된다. 요즈음에 음악을 통한 환자를 치유하는 프로그램이나 노인들의 음악교실이 성황을 이루는 것을 보면 효과를 간접적으로 확인할 수 있다.

가수들이 수많은 관중 앞에서 자연스럽게 공연을 하는 것을 보고, 자주 연습을 해서 당연한 일이라고 생각하겠지만 쉬운 일은 아니다. 부정적인 사람은 노래를 못하는 부담을 제외하고 그 자리에 선다는 압박감을 견디기 힘들다. 사실은 활성화된 전두엽 뇌가 가수로 하여금 관중 앞에서 큰 부담 없이 자연스럽고 자신감 있게 행동하게 한다.

가수가 노래하다가 감동 받아 눈물을 흘리거나 탤런트가 눈물 연기를 잘하는 것은 전두엽 뇌가 활성화되어서 가능하다. 감동을 받는 때와 같이 슬픔을 당해서도 같은 현상이 발생한다. 가수나 탤런트가 병에 걸리거나 삶에 지친 불쌍한 사람들을 위문하다가 연민의 정으로 눈물을 쏟는 것을 보았을 것이다. 이런 부류의 사람들은 감성의 뇌를 발전시킨 결과로 전두엽 뇌가 상대적으로 더욱 발달해 있다. 반대로 하기에 언급하게 될 범죄자의 뇌처럼 메마르고 차가운 뇌를 가진 사람은 눈물 흘리는 이런 행동이 쉽지 않다. 문제는 이런 전두엽 뇌가 건강에 매우 중요한 작용을 한다는 것이다.

개그맨도 가수와 같이 긍정적인 사람이 많다. 어려서부터 웃음에 인색하지 않았다. 자기주장을 버리고 상대에 코드를 맞춰 긍정적이고 유쾌하게 살아온 습관을 양성했기 때문에 가능한 것이다. 이런 과정에서 타인을 웃길 수 있는 방법을 알았고, 상대방이 웃으니 자신은 더 즐거워지는 것을 알았기 때문이다. 개그맨들이 개그 하는 것을 보고 배꼽 잡고 웃다가 눈물이 찔끔찔끔 났던 기억이 있을 것이다. 전두엽이 발달해야 활짝 웃을 수 있는 활력이 나오고 다른 사람을 웃길 수 있는 아이디어와 에너지가 나온다. 이들도 가수와 마찬가지로 피부도 좋고 연륜에 비해 젊게 산다.

눈물은 눈물샘을 자극하여 나오는데 기뻐서 나오는 눈물이나 슬퍼서 나오는 눈물이 모두 건강에 긍정적인 영향을 미친다. 단순히 자극을 받아 나오는 눈물과 기쁘거나 슬퍼서 울 때의 눈물은 성분이 다르다. 슬퍼서 울 때의 눈물 속에는 프롤락틴과 부신피질 자극 호르몬이 들어 있으며 이 호르몬은 눈물과 함께 흘러나와 제거됨으로써 스트레스로 인한 정신적 압박감이 해소된다. 사람이 너무 지나치지 않게 울고 나면 가슴이 후련해지고, 머리가 편안해 지면서 가슴에서 응어리가 풀린 것 같은 안도감과 카타르시스를 느끼게 된다. 기뻐할 때도 뇌 내 호르몬과 뇌 내 모르핀이 샘물처럼 솟아나 사람의 온몸에 흘려보내 주기 때문에 그런 안락한 느낌과 카타르시스를 느끼게 되는 것이다. 그런 물질은 세상 어디에도 없고 약으로도 살 수 있는 것이 아니다. 전두엽에서 뇌 내 모르핀이라고 하는 체내의 호르몬이 많이 분비되는데 마약류의 모르핀보다 더 환각 효과가 뛰어나고 몸에 좋다. 이 뇌 내 모르핀이 분비되면 신경세포가 활성화되어 기분이 좋아지고 매사에 긍정적인 자세로 사물을 대하게 되어있다.

이런 구조가 긍정적인 뇌의 발달, 특히 전두엽 뇌의 발달에 많은 영향을 미치게 되는데 결과적으로 즐겁게 잘 웃고, 잘말하고 노래 잘하는 것이 긍정적인 호르몬을 분비시켜주는 선순환 구조를 만들어 준다.

일소일소일노일노(一笑一少 一怒一老)라고 하는 말이 과학적 근거가 있는 것이다. 웃을 때마다 몸에 이로운 호르몬이 쏟아져 온몸을 적셔준다. '기뻐서 웃는 것이 아니라 웃으니까 기뻐지더라'는 말이 맞다. 호르몬과 뇌 내 모르핀은 가뭄에 메마른 대지를 적셔 주는 단비처럼 온몸을 순환하면서 신체에 생기를 불어넣어 병든 세포를 수복시켜 주고 건강한 세포를 유지해 준다. 잘 웃는 사람들이 질병에 강하고, 질병에 걸리더라도 빨리 낫고 장수할 가능성이 높다. 긍정적인 생각이 전두엽으로 하여금 양질의 호르몬을 많이 분비시켜 주기 때문이다.

긍정적인 사람들의 행동에서 언급할 만한 재미있는 행동이 있다. 유심히 관찰해보면 긍정적인 사람은 놀랬을 때나 겸연쩍었을 때, 입을 벌리고 혀를 길게 빼거나 낼름 내미는 습관이 있는데, 그런 습관이 긍정적인 뇌의 형성에 매우 좋은 작용을 했고 그런 결과로서 혀를 자연스럽게 내밀 수 있게 되었다고 말할 수 있다. 반대로 부정적이고 자존심이 강하며 자기주장이 강한 사람은 그런 행동을 하는 것을 찾아보기가 쉽지 않다. 그런 사람은 자신의 입을 크게 벌리거나 상대에게 혀를 보여 주지도 않는다. 입도 작고 입을 좀처럼 열지 않아 항상 엄숙하게 닫혀 있을 때가 많다. 입이 닫혀 있는 사람은 뇌가 그만큼 닫혀 있고 경직돼 있다고 보면 크게 틀리지 않다. 이런 사람 중에는 의도적으로 혀를 길게 빼서 내보이라고 하면 매우 수치스러워하면서 심지어 굴욕감이 든다고 하는 사람도 있었다. 이로써 생활에서 혀가 많은 신경으로 뇌와 밀접하게 연결되어 영향을 주고 있다는 것과 개인의 주체적 성격 형성에 영향을 미쳤음을 알 수 있다.

개와 같은 동물들도 자기를 굽히거나 상대에게 자기복종 의향을 표시할 때에 혀를 내밀고 상대를 핥는 행동을 한다. 사람도 귀여워하고 좋아한다는 것을 표현할 때 뽀뽀나 키스로 애정을 표시한다. 이러한 표현도 부드럽고 살갑게 말할 수 있고 감정이 풍부한 사람이 자연스럽게 잘한다. 딱딱하고 엄격하며 너무 절제된 사람은 이러한 행동을 쉽게 하지 못한다는 것을 알 수 있다. 왜냐하면, 동물이 혀를 내밀어 상대를 핥거나 꼬리를 치는 것으로 복종을 표시하는 경우가 있듯이 사람도 행동학적으로 혀를 내미는 것이 수치감이 들 수도 있고 굴욕감이 드는 것이 자연스러운 현상일 수 있다. 그런데 크게 예의가 벗어나는 자리가 아니라면 친근한 사람 간에 혀를 내미는 귀여운 행동은 자기를 낮추는 겸손의 표시로도 읽히며, 자신을 상대에게 무장해제 하는 것과 같은 느낌을 주기 때문에 오히려 상대방에게 친밀감을 준다. 이런 행동이 본인의 건강에는 더할 수 없이 유익하게 작용한다는 것을 아는 사람은 많지 않다. 주변의 친구나 가수, 개그맨, 탤런트들이 방송에서 그런 행동을 자연스럽게 하는 것을 볼 수 있는데 절제된 사람이 보면 버릇이 없어 보일 수도 있지만, 객관적으로 그렇게 예의 없어 보이거나 나빠 보이지 않고 오히려 인간미를 느끼게 한다.

스스로 자신의 모습을 살펴보면 자신이 얼마나 개방적이며 긍정적인 친화력의 소유자인지를 간접적으로 느낄 수 있다. 이런 부류의 사람들은 어려서부터 긍정적인 환경에서 자랐을 가능성이 많고 혀, 치아, 입술 등 구강구조가 확 트여 있고 뇌와 연결된 신경 구조가 잘 발달해 있어서 수줍어하지 않으며, 말을 쉽고 편하게 잘하고, 노래도 잘하는 구조로 형성되어 있다.

자연은 본래 평화롭고 순수하며 이타적 희생봉사의 본질을 가지고 있는데 긍정적이고 웃는 인간의 모습이 자연에 가까운 모습이므로 진화론적 관점에서 우성에 해당한다. 따라서 잘 웃고 잘 울 수 있는 전두엽 뇌는 건강에 매우 유리하게 작용한다.

누구나 한번쯤 TV에서 하하 호호 웃고 즐기거나 감동적으로 노래하는 프로를 보면서 자기 집에도 재미있는 개그맨이나 노래 잘하는 가수가 한 명 있다면 얼마나 즐거울까 하고 생각해 보았을 것이다. 우울하고 어두운 집안 분위기가 확 바뀔 수 있다고 생각하기 때문이다. 그런데 우리는 모두 훈련받고 교육받기에 따라서는 개그맨처럼 유머스런 사람이 될 수도 있고 가수처럼 노래 잘하는 사람이 될 수도 있다. 뇌의 구조와 구강구조를 바꾸면 된다. 가수라는 사람도 입을 통하여 노래를 부르는 것이지 귀로 노래를 부르는 것은 아니다. 가수마다 소리의 색깔과 성량이 다르게 나올 수 있는 것은 폐활량과 뇌와 입의 구강구조가 다르기 때문이다. 입의 크기, 입천장의 넓이, 혀의 길이나 두께, 혀의 위치, 목구멍과 목젖의 모양과 크기 등등 여러 가지 구조가 결합해서 아름다운 노래를 내뿜을 수 있는 것이다. 일반인도 어려서부터 가수와 같은 구강구조와 뇌 구조를 만들 수 있다면 얼마든지 노래를 잘할 수 있다. 반대로 어려서부터 노래를 싫어하여 그런 모양의 구강구조와 뇌 구조를 만들지 못한 사람이라면 노래를 잘 부르는 것이 쉽지 않다. 즉, 음치가 되는 것이다. 그런데 대체적으로 머리가 좋고 공부를 잘하는 사람들도 노래를 공부만큼 잘하지는 못한다. 자기 뇌가 무의식중에 우월의식을 가지고 생활하며, 아는 것이 많아서 자기중심적 사고를 하고 자존심이 강한 성향이 구강과 뇌 구조를 노래 부르기에 불리한 구조로 바꾸지 않았을까 생각된다. 노래는 서로에게 기쁨을 주고 상생과 화합을 도모하는 작용을 하는데 우월의식과 자기중심적 사고는 '모난 돌처럼' 자연에서 상생 및 화합과는 어울리지 않는다. 노래를 못 부르거나 말을 부드럽게 잘 못하는 원인은 입이 작고 짧은 혀가 보이지 않을 만큼 목구멍 쪽에 깊숙이 자리하고 있을 가능성이 높다. 이런 구조는 특히 고음을 낼 때 약하다. 반대로 혀를 릴랙스 하고 머리에서 힘을 빼, 입을 크게 벌려 목소리를 밖으로 뿜어내면 높은 고음이 나온다. 말을 할 때도 자기주장을 싣지 않고 편안한 자세로 혀를 밖으로 릴랙스하여 말을 하면 감정이 안 섞이고 떨리지도 않아 부드럽게 지속적으로 말을 잘할 수 있다. 그런데 이런 습관은 성인이 되어 갑자기 훈련을 받는다고 해서 하루아침에 이루어질 수 있는 것이 아니다. 평생동안 살아온 생활습관으로 뇌의 구조와 구강구조가 형성되어 온 것이기 때문이다. 가수들을 보면 대부분 어려서부터 대중 앞에 서서 노래 부르기를 즐겨한 사람들이다. 이처럼 성장 과정에 긍정적 사고를 갖도록 교육시키면 누구나 노래도 잘하고 말도 잘하는 전두엽을 보유할 수 있게 된다.

가수나 개그맨처럼 긍정적인 전두엽이 발달하도록 삶을 살아야 한다. 긍정적 삶의 자세는 입이 귀에 걸리도록 웃게 하고 목구멍의 혀가 앞쪽으로 쑥 빠져나와 전두엽이 있는 이마를 활짝 피게 한다. 즉, 활짝 웃는 파안대소(破顔大笑)를 말한다. 꽃으로 말하면 꽃이 피는 형상과 같다. 꽃도 활짝 피었을 때 제일 아름답다. 자기 내면의 아름다운 모습을 쫙 벌려서 펼쳐 보일 때 제일 아름답고 화려한 자태를 뽐낸다. 웃는 것과 노래하는 것은 자신도 즐겁지만 다른 생명체에게 기쁨을 주는 행위다. 그래서 웃고 노래를 하는 그 상태가 자연계에서 가장 우성적이고 이상적인 상태가 되는 것이다. 이런 상태는 병이 올 수 없고 가진병도 달아나게 되는 것이다. 자연은 상생이타적(相生利他)이기 때문이다. 반대로 목에 힘주듯이 딱딱하고 권위적인 목소리로 인상을 쓰고 말을 하거나, 또는 흐리멍텅하고 어두운 말투는 피었던 꽃이 오그라들 때 형상과 비슷하다. 이런 상태가 지속되면 전두엽이 어두운 잠이 들 듯 누그러져 부정적 모드로 형성이 된다. 전두엽이 이런 상태가 되면 머리가 맑지 못하고 졸림이 빨리 오는 현상도 유발한다. 그래서 집안 분위기가 어둡거나 또는 너무 엄격하고 엄숙한 것도 좋지 않다. 내성적이거나 심지어 너무 점잖고 조심스러운 것까지도 부정적 영향을 미치므로 주의를 해야 한다. 결론적으로 입을 포함한 구강구조와 얼굴의 하박부가 발달한 사람 중에서 성공한 사람이 많다. 유심히 살펴보면 입이 넓게 퍼져 만면의 미소를 띤 사람들이 자신감도 충만하고 말을 잘하여 인기도 많고, 사회의 주도층으로 성공을 많이 하고 있다는 것을 알 수 있다. 긍정적인 인생을 살아온 사람들에게서 발견되는 표정이기 때문이다.

6. 입과 구강구조가 부정적으로 발달한 사람들
-일부 독재자

평소에 부정적 생각을 많이 하면 뇌 형태를 변화시켜 긍정적인 생각을 하기 쉽지 않도록 만든다. 오랜 시간 동안 무형의 생각이 유형인 뇌의 형태를 변화시킨 결과다.

한번 비뚤어진 뇌는 부정적 사고를 선호하게 된다. 세월이 흐르고 나이가 들어갈수록 회복이 힘들어 진다. 긍정적 사고와 부정적 사고를 하는 사람끼리 시간이 흐른 후에 만나보면 얼굴에서 이미 현저하게 나타난다. 그 얼굴의 곱거나 거친 모양이 삶에서 겪은 풍상만은 아니다. 긍정적인 사람과 부정적인 사람 간에 내면의 차이를 얼굴 면면에서 충분히 느낄 수 있을 만큼 변해 있다.

장기적으로 주장을 강하게 하면서 살다 보면 자연히 감정이 실리게 되면서 혀가 깊이 들어가게 되고 윗입술이 내려오고 점점 말을 잘 못하는 구조로 바뀐다. 시간이 흐르면서 스스로 독특한 구강구조가 형성되고 말하는 데 영향을 미친다. 자연에서는 결국 말을 잘하고 싶은 열망이 강한 사람이 오히려 말을 더 못하게 되는 역설이 발생한다. 말을 잘하려면 자기주장을 내려놓고 부드럽게 상대에게 양보한다는 생각으로 감정을 배제하고 말하면 오히려 호소력을 발휘하여 상대를 움직인다.

자기주장이 강하고 부정적인 성격의 소유자는 자기주장을 관철하기 위하여 감정을 섞어 말을 딱딱하게 쏘면서 내뱉는 습관이 몸에 배어있다. 이런 부류의 사람 중에는 자기 주관이 강하며, 똑똑하고 잘난체하는 습관이 있는 사람들이 많다. 해부학적으로 볼 때 목소리가 입으로부터 세고 큰 소리로 나오게 하려면 입안에 넓은 공간이 확보되어야 한다. 공간 확보가 되려면 혀가 뒤로 밀려들어가 목구멍에 가깝게 자리해야 하므로 혀가 짧아지게 된다. 이런 사람들은 자기도 모르게 입을 통하여 뇌까지 힘이 많이 들어간다. 스스로 구강을 통하여 뇌를 압박하여 조이고 있다는 사실을 모른다. 뇌에서 힘을 빼야 뇌가 편안해지고 뇌와 연관된 모든 신체기능이 활성화되는데, 자기주장을 하고 모진 말을 하는 습관이 몸에 배면 뇌가 딱딱해져 신체에 심각한 영향을 미친다. 따라서 말할 때 입에서 바람을 세게 뱉으며(자신은 전혀 느끼지 못함) 강한 말투로 주장하지 말고 입과 혀에서 힘을 빼고 구강만 움직여 말을 부드럽게 해야 한다. 이런 습관을 가지고 평생을 살아온다면 구강구조와 뇌의 형태가 긍정적으로 발달한다.

부정적인 사람은 화나 짜증을 쉽게 내고 공격적이며 폭력적인 성향으로 두뇌가 형성된다. 매사에 부정적이다 보니 무슨 일이든 앞장서지 않고, 적극적으로 나서지 않다 보니 기회를 잃게 된다. 조직에서나 사회에서 불만세력으로 자리 잡게 되어 중하층을 형성할 가능성이 높다. 힘든 일은 오히려 많이 하면서도 손해를 많이 보는 그룹이 될 가능성이 높다. 반면 긍정적인 사람들은 사회를 리드하고 지배하는 세력을 형성할 가능성이 높다.

부정적인 사람은 대체로 노래를 잘 못하고 말도 부드럽게 잘 못하는 뇌의 구조다. 전두엽 뇌 기능이 망가지면 '욱'하고 폭발하는 성격으로, 쉽게 짜증 내고 화를 내게 되어 있다. 화를 낼 때는 노르아드레날린이라고 하는 뱀 독의 열 배에 해당하는 독성이 강한 호르몬이 분비되어 자가면역체계를 파괴하므로 건강에 치명적인 영향을 미치고 노화 현상이 빨리 진행된다. 오랫동안 그런 부정적인 습관을 반복하다 보면 뇌가 자기중심 기능을 잃게 되어 당연히 크고 작은 질병에 노출될 수밖에 없다. 질병에 자주 노출되면 신체 여러 부분이 약화되어 전체적인 건강 밸런스가 무너져 더 큰 병이 왔을 때 극복하기 어려워진다. 긍정적인 뇌는 신체기능이 잘 작동하게 되어 외부의 질병을 잘 막아내게 할 수 있다. 외부에서 도둑이 침입했을 경우 방범시스템과 내부단결이 잘되어 있으면 도둑을 잘 방어하고 잘 잡아낼 수 있는 것과 같은 이치다.

'몽니를 부린다'는 말이 있다. 정당한 대우를 받지 못할 때 권리를 주장하기 위하여 심술을 부리는 성질을 말한다. 상대방이 그다지 잘못한 일도 없는데 공연히 트집을 잡아서 심술을 부리는 등 괴롭히려 드는 사람들이 있다. 이처럼 고약한 성질을 '몽니'라고 한다. 부정적인 뇌의 상태를 말해주는 표현이다. 그리고 '이를 간다'는 말이 있다. 사전적 뜻은 '몹시 화가 나거나 분을 참지 못하여 독한 마음을 먹고 벼르다, 물려고 으르렁거리다, 으르렁거리다'이다. 입과 두뇌의 연관성을 미루어 짐작하게 하는 말들이다. 사람들은 화가 나면 뇌로, 그것도 전두엽 뇌로 의사결정과 굳은 의지를 다진다. 이때 입에서 바로 튀어나오는 말이 부드럽고 따뜻한 말일 수 없다. 말에는 잔뜩 독을 품고 있으며 모질고 딱딱한 말투로 상대를 쏘듯이 공격하게 마련이다. 그 과정이 반복되면서 구강구조를 열성적인 방향으로 잘못 형성되게 만드는 것이다. 구강구조가 부정적으로 형성됨에 따라 뇌는 습관적으로 더욱 부정적 방향으로 발전하게 되어있다. 구강구조와 뇌의 상호 악순환 고리가 형성되는 것이다.

　주장하는 말을 강하게 전달하기 위하여 입에서 바람을 구강에 부딪혀 세게 몰아쳐 나오는 과정에 혀가 날카롭고 얇게 형성이 되고 치아 형태가 안쪽으로 좁게 형성되어 '옥니(입안으로 밀려들어간 치아)' 형태를 만들게 된다. 동시에 입과 입술을 좁게 만들어야 말이 강하고 세게 나온다. 입술을 좁게 만들기 위해서는 뇌로부터 입술까지의 그물처럼 뻗쳐 있는 수많은 신경이 동원된다. 화를 내거나 말을 모질고 세게 하려면 뇌에서 혀, 입 주변에 뻗쳐 있는 신경에 긴장을 줘야 하므로 뇌의 신경이 쇠약해질 수밖에 없다. 이런 성격은 신경쇠약증을 쉽게 갖게 된다. 반대로 치아를 드러내어 활짝 웃어 주는 행동은 입술 주변의 신경을 활짝 펴지게 하고 릴랙스 해주기 때문에 신경 쇠약과 같은 신경 관련 질병을 바로 잡는데 매우 좋다. 자연에서 희생봉사 의식이 우성이듯이 사람에게 웃음은 강력한 우성이고 보약이 된다. 웃음이 부족해서 건강이 나빠지기도 하고, 웃음으로 해서 병이 낫는다는 것을 사람들은 간과하고 산다. 병의 상당 부분이 습관으로부터 온다. 웃어야 산다.

　긍정적인 사람과 부정적인 사람의 말씨는 호소력에서 차이가 있다. 부정적인 사람의 말씨는 주장을 실어 강하게 말하지만, 느려지고 논점이 흩어져 집중력이 떨어진다. 자기 주장하는 말씨로 하다 보니 무겁고 딱딱한 말투에 상대가 마음과 귀를 닫아 버린다. 아무리 좋은 말도 친근하지 않고 살갑지 않으니 듣기 싫어지게 된다. 부모가 권위적 의식으로 말을 할 때 자녀가 듣기 싫다고 귀를 닫는 것과 같다. 반면에 긍정적인 사람은 자기 주장하는 말씨를 안 쓰고 한숨 돌려 사실관계를 상대의 코드에 맞춰 부드럽고 천천히 말하기 때문에 말이 살갑고 친근하게 들린다. 말씨가 부드럽고 부담이 없다 보니 상대가 마음과 귀를 활짝 열고 들어 주게 되어 대화가 용이하다. 이러한 차이점은 혀를 깊게 넣어 자기주장을 실어 딱딱하게 말하느냐, 혀를 길게 밖으로 내미는 형태로 주장을 배제하고 호감을 가지고 부드럽게 말하느냐의 차이에서 오게 된다.

 이렇게 자기주장이 강한 사람들에게서 가장 큰 문제가 되는 것은 자신의 의식이 갈수록 깊게 잠이 든다는 것이다. 주장을 관철하려 애를 쓰고, 주장이 관철이 안 되면 스트레스를 받고 쉽게 인정하지 않는 태도로 생활한다. 세월이 흐름에 따라 어느 순간 뇌가 눌리고 압박을 받아 우울하고 의기소침한 모드의 뇌 형태가 형성되고 나면 굴속이나 우물 속에 빠진 사람처럼 세상이 아득히 멀어져 보인다. 친근하고 살갑게 사람을 대하려 하여도 감정 표현이 안 되고 굳어 있는 표정으로 점점 변해 간다. 마치 하얀 눈 속에 파묻혀 있는 새싹처럼 밖으로 자신을 표현할 수가 없게 된다.
 이것을 극복하려면 자기주장을 버리고 상대방에게 호감을 가지고 긍정적으로 상대해야 한다. 하지만 평생동안 살아온 습관으로 일단 어둡고 우울하게 빠져 버린 의식이 밖으로 나오는 것은 쉽지 않다. 뇌 조직이 바뀌어야 가능하기 때문이다. 그래서 자녀들에게 어려서부터 긍정적이고 우성적인 습관을 가지고 주변과 화합하며 원만하게 살도록 환경을 조성해 줘야 한다. 세월이 흐르면서 '모난 돌'이 되어 정을 맞지 않도록 원만한 성격을 형성시켜 줘야 한다.

 냇가나 바닷가의 조약돌을 보라. 얼마나 둥글둥글하고 반들반들한가. 그 면이 얼마나 매끄러운지…, 원래 모나고 컸던 돌은 높은 산에서 아래로 굴러서 가파른 계곡과 들판을 지나오며 이리 부딪히고 저리 부딪혀 모난 부분이 다 떨어져 나가고 다듬어져 매끈한 조약돌이 된다. 사람도 온갖 세상의 풍상을 겪으며 긍정적인 경험을 통하여 부드럽고 둥글게 다듬어져야 한다. 모나서 정을 맞기 전에 스스로 둥글고 원만하게 살 수 있어야 현명한 사람이다.

생각, 습관이 뇌에 영향 → 뇌와 구강구조를 변형 → 생각, 습관에 영향
뇌가 부정적이고 짜증스런 모드 → 쉽게 화내고 상대를 차갑게 상대한다.
뇌가 긍정적이고 즐거운 모드 → 쉽게 웃고 기뻐하며 상대를 친근하게 상대한다.

이런 부류의 사람들은 성격이 신중하고 엄숙하며 무겁다. 권위적인 성격의 소유자가 이런 구조를 많이 가지고 있다. 사람이 나빠서가 아니라 주관적 신념이 강하기 때문에 타인에 동화하려는 것보다는 자기주관을 관철하려는 경향이 강하다. 대부분 자기중심적 사고로 고집이 강한 편이다. 매우 신중하여 심사숙고하는 편이며 상대가 가벼운 농담 같은 말을 하면 오히려 자신을 얕보는 것으로 기분 나빠한다. 자기 주관이 뚜렷하여 대체로 자신에게 엄격하고 올바른 행동을 한다. 신의와 약속을 중시하고 철저하게 행동한다. 자기가 옳다고 하는 기준과 범위를 벗어날 경우 과감하고 철저하게 응징하고, 옳다고 하는 일에는 목숨을 거는 사람들이 많다. 그런데 독불장군식의 태도로 사회생활에서 손해를 보는 경향이 있다. 성장하면서 혼자만의 습관으로 이렇게 형성이 되었다기보다는 가정과 사회 등 복합적 환경의 영향을 받는다. 일반적으로 가정환경이 엄숙하며 유쾌 쾌활하지 못한 환경에서 자랄 가능성이 높다.

주장을 많이 하면서 평생을 살다 보면 결국에는 입이 작아진다. 입이 작아진다는 것은 구강구조의 핵심을 이루는 턱의 상박부와 하박부가 포개지면서 작아진다. 입아귀(아구지)라고 하는 것이 작아지면서 입이 작아진다. 입이 옆으로 벌어진 크기도 작지만, 입을 벌려도 위아래로 벌어진 크기가 작다. 그러면 말을 자유자재로 못하고 말을 할 때 혀가 안쪽으로 말려 들어가고 유창한 말을 못하며 노래도 못하는 원인이 된다. 딱딱한 말씨로 말을 하니 듣기가 거북스럽게 들린다.

중국말에 지독하게 고집 센 사람을 일컬어 '당나귀 고집쟁이'라고 한다. 동물 중에 당나귀나 말이 고집이 세다. 한번 맘에 안 들어 고집을 부리기 시작하면 아무리 때려도 코를 땅에 박고 무릎을 꿇어 한 발 짝도 움직이려 하지를 않는다. 이를 통하여 짐승들도 자기를 주장하는 데 뇌의 의식을 코의 안쪽 부분을 통하여 입 쪽으로 전달한다는 것을 추측할 수 있다. 코를 땅에 박는 자세는 사람이 전두엽으로부터 생각을 안면 신경으로 전달하여 코 아래쪽의 인중과 코 주변에 자기 고집을 가지고 있는 것과 유사하다.

이런 상황에서 마부는 당나귀에게 홍당무를 주고 잘 달래서 일을 시키는 지혜를 발휘할 줄 알아야 한다. 마찬가지로 부정적 성격의 소유자는 자신의 신념이 매우 강한 사람이므로 쉽게 흔들리지 않는다. 이런 사람일수록 감성에 호소하고 합리적 방법으로 잘 설득을 하면 오히려 마음의 문을 쉽게 열 수 있다. 뱀은 머리를 잡아야 하며, 토끼는 귀를 잡아야 하고, 닭은 날개를 잡아야 움직이지 못한다. 사람은 마음을 잡아야 한다. 마음을 잡기 위해서는 자존심을 상하게 하거나 힘으로 밀어붙이는 것보다는 상대방에 결정권을 주고 편안하게 생각할 수 있도록 알맞은 거리를 내어 주는 여유가 있어야 한다. 어떤 경우에도 막말은 삼가하고 설사 이번에 성사가 안 되더라도 다음 기회를 보는 지혜를 발휘해야 서로에게 좋은 여운을 남기며 일도 잘 성사된다. 상대를 배려하지 않고 밀어붙이면 일도 잃고 사람도 잃게 된다.

병원에서 중환자들을 유심히 관찰해보면 대체적으로 쉽게 화를 내거나 신경질적인 사람들이 많다는 것을 알 수 있다. 자신이 함부로 화를 내고 괴팍한 성질을 부리며 인생을 살다 보니 뇌가 잘못되어 몸이 아프고 고생을 한다는 생각은 못하는 듯 하다. 주변에서 이런 사람들이 중년이 되어 중풍이나 뇌졸증으로 쓰러져 고생하는 것을 볼 수 있다. 이들은 각종 암이나 성인병에도 취약하다. 아침에 산책하는 공원이나 병원 벤치에서 중풍 등으로 장애를 가진 사람들이 어떻게든 팔다리를 움직여보려고 안간힘을 쓰는 것을 볼 수 있다. 여성 환자보다 남성 환자가 많아 보인다. 이는 대체로 남자들이 권위적이고 자기중심적 사고로 살아서 이런 병에 걸릴 확률이 매우 높다. 거대한 고목이 쓰러지듯 남성이 쓰러져 팔다리를 못 쓰게 되면 거구의 남성 곁에서 돌보는 사람은 착하고 가녀린 배우자일 가능성이 높다. 환자들은 생명의 위협이 목전에 와 있음을 직감하고 거동이 불편한 팔다리를 어떻게든 움직여 보려고 발버둥을 친다. 사람들 대부분이 본질을 모르고 자기 자신이 운동부족으로 잘못되었다고 생각한다. 즉, 권위적으로 함부로 화를 내고 짜증을 내면서 인생을 잘못 산 결과로 뇌가 약화되고 기능을 상실하여 뇌졸증이 오고 중풍에 걸린 것을 모른다. 사실은 자신이 나쁜 습관으로 함부로 살아서 병이 생긴 것이지 운동 부족으로 그런 경우는 오히려 드물다. 한번 쓰러진 사람은 중간에 임시방편으로 또는 물리적 요법으로 회복되는 듯하지만, 결국은 세월 속에 병마를 이기지 못하고 스스로 도태되고 만다.

따라서 절박한 상황일수록 화내지 말고, 자신의 의식을 인자하고 온화하며 부드럽게 바꿔야 한다. 아플수록 의식을 밝게 가지며 긍정적 우성인자를 가지려는 노력을 해야 한다. 환자로서 아픈 특권을 이용하여 무조건 막무가내인 사람들이 있는데, 그것은 자신의 병을 스스로 더욱 악화시킨다는 사실을 알아야 한다. 자신의 잘못된 의식으로 병이 왔음을 자각하고 겸손하고 반성하는 태도로 살아야 병이 빨리 낫는다. 이런 사람들의 얼굴을 유심히 살펴보면 십중팔구는 성격들이 강해(거칠어) 보인다. 전두엽이 발달한 얼굴상이 아니고 대체로 부정적인 인상을 가진 사람이 많다. 장수촌 노인들에게서 보았던 화사한 얼굴과 미소년의 해맑은 미소는 찾아보기 어렵다.

이런 사람들은 뇌 내 모르핀이라고 하는 호르몬이 분비되는 전두엽이 눌려 있고 활성화되지 않아서 베타 호르몬이 나올 수 없다. 신경전달 물질인 도파민은 고급 뇌인 대뇌신피질에 들어가 신경의 흥분전달에 작용하는 아세틸콜린이라는 물질이다. 이 물질은 신경세포를 자극하여 몸의 기능을 활성화시켜 기분 좋게 함으로써 질병치유 효과가 있다. 그런데 부정적인 사람에게 이런 호르몬이 분비되기를 바라는 것은 우물에서 숭늉 찾는 것과 같이 조급한 일이고 어려운 일이다. 따라서 이런 뇌는 평생동안 습관으로 해서 웬만 해서는 잘 웃지도 못하고 굳어 있어 질병에 더욱 취약 할 수 밖에 없다. 의사들이 환자들을 보면 환자가 병에 걸릴 수밖에 없는 인상이 대체로 있다고 한다. 다시 말해서 병이 잘 낫겠다거나 또는 회복이 느리겠다고 생각하는 것과 사람의 인상이 거의 일치 한다고 한다.

사실 내면에 뇌를 통하여 그렇게 이미 예정이 되어 있는 것이다. 부정적인 뇌는 질병이 오면 회복 하기 어렵고 특별한 질병이 없다 하더라도 기능이 빨리 쇠약해지므로 병세가 쉽게 악화되고 잘 낫지 않으며 조로(早老)하는 경향이 있다. 반면에 좋은 인상을 가지고 만면에 웃음을 잃지 않는 사람은 병이 걸리더라도 회복이 빨리 된다. 대체로 피부도 좋고 젊어 보이며 얼굴형도 미인상으로 형성되고 건강미가 넘쳐 흐른다.

또한, 상대를 이기려고 주장하며 머리에 힘주고 입을 악물고 고집을 부리며 화내는 것은 뇌의 흐름을 막고 뇌세포를 많이 사멸하게 한다. 나중에 뇌세포가 많이 죽은 탓에 정상인과 비교하여 쪼글쪼글하게 뇌가 줄어 들어있다. 이런 상황에서 나이가 들어 연로해지면 뇌의 기능이 약화되고 사람에 따라서는 이승인지 저승인지 모를 정도로 뇌의 기능이 떨어지게 된다. 즉 이런 경우 알츠하이머나 치매증이 오게 되고, 길을 헤매고 말할 때 단어가 생각이 안나서 "그거 있잖아", "그걸로 저거하자" 등등 대명사를 자주 쓰게 된다. 이런 병은 자신뿐 아니라 가족이나 주변인에게 많은 고통을 가져다준다. 젊어서도 건망증이 심한 사람은 나이 들어서 치매로 악화 될 가능성이 매우 높다. 이런 결과는 어떤 습관을 가지고 생활해 왔는지와 매우 연관이 크다. 어느 순간 어제는 무슨 일을 했는지 오늘 아침에 무엇을 먹었는지를 한참 생각해야 한다면 고민해 봐야 한다. 나이가 들어서 생활 습관을 고치려 하면 너무 늦게 되므로 젊었을 때부터 양질의 습관으로 잘 살아야 한다.

스트레스를 받으면 뇌가 압박을 받는다는 것이다. 생각이 한쪽으로 압박을 받고 뇌의 실물이 압박을 받아 한쪽으로 밀린다. 습관적으로 하게 되면 어느 순간에 치명적인 병으로 나타나게 된다. 화를 낼 때는 최고조에 달한다. 한번 화를 낼 때마다 뇌가 풍선처럼 압박을 받아서 팽창하게 된다. 한번 상대와 말다툼해서 이길 때마다 자신의 의식은 점점 산과 같이 높은 곳으로 올라가서 불안정한 상태에서 내려오기 어렵게 형성된다. 뇌가 긴장하면서 자기의식으로 똘똘 뭉쳐서 우쭐해지는데 본인은 느끼지 못하지만, 이상한 기류와 의식이 형성되면서 뇌 기능이 취약해지는 열성적 상태에 놓인다. 이런 것이 습관화되면 누구와 대화를 해도 우월의식을 갖게 되는데 자신의 우월한 의식은 특정한 대화의 모드가 형성된다. 이럴 경우 높은 사람을 만나서 자신을 낮추려 해도 혀와 구강구조가 겸손하고 살가운 말씨를 사용하기 힘들어 상대방으로부터 너무 경직되어 부자연스럽다거나 건방지다는 말을 듣게 된다. 뇌의 상태가 다시는 낮은 곳으로 내려오기 힘든 모드로 정착되어 버린다. 결과는 각종 질병과 신경이 나빠지는 난치병으로 나타날 가능성이 높다. 낮게 살아야 한다.

예로부터 강직한 성격의 선비나 신념이 강한 사람이 평소에 매우 건강하다가도 어느 날 갑자기 힘없이 유명을 달리하는 경우를 볼 수 있다. 겉으로는 강한 것 같지만, 자존심이 강하고 고집이 셀수록 뇌의 상태는 약화되고 힘을 잃어 간다. 성격이 너무 강하고 세면 건강에 절대 유리할 수 없다. 뇌 상태가 경직되기 때문이다. 부드럽고 유연한 뇌를 만들도록 노력해야 한다. 사람들 대부분은 뱀을 싫어하는데 지혜롭고 유연하므로 사람에게 위협이 돼서 그런 게 아닐까? 뱀은 몸이 유연하고 부드러워서 어디든지 갈 수있다. 땅에 살면서도 물에서 유영할 수 있으며 숲 속, 나무 위, 땅구멍, 담장까지 어디든지 자유자재로 드나들며 살 수 있고 오랜 생명력을 유지한다. 강직한 신념으로 똘똘 뭉쳐 있는 사람은 딱딱한 자신을 버리고 뱀과 같은 유연성과 부드러움을 기르는 것이 건강한 삶에 도움이 된다는 것을 인식하면 어떨까.

 이와 같이 성격을 열성적으로 사용하는 것이 원인이 되어 여러 질병이 오는 것으로 보인다. 고혈압, 당뇨, 뇌졸중, 심근경색, 동맥경화, 암 등 각종 질병뿐만 아니라 신경통, 오십견, 전립선염, 요실금, 다발성경화증 등은 성격을 부드럽게 사용하지 못하는 것이 원인이 되어 신경에 직접적으로 악영향을 미치는 것으로 판단된다. 사람이 동물로서 직립을 해 생긴 병으로 알려진 디스크와 같은 허리 관련 질병도 사실은 머리를 함부로 사용하고 스트레스를 심하게 받아 신경이 잘못되어 악화되는 경우가 많다. 정형외과에서는 뼈나 디스크 상태와 신경의 압박 상태 등 외과적인 것 위주로 수술을 결정하기도 하는데, 근본적 원인을 파악하지 못하고 하기 때문에 수술 후 오히려 악화를 초래하는 경우가 많다. 사실 허리도 뇌에 의하여 신경계통에 영향을 미쳐 아픈 원인이 많다. 의식이 부정적이고 열성적인 의식으로 살아서 신경의 기능이 악화하고 허리에서 그 통증을 느끼는 것이다. 허리가 상시적으로 아픈 사람들을 보면 신경이 날카롭고 성격이 급박하거나 신경을 많이 쓰는 사람들이 많다. 이런 질병들은 특별한 완치약이 없어 난치병에 속하며 평생을 두고 점점 악화한다. 잘못된 뇌로 인해 악화하는데 뇌를 바꾸는 긍정적인 사고를 훈련하지 않고, 수술이나 약리요법을 쓰는 것으로 모두 해결할 수가 없으며 오히려 악화를 부를 수 있다. 팔다리가 부러지면 외과적 수술로 치료가 가능하나 뇌가 잘못되면 현재로서는 수술로는 치료가 불가능하다. 자신이 이런 병에 걸려 있다면 자신의 성격이 열성적 인자들을 많이 보유한 것은 아닌지 객관적으로 점검할 필요가 있다. 본인은 어떤 부류인지 생각해 보고 좋은 양질의 습관을 기르도록 노력해야 한다. 자기중심적 사고를 버리는 것이 길이다.

그러면 이런 부정적인 단점 극복을 위해서 어떻게 행동해야 하나?

서두에 서술한 바와 같이 자연으로 돌아가야 한다. 즉, 산속에서 나뭇가지에 새가 지저귀며 앉아 있는 모습을 볼 때, 계곡물에 흘러가는 낙엽을 무심결에 바라보았을 때를 생각해 보자. 자신도 자연의 한 대상물이 되어서 그저 착하고 수수하게 하루하루를 성실하게 살아가는 수많은 생명체들을 다시 한번 생각해 보자. 대자연의 장엄한 세월 앞에서 잘 나지도 않은 내가 세상을 너무 우습게 생각하고, 짜증내고 화내며 오늘을 함부로 살지는 않았는지 생각해 보자. 한번 화가 날 때마다 자신을 극기하며, 화를 참고 웃으며 져줄 수 있다면 나의 건강은 회복될 것이며 나의 뇌는 건강을 되찾을 것이다. 이런 과정에서 머리는 평온을 되찾고 점점 대자연을 닮아 간다. 대자연만이 영원히 힘 있는 존재로서 부정적인 나, 병든 나를 도와 일으켜 세울 수 있다. 자연을 배워야 산다.

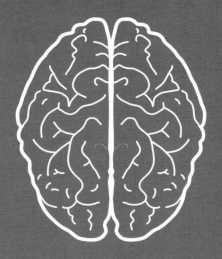

신사고(新思考)를 통한
인류의 뇌혁명

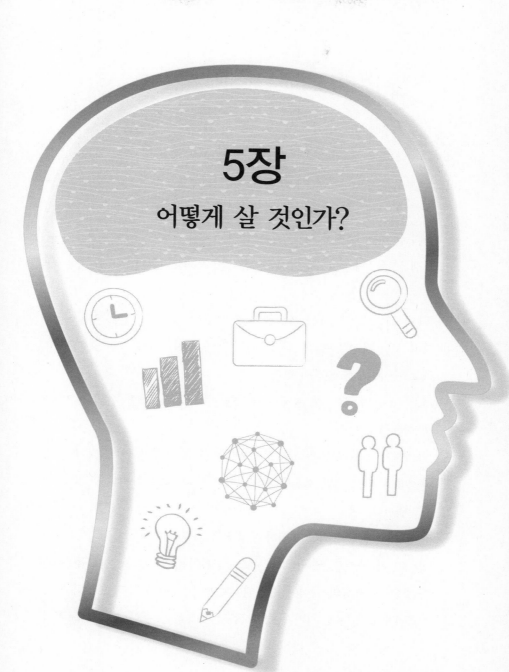

5장

어떻게 살 것인가?

1. 부정적인 나를 극복 하는 방법

본인의 의식이 조금이라도 부정적이라고 생각되면 엄격한 기준으로 자신을 되돌아보고 더욱 긍정적인 의식으로 바꿀 필요가 있다. 더욱 긍정적이고 오묘한 뇌를 갖도록 노력하는 것은 생명체로서 소중한 자산을 갖게 된다.

- 전술한 바의 부정적 성격, 딱딱함, 잘난체함, 주장, 투쟁, 야비, 미움, 시샘, 질투, 자존심, 고집, 우울 등 열성적 인자를 버려야 한다. 이들은 자신에게 상처를 남기고 심한 독을 준다.
- 딱딱하고 모질게 사는 자신을 버려야 한다. 냉정하고 차가우며 까칠하고 모난 자신을 무조건 버려야 한다. 한없이 부드럽고 따뜻하며 자애로운 사람으로 변해야 한다.
- 세상을 살며 내가 좀 손해를 본다는 생각으로 양보할 수 있는 마음의 여유를 갖는다.
- 완벽하기 위하여 똑똑하고 잘난체하는 나를 버려야 한다. 자기 안에 갇혀있는 잘난 자기 자신을 해방시켜야 한다. 그래야 딱딱한 뇌가 부드러워진다.
- 항상 타인을 존중하고 협력하는 의식을 가져야 한다.
- 상대방이 자신의 웃어른 또는 스승님이라는 의식으로 자신을 낮춘다. 그래야 자신의 의식이 겸손해지며 함부로 하지 않고 의식이 낮고 안정되게 자리한다. 자기가 옳고 잘 낫다고 하는 주장으로 가득 차면

의식이 높고 딱딱하게 형성된다.

- 누구를 만나든 웃으며 밝고 호의적인 태도로 임해야 한다 "오, 자네 왔는가!"하며 오랜 죽마고우(竹馬故友)를 만난 것처럼 기쁘고 반갑게 맞이한다. 혈육을 오랜만에 만나는 것처럼 또는 돌아가신 선친께서 다시 살아오신 것처럼 훈훈하고 따뜻한 감정이 전달되도록 정성을 다하여 상대한다.

- 작은 일에 감사할 줄 알고, 잘 웃도록 노력한다. 긴장해 있는 구강구조가 릴랙스 되어 혀의 위치가 바뀌며 얼굴 하박부가 발달해 뇌에 긍정적 영향을 준다.

- 어떤 의견이든 상대방을 이기려는 자기주장과 논리로 맞서려 하지 말고 반대로 적극적으로 상대방에게 코드를 맞추려는 대화를 한다. 상생하려 하면 화합이 잘된다.

- 자기 자신을 버릴 줄 알아야 자기주장이 버려진다. 구강의 앞쪽 입을 사용하여 혀를 릴랙스 하여 겸손하고 부드럽게 말을 한다.

- 입을 크게 벌려 위아래 치아를 드러내어 활짝 웃는 습관을 갖는다. 활짝 웃으며 의식은 밝고 마음은 따뜻하게 행동한다.

- 자존심으로 뭉쳐 거만한 체하는 것은 뇌에 치명적인 영향을 준다. 머리로 바람이 부딪히면 뇌로 통과시킬 정도로 뇌에서 힘을 빼고 가볍게 유지해야 최고의 기능을 발휘한다. 상대로부터 부정적이고 공격적으로 오는 말을 바로 맞받아 대꾸하지 말고 돌아서서 다시 한번 생각해 보고 부드럽게 응대한다. 상대와 대치하여 언쟁하고 짜증 내는 것은 자신의 머리를 돌처럼 딱딱하게 굳어지게 만든다. 시간이 흐르면서 혈액순환이 안 되면 혈전이 생기고 몸에 신진대사가 안 되어 치명적인 병을 만든다.

- 어떠한 경우에도 절대 화를 내지 말고 웃는 얼굴로서 상대한다.
- 수치스러움을 당할 때 당황하거나 두려워하지 말아야 한다. 모든 사람은 실수할 수 있다. 자신의 실수를 억지로 변명하려 하지 말고, 웃으며 흔쾌히 인정하며 미안하다고 사과할 줄 안다면 딱딱하고 뻣뻣한 머리 상태가 급속도로 풀리고 부드러워진다.

2. 범죄자의 뇌는 구조가 다르다?

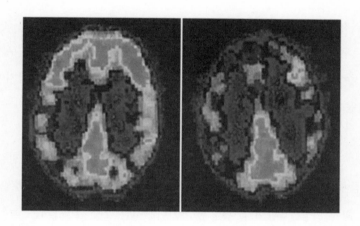

외부 자극에 노출된 일반 사람의 뇌(오른쪽)와 흉악범죄자의 뇌를 양전자단층 촬영(PET)한 결과 전두엽 부분(뇌의 앞부분/ 사진 왼쪽)의 활성화 정도가 큰 차이를 보였다. 흥분조절과 행동억제 기능을 담당하는 전두엽이 손상될 경우 죄책감이나 동정심이 결여되는 증상이 나타난다. _ 미국 서던캘리포니아대 에이드리언

_동아일보, 2012. 8. 28.

뇌와 범죄를 연관 지어 결론을 내리는 것은 특정한 신체적 특징을 가진 사람들을 잠재적 범죄자로 낙인찍을 수 있다는 우려가 있기 때문에 쉽게 단정 지을 수는 없지만, 이러한 인체 생리적인 현상을 이해하고 범죄문제를 사회구조의 문제로 바라보아야 한다. 범죄의 원인을 경쟁 낙오자에 대

한 배려 미비와 사회적 안전망의 결여가 원인이라는 인식으로 해결점을 찾되 한편으로는 최근 성폭행 살인과 흉기 난동 등 강력 범죄가 잇따르는 사회 현상을 현명한 두뇌를 가진 인간이므로 여러 가지 각도에서 원인을 분석해 볼 필요는 있다고 하겠다.

범죄자의 한 일면으로 '생체적 특성'도 함께 고려해야만 한다는 것이다. 뇌에 대한 분석이 활발해지면서 흉악범의 뇌가 일반인과 다른 경우가 많다는 연구결과가 속속 나옴에 따라 '뇌과학'을 범죄분석과 재범방지에 적극 활용해야 한다는 주장이 나오고 있다.

2010년 여중생을 성폭행하고 살해해 1심에서 사형선고를 받은 김길이는 항소심에 앞서 세 차례 정신감정을 받았다. 1차와 3차에서는 '반사회적 인격장애' 외에는 정신질환이 없다는 판정이 나왔지만, 2차 감정에서는 '측두엽뇌전증(간질)' 진단을 받았다. 측두엽 뇌전증은 잠시동안 기억을 잃고, 반복적인 행동을 하는 증상이다. 이 증상이 범죄에 직접적 영향을 미쳤다고 단정할 수는 없지만, 이 사건을 계기로 뇌과학이 국내에서도 조명받기 시작했다.

미국 일본 등 해외에서는 1990년부터 이미 이 분야를 집중 연구해 '전두엽이 손상되면 충동조절과 행동억제 기능에 영향을 줘 죄책감과 동정심이 결여된 모습을 보인다'는 결론을 내렸다. 1994년 이탈리아 테라초 지방에서 여성 5명을 성폭행한 뒤 무참히 살해한 범인의 뇌를 2005년 연구한 결과 전두엽 손상이 밝혀졌다.

최근에는 '소뇌 원인론'도 등장했다. 소뇌 안에는 하얀색 백질과 회색 회질이 있는데, 성범죄자는 회질이 눈에 띄게 작다는 것이다. 반건호 경희대 소아청소년과 교수는 "과거에는 범죄를 개인성향이나 성장 과정의 문제로 보는 경향이 있었는데, 최근에는 뇌 자체가 일반인과 다르다는 지적이 나오고 있다."고 설명했다.

최근에 세계 각지에서 사회생활에서 생긴 갈등이 '묻지마 범죄'로 이어지는 경우에 단순히 '불우한 환경 탓에 홀로 고립된 채 사회불만을 키워왔다'는 분석에 그치지 않고 '외톨이생활→외출자제→빛 노출 및 운동부족으로 뇌 분비물질인 세로토닌 부족→범죄억제력상실' 등 범죄구조를 좀더 과학적으로 밝힐 수 있다는 지적을 많이 하고 있다. 성장기 사회적 환경이 뇌 발달에 어떤 영향을 줘 범죄로 이어졌는지도 파악할 수 있다. 처방도 다양해진다. 사회적 환경개선과 더불어 약물치료 및 운동을 통한 재활프로그램활용 등도 이용할 수 있다. 해외에서는 전두엽 분비물질을 정상수치로 돌리는 약물을 개발해 치료에 활용하거나 뇌 분비물질 수치를 정상화하는데 도움을 주는 운동프로그램을 이용하기도 한다.

전문가들은 흉악범의 뇌 결함이 선천적인 것만은 아니라고 본다. 뇌는 △식욕 등을 느끼는 본능적인 뇌 △희로애락을 느끼는 감정적인 뇌 △옳고 그름을 판단하는 인지적인 뇌가 중첩돼있다. 이 가운데 인지적인 뇌는 20세 정도까지만 자란다.

보는 바와 같이 문제는 성범죄자 가운데 상당수가 가정불화나 부모의 방치로 인지적인 뇌가 자라지 못한데 원인이 있다고 진단한다. 따뜻한 가정에서 전두엽 뇌를 긍정적으로 발달시키는 사회화과정이 미흡해 뇌 발달이 방치된 것을 짐작할 수 있다.

갈수록 이러한 사회적 현상이 심화하는데 근본적인 대책은 어려서부터 뇌가 우성적인 인자를 많이 보유할 수 있는 환경을 조성해 줘야 한다는 것이다. 가정, 학교, 사회가 일체화가 되어 긍정적인 뇌를 양성하는 좋은 습관을 배양하는 교육을 실시해야 한다. 자연 속에서 공생 공존하고 따뜻하고 보살핌을 받는 환경에서 자라도록 하면서 스스로 타인을 배려하는 이타적인 의식을 함양시켜 줘야 한다. 좋은 습관을 양성하여 우성적 인자를 많이 보유한 뇌를 가져야 신체도 활성화되고 뇌가 총명해져 사회에서 성공할 수 있다는 의식을 심어주어야 한다. 뇌가 형성되는 시기인 청소년기에는 많이 웃게 하여 따뜻한 인간미를 느끼게 해주고 지대한 관심을 줘야한다. 뇌의 형성이 끝나는 성인이 되어서 교육을 하는 것은 교육적 효과가 크지 않다.

'조장희 가천대 석좌교수가 인간의 감정 조절에 관여하는 4개의 뇌 신경섬유를 세계 최초로 발견했다고 밝혔다.

_주간조선, 2013. 4. 22.

조 박사는 이날 인천시 남동구 가천대 뇌과학연구소에서 주간조선과 만나 "분노, 슬픔, 우울 등 부정적 감정에 관여하는 신경섬유(ATR)와 기쁨, 웃음, 행복, 사랑, 보상 등 긍정적 감정에 관여하는 3종의 신경섬유(slMFB, imMFB, SPT)를 새롭게 찾아냈다."고 말했다. 조 소장에 따르면 이 신경섬유의 존재는 감정 이상 질환을 수술로 치료할 수 있는 중요한 열쇠가 되기 때문에 전 세계 뇌 연구자들 사이에서 큰 관심의 대상이 되어 왔다.

백선하 서울대 신경외과 교수는 이번 발견에 대해 "뇌 질환 치료에 혁명적인 계기가 될 수 있다. 약물로도 치료가 안 되는 심한 우울증이나 강박증 환자를 치료할 수 있는 길이 열린 셈이다."라고 말했다. 조장희 박사 팀은 최근 초고해상도 촬영 기기인 7T(테슬라·1T는 지구 자기장의 5만 배 세기) PET-MRI를 이용해 살아있는 사람의 뇌를 가로세로 1㎜ 단위로 촬영해 3차원으로 복원, '뇌 백질 지도(7T Brain White Matter Atlas)'를 완성했다. 이를 통해 기존에는 보이지 않았던 세세한 혈관과 신경 줄기들을 볼 수 있게 됐고, 존재와 기능이 막연히 알려져있던 감정 조절에 관여하는 신경섬유의 정확한 위치를 찾아냈다고 조장희 박사는 말했다.

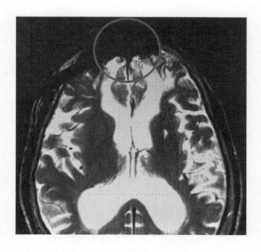

원 안이 로스 박사가 '악마의 조각'이라 부르는 전두엽 부분. _ 데일리 메일 캡쳐

_조선일보, 2013. 2. 13.

최근 뇌 관련 학자들이 전두엽 뇌에서 악마의 은신처를 찾았다고 발표했다.

"우리 뇌에서 악마의 은신처를 찾았다."

살인자나 사이코패스, 강간범 등 흉악범들은 전두엽 일부분이 보통사람과 다르게 작동한다는 주장이 학계에 나왔다고 영국일간 데일리 메일이 2013년 2월 5일 보도했다.

독일 브레멘대학교 연구팀은 범죄를 저지른 사람들에게 범죄 관련 동영상을 보여주고 뇌 활동을 관찰한 결과, 보통사람과 다른 점을 발견했다. 뇌의 일부에서 뇌세포 활동이 미미하게 나타난 것이다. 연구팀이 '어둠의 부위(dark mass)', '악마의 조각(evil patch)'이라 부른 이곳은 뇌의 전두엽부위에 있는 작은 부분으로, X선 촬영을 하면 범죄자들은 이 부분이 어둡게 나타난다고 한다.

_서울신문, 2013. 2. 9.

연구를 이끈 게르하르트 로스(Gerhard Roth) 박사는 "잔혹하고 불결한 장면을 보여 줬을 때 강력범들에게선 결코 반응이 일어나지 않는 뇌 전두엽의 한 부분을 발견했다."며 "이 부위는 주로 동정심이나 슬픔, 비애 등의 감정을 담당하는데, 범죄자들은 이 부위의 움직임이 활성화되지 않았다."고 설명하였다. "'어둠의 부위'는 폭력성에 대한 유전적인 성향도 가지지만, 정상인이 이 부위에 심각한 손상을 입거나 종양 등이 생길 경우 없던 범죄성향이 생길 수도 있다. 반대로 수술로 이 부위를 고칠 수 있다면, 일반인과 마찬가지로 범죄적인 성향이 사그라질 수도 있을 것."이라고 말했다.

로스 박사는 모든 범죄자가 선천적인 요인에 의해 결정되는 것은 아니라고 밝혔다. 그는 "사이코패스들은 태어날 때부터 그렇게 정해졌다기보다 후천적으로 나쁜 환경의 영향을 받은 탓이 크다."며 "성격이 삐뚤어진 아이에 대해 사회가 더 폭넓은 지원을 해 범죄자로 자라는 것을 막아야 한다."고 말했다.

이와 같이 성격과 자라 온 환경에 따라 뇌의 구조마저도 변형이 된다는 것을 과학자들이 이미 밝혀내고 있다. 앞에서 서술한 대로 개개인이 우성의 습관을 가지고 살아왔는지, 열성의 습관을 가지고 살아왔는지에 따라 살아온 결과로서 뇌에 나타난다. 그래서 평생동안 형성된 습관을 하루아침에 고치기 어려운 이유이다. 어려서부터 부모가 우성적인 좋은 습관으로 평생동안 살아가도록 교육을 해야 하는 이유다. 수술로써 잘못된 뇌의 구조에 변화를 주어 습관을 바꿀 수 없고, 신경계를 포함한 해부학적인 구조를 바꿀 수 있는 것이 아니다. 방법은 전술한 바와 같이 어려서부터 자연의 우성적 습관을 가지고 인생을 봉사하며 이타적 희생적으로 잘 살아가는 길밖에 없다.

이와 같이 사람이 태어나서 긍정적인 양질의 습관을 배양하도록 길러지면 뇌가 우성적인 인자를 많이 가지게 되고, 건강도 좋아지며 사회적으로 좋은 일을 많이 하고 성공할 가능성이 높다는 것을 알 수 있다. 반면에 부정적인 악습관이 길러지는 환경에서 자라게 되면 열성적인 인자를 많이 가지게 되고 사회적으로 문제아가 될 소지가 많고, 건강도 나빠지고 범죄 성향이 강하여 사회적으로 도태되어 실패할 가능성이 높다는 것을 입증하고 있다. 습관의 중요성을 인식하고 긍정적이며 밝고 깨끗하고 올바른 습관을 양성하여 성공하는 인생을 살도록 노력하자.

3. 먹고 살만하니 죽게 된다

　사람이 힘들게 고생하며 살다가 경제적으로 부유해지면서 어느 정도 생활이 안정됐을 때 죽게 된 사람을 가리켜 '먹고 살만하니 죽게 된다'는 말을 한다. '나는 불행하다'고 생각하면 그것에서 벗어나기 위해 투쟁호르몬계와 각성제계의 모르핀이 분비된다. 또한, '나만 잘되면 된다'는 식의 이기적인 욕망을 가져도 투쟁호르몬계와 각성제계의 모르핀이 분비된다. 투쟁호르몬계와 각성제계 모르핀의 특징은 근육을 쓰는 데는 적당하지만, 대량의 활성산소를 발생시키기 때문에 사람의 몸을 연소시킨다. 이처럼 '나는 불행하다'고 생각하는 사람이나 '나만 잘되면 된다'는 식의 우울증이나 이기적인 욕망에 빠져있는 사람은 활성산소의 독으로 말미암아 명을 재촉하는 결과를 가져온다. 수명 자체는 텔로미어(세포를 재생하는 것, 일생에 50회 재생을 하면 다시는 재생이 안 되고 세포가 사멸한다. 예를 들어, 사멸하면 주름살을 만든다)의 길이가 점차 짧아지면서 결정되지만, 이 길이에 영향을 미치는 것은 우리의 생각이다. 대량으로 활성 산소를 많이 발생시키는 생각은 자기 세포를 연소시켜버리고 세포를 다시 만들기 위해 텔로미어가 쓸데없이 짧은 시간에 낭비되어 주어진 수명은 확실히 짧아질 수밖에 없다.

　치열한 경쟁 사회를 살아가기 위해서 말을 함부로 하고 이기적인 사고로 나만 잘되면 된다는 식의 무차별적 경쟁의식은 열성적인 사고로서 활성산소를 많이 배출시켜 생명을 단축시키게 된다. 많은 세포들이 약화하여 질병에 취약하게 되고 암이나 각종 질병에 걸릴 확률도 높아진다. 남에게 모질게 하지 말고, 이기적 사고도 버리고 우리는 한가족이라는 이타성을 발휘할 때 우리의 뇌가 본성을 회복하고 건강해져 장수를 누릴 수 있다.

투쟁호르몬과 각성제계의 모르핀이 분비를 촉진하는 이기주의를 버리고, 이타성을 발휘할 때 몸에서는 뇌 내 모르핀과 같은 양성 호르몬을 분비시켜 뇌를 맑게 만든다. 머리가 맑아지는 것은 뇌의 의식이 깨어난다는 의미다. 의식을 깨어나게 할 수 있는 민간요법을 보면 침술이나 쑥뜸술이 효과 면에서 의학적으로 논란이 있기는 하지만 신경을 통하여 잠들어 활동성이 떨어진 뇌세포에 자극을 주어 의식을 깨워 활성화 시켜주는 작용을 한다는 의미에서 환자의 건강 개선에 어느 정도 효과가 있다.

이런 이치로 보면 온탕 냉탕 사우나를 하는 것도 온몸에 연결된 신경을 통하여 뇌세포에 자극을 주게 되므로 뇌세포가 활성화되어 어느 정도 몸 상태가 좋아졌다고 느낄 수 있다. 그래서 노인들은 사우나 후에 실제로 몸에서 개운한 느낌을 받기 때문에 온탕 냉탕 사우나를 반복하게 된다. 몸에 영향을 주는 정도는 자극할 때 가장 좋고 시간이 지나면서 점점 자극이 줄어들어 원상태로 회복될 가능성 있다. 그런데 지나치면 오히려 독이 될 수가 있다. 신체는 의식상태가 맑으면 컨디션이 좋다는 느낌을 받고 몸이 덜 아프게 느낀다. 실제로 의식이 맑으면 몸이 아프지 않는다. 의식이 흐리멍텅하고 흐트러지면서 몸이 아파온다. 그래서 일찍 일어나는 규칙적인 생활이 필요한 이유다. 보통 아프기 전의 전조 현상을 보면 머리가 아프면서 신체의 어느 부분에 탈이 와서 몸져 드러눕게 된다. 이처럼 머리가 아프다는 것은 뇌가 신체조절 능력을 상실한 것을 알려주는 신호다. 기절한 사람에게 찬물을 부어 뇌를 깨어나게 하거나 사타구니와 같은 민감한 부위를 만져 의식을 깨우기도 하는데 뇌에 자극이 몸을 깨어나게 하는 것을 알 수 있다. 이런 현상을 접하며 신체에서 뇌의 의식이 중요하다는 것을 알 수 있다.

그러나 침술, 쑥뜸, 사우나 같은 것은 일시적인 것이고 인위적 자극은 과유불급(過猶不及)이 될 수 있어 근본적인 방법은 아니다. 따라서 지속적이고도 자연스럽게 뇌를 강하게 만드는 것이 필요하다. 즉, 항상 아침 일찍 맑은 공기 속에서 산책하면서 자연과 교감을 하게 되면 침이나 쑥뜸, 사우나를 통하여 임시방편으로 잠깐 뇌를 자극하는 것과는 다르다. 근본적으로 뇌를 강화시켜준다. 자연의 숲과 식물들이 영롱하게 맺힌 새벽이슬을 털고 태양이 뜨는 대지의 기운을 받으며 깨어나는 시간에 사람의 뇌가 그 자연과 교감하며 그런 기운에 동화되면 더 할 수 없이 활력적이고 명철한 뇌가 만들어진다. 이런 뇌는 강한 생명력으로 무장되어 면역성이 증가되어 질병에 강하고 활력적인 인생을 담보한다.

주변에서 볼 수 있는 다른 실례로 의식의 중요성을 살펴보자. 장시간 활어를 운반할 때 수조 밑에 상어 등 천적을 함께 두면 고기가 더욱 활기차게 오래 살아 있다. 반대로 천적 없이 편안한 상태로 운반하는 고기들은 오히려 빨리 죽어 생존율이 낮다. 생명체는 생존을 위협받는 상태에서 의식이 더욱 깨어있어 뇌세포가 더욱 활성화되기 때문이다. 생존의 위협에 직면하여 뇌세포가 신진대사를 더욱 활발하게 하니 고기가 생생하게 살아 있는 것이다. 이로써 의식 상태와 신체의 연관상태를 추측해 볼 수 있다.

운반되는 활어처럼 뇌를 훈련받고 사는 사람들이 있는데 '바쁘고 힘들어 아플 틈도 없다'고 말하는 사람들이다. 겉으로 보면 그들의 삶은 힘들어 보이지만 바쁘지 않은 사람보다 오히려 병에 더욱 강해 보인다. 새벽에 일찍 일어나 일터로 나가고 하루종일 일에 파묻혀 살다 보면 몸이 아플 시간이 없다. 가족의 생계를 짊어지고 생업에 쫓겨 살다 보면 의식이 강해져야 하기 때문이다. 내가 쓰러지면 가족이 모두 길거리에 나앉는다거나 가족 모두가 힘들어지게 된다는 위기의식이 몸을 더욱 강하게 만든다. 그러나 그런 효과가 영원히 지속될 수는 없는 것이다. 긴장 상태가 장시간 지속되다 보면 정상 상태에서의 뇌의 균형을 무너지게 하기 때문이다. 이런 사람들의 생활을 보면 나중에 경제력 향상으로 생활이 개선돼, 몸은 오히려 더 편안하지만, 의식의 긴장이 이완되어 삶의 의욕을 잃게 되고 아프지 않던 몸이 서서히 나쁜 반응이 와 어느 날 드러눕게 된다. 마치 사람이 '먹고 살만하니 죽게 된다'는 말을 입증이라도 하는 듯하다. 어느 정도 가업을 이룬 사람이 나태해진 몸에서 큰 병이 나타나게 된다. 이런 사람 중에는 잘 살기 위해 치열하게 경쟁하며 산 사람들이 많다. 그런 경쟁에 노출되어 자신의 뇌를 함부로 사용하여 타인을 가슴 아프게 했을 가능성도 높다. 사람은 그래서 돈도 중요 하지만 다 함께 상생하는 긍정적 의식으로 살아야 하고 적당한 휴식이 필요한 것이다. '돈을 잃으면 조금 잃는 것이요, 명예를 잃으면 많이 잃는 것이요, 건강을 잃으면 다 잃게 되는 것이다'라는 말의 의미를 새길 만하다. 살기 위해 돈을 벌지만, 돈을 위해 건강 자체가 위협을 받을 수 있다는 것을 또한 간과하면 안 된다.

이처럼 뇌의 의식은 동기 부여가 중요하다. 잠재되어 있는 의식을 깨어나게 하여야 면역성이 높아진다. 이렇게 바쁜 사람들의 의식을 좋게 만드는 방법으로는 명상기법을 통하여 뇌파를 알파파로 바꾸는 것도 한 가지

어떻게 살 것인가? 175

방법이다. 산에서 등산하거나 강이나 바다와 들에서 자연과 교감하면 뇌파가 알파파로 바뀌며 활성화가 된다. 조석으로 찬물 목욕으로 머리를 맑게 하는 것도 청명한 뇌 의식의 회복에 도움을 줄 수 있는 방법이다. 깨끗하고 강한 뇌는 병이 없다. 무엇보다 내 머리에 더러운 것(나쁜 열성의 습관들)은 없는지 살펴보고 깨끗이 버리는 것이 무엇보다 중요하다.

　아울러 아침 일찍 일어나 산책을 하는 것은 더할 수 없이 좋다. 바쁜 현대인들이 뇌를 활성화하기 위해서는 아침형 인간으로서 생활해야 한다. 자연의 만물은 새벽의 싱그러운 기운을 받아 기지개를 켜고 소생한다. 뇌도 자연의 일부로서 새벽의 신선한 공기와 기운을 맛보면서 깨어나고 식물처럼 생생한 감각을 발휘하여 예지력을 발달시킨다. 새벽에 나무와 풀을 보고, 부드러운 바람을 맞으며, 새소리를 들을 수 있는 것은 뇌가 자연의 일부로서 일체감을 갖고 자연과 교감하며 그 기운을 충만하게 흡수하여 생명의 에너지를 얻는 기회를 제공받는 것이다. 저녁형 인간보다는 아침형 인간이야말로 자연의 섭리에 보다 부합되는 삶을 사는 사람이다. 뇌가 생생하게 살아나니 몸이 자연히 활력이 넘치고 의욕이 살아난다. 뇌가 나무의 깊고 튼튼한 뿌리처럼 왕성하고 싱싱하게 작동을 하므로 신체가 건강해져 건강장수에 유리할 수밖에 없다. 이렇게 의욕이 넘치는 뇌와 신체는 자신감이 충만하여 생활에 활력을 주고 성공하는 원동력으로 작용한다. 아침 뇌의 1시간은 밤 뇌의 3시간에 해당하는 일을 할수 있다. 아침 일찍 일어나는 습관은 뇌를 활성화하여 총기(聰氣)를 가진 뇌로 만든다. 아침형 인간은 각종 스트레스와 잘못된 섭생으로 엉망이 된 뇌세포를 조절 수복하여 면역성을 높여준다.

4. 절대권력자는 상대적으로 단명한다

"무릇 자기를 높이는 자는 낮아지고 자기를 낮추는 자는 높아지리라." 는 老子의 道德經 제22장에 나오는 말이다. "不自見故明, 不自是故彰, 不自伐故有功, 不自矜故長. 즉, 스스로 드러내지 않기에 밝게 빛나고, 스스로 옳다 하지 않기에 돋보이고, 스스로 자랑하지 않기에 그 공로를 인정받게 되고, 스스로 뽐내지 않기에 장구하다." 이와 같이 성인은 항상 몸에 도(道)를 지니고 살아갈 것을 설파하였다.

뇌의 구조는 자신을 낮춰 상대방에게 성심성의를 다할 때 긍정적으로 잘 발달하고 무궁무진한 그 본래의 기능을 발휘하게 설계되어 있다. 자신이 옳다고 주장하며 화를 내거나 자신을 높이면 뇌는 긴장을 하고 나쁜 호르몬을 분비하여 뇌의 기능을 상실하게 한다. 특히, 자신이 윗사람으로서 높다는 의식을 가지면 뇌가 거만해지고 태만해지면서 생생하게 활성화되지 않고 뇌가 압박을 받아 의식이 잠이 든다. 반대로 자신을 낮추어 상대에게 호감을 가지고 높게 대하면 뇌파가 아주 편안한 알파파 상태가 되어 매우 활성화되면서 본래의 기능을 십분 발휘한다. 자신의 의식을 겸손하고 부드러우며 친절하게 가지면 자신도 모르게 스스로 행복감에 젖는다. 양질의 호르몬이 분비되기 때문이며, 뇌가 자신의 몸을 건강한 체질로 만들어 준다.

물은 항상 높은 곳에서 낮은 곳으로 흐르는 도리를 안다. 물은 낮은 자세로 임하여 모든 생명체에게 생명의 에너지를 공급해 준다. 강이나 바다에 흘러들어가는 과정에 온갖 일을 겪으면서 만물을 소생하게 한다. 갖은 고초를 겪으며 좋은 일을 하여 가장 낮은 곳에 임한 다음에는 또한 언제든지 여건이 성숙되어 가장 높은 곳으로 오를 수 있다. 즉, 수증기로 증발하여 기체 상태가 되면 하늘 높이 오를 수가 있다. 이처럼 자연의 원리는 타 생명체에게 희생봉사를 하며 이타적인 생명체가 결국은 자연에서 우위를 점하고 자유자재(自由自在)하도록 설계되어 있다. 자신을 높이려고 하는 사람은 뇌가 잘못되어 건강을 잃어 추락하게 되고, 자신을 낮추는 사람은 뇌가 활성화되어 건강과 총명한 두뇌를 얻을 수 있게 된다. 이처럼 사람도 희생 봉사하는 생활을 하는 사람이 우성을 많이 갖게 된다. 이것은 모든 사물이 존재 발전하는 우주의 기본 법칙이다. 이기적인 것이 이기는 논리라면 현재의 우주는 존재하기 힘들었을 것이다. 이 세상이 이기적인 목적으로 싸워 이기는 승자만의 몫이었다면 세상은 벌써 모두 파경을 맞았을 것이다. 우주와 지구의 역사가 수십억 년씩 이어져 오고 생물이 계속 진화 발전하는 것을 보면 선(善)이 위에 있음을 증명하고 있다. 낮은 대로 흐르는 물이 안정감이 있다. 사람도 무릇 물과 같이 인간사회 어디에 처하든 부드럽고 겸손하며 낮게 임하여 사회에 도움이 되는 유익한 그릇이 되어야 한다. 이는 자신을 위하는 행동이다. 낮게 임하는 자는 자연의 모습에 가깝다.

그런데 절대권력을 가진 황제가 낮은 자세로 임하기란 쉬운 일이 아니다. 그래서 그런지 절대권력자들이 호의호식하며 모든 것을 누리고 잘 살았을 테지만, 왠지 건강장수와는 거리가 있다. 그럼에도 역사적으로 낙천적이고 애민하는 통치를 한 왕들은 대체로 장수를 한 것으로 밝혀지고 있다. 역사적으로 장수(長壽)했던 권력자들과 긍정적이고 낙천적인 성격과의 연관을 부인하기 어려운 이유다. 조선 시대 왕인 영조는 당시 왕들의 평균수명이 46세인데 반하여 83세까지 생존을 했다. 영조가 장수한 것은 소식 습관이라든지 양생법이라든지 다른 장수 요소들이 많다는 학설이 있다. 하지만 영조 자신도 소수 집단으로 한 당파를 엎고 정치를 해야 하는 처지에 탕평책(계층과 지역과 당파를 초월하여 인재등용)을 실시하고, 혈세의 고통에 시달리는 백성을 연민하여 세를 경감하는 균역법을 실시했다. 또한, 인간에게 가혹한 형벌제도를 고치는 등 위민사상(爲民思想)으로 조선 시대 부흥기를 이끌었던 것을 부인할 수 없다. 물론 학자마다 쟁론의 여지가 없지 않으나, 전반적으로 왕성한 활동력을 발휘하여 조선의 정치, 경제, 문화적 부흥기를 이끌었다고 할 수 있다. 그런데 그의 정책에서 생명체의 기본적 불편과 고통을 자신의 고통과 동일시하는 긍정적 의식을 엿볼 수 있다.

중국의 역대 권력자 중에서는 근대 청나라 시대 건륭황제가 가장 장수하였다. 당시 황제들의 평균수명이 52세인데 반하여 건륭황제는 89세까지 살았다. 절대 권력시대의 평균수명이 정변에 의한 사고사를 포함하는 것이어서 평균 수명이 낮아진 것을 감안하더라도 평균수명에 비하여 거의 두 배의 수명을 살았다는 것은 결코 예사롭지 않다. 건륭황제가 장수에 양생법을 실천한 것이 영향을 주었다고 하지만, 공교롭게도 그의 성격이 매우 낙천적이며 긍정적이었고 한다. 절대권력을 가진 황제였지만 유머를 즐길 줄 알고 황제의 권위의식을 버리고 서민 속에서 생활하며 애민사상을 몸소 실천한 황제로 유명하다. 두 권력자는 우연의 일치였을까?

현대는 대부분 민주주의 국가체제로 지도자를 자유선거로 선출한다. 선출되기 전에는 서민의 편에 서서 서민의 고통과 아픔을 치유하는 정책은 무엇이든 앞장서서 추진하겠다고 공약(公約)한다. 서민이 사는 누추한 집을 찾아다니며 서민들의 각박하고 고달픈 삶에 가슴 아파하고 눈물을 흘리기도 한다. 하지만 일단 대권을 잡고 난 후에는 어떤가, 국민의 소리에 귀를 막고 소통하지 않으며 무시한다. 대권을 잡기 위한 거짓말 공약(空約)을 했다는 것을 아는데 그다지 많은 시간이 필요하지 않다. 자기 편리대로 재벌이나 가진 자들 편에 서서 정책을 펴고 서민에 군림하며, 반대파나 약자에게 한 치도 양보하지 않고 모든 것을 움켜쥐려는 무소불위의 권력을 휘두른다. 이제는 아쉬운 소리 할 일 없으니 신의와 약속을 지키지 않고 민낯을 그대로 드러낸다. 약자가 양보하는 것도 아름답지만 약자는 힘이 없기 때문에 어쩔 수 없이 포기할 수 없는 마지막 보루를 움켜쥐게 되어 있다. 약자의 양보가 때로는 굴복이고 비겁이 될 수 있는 이유다. 강자는 많은 것을 가졌기 때문에 진정한 양보의 권리가 있다. 강자가 약자를 보듬어 위로할 때 아름다운 향기는 천리를 간다. 쿠데타를 성공한 독재자들의 행태를 보더라도, 초창기에는 감언이설로 어쩔 수 없이 국민을 위해서 총을 들 수밖에 없었노라고 읍소하다가도 집권이 안정기에 접어들면 권력의 달콤한 맛에 취해 반대 세력은 모두 악의 세력으로 규정하고 장기집권을 획책하며 인권을 유린하고 인명까지도 파리 목숨처럼 하찮게 짓밟는다. 결국, 자기 자신도 민중의 힘으로 더욱 하찮은 존재가 되어 몰락의 길을 걷게 되기까지 그다지 오래 걸리지 않는다. 이처럼 인간은 총명한 듯하지만 아직까지 인간의 머리는 자연의 희생봉사 의식을 가지고 실천하는 것이 매우 어렵고 힘들다는 것을 보여준다. 위에서 군림하고 휘두르는 권력의 맛은 달콤하다. 그러나 달콤한 권력을 휘둘러 군림할 때 뇌에서는 무서운 독이 형성된다는 것을 모르고 산다. 힘 있는 자가 권력을 휘두를 때 범

생명체들은 불안에 떨고 불편해하며, 권력자가 상생을 위해서 서로 대화하고 양보할 때 범 생명체들은 안심되고 세상은 편안해진다. '칼은 칼집에 있을 때 제일 무섭다', '권력은 사용하지 않을 때 제일 권위가 선다', 지도자는 무릇 숨 쉬는 공기와 같이 드러나지는 않지만, 국민에게 없어서는 안 되는 유익한 존재가 되어야 한다. 강자의 양보하고 포용하는 의식은 자연의 희생봉사 의식처럼 향기를 품고 세상을 아름답게 만든다. 자연계에서는 자기가 높다는 의식을 갖게 되면 스스로에게 치명적인 독이 되어 도태된다.

이처럼 국민의 권한을 위임받아 단 몇 년간 일하는 민주주의 시대의 지도자도 함부로 사용하는 권력의 힘이 하늘을 찌른다. 하물며 국가와 나를 동일시 하던 전제군주 시대에 황제들은 절대권력을 손에 쥐었는데 그들의 의식이 얼마나 권위적이고 우월적이며 딱딱하고 부정적으로 형성되었을까. 그 권좌가 매우 위엄 있고 하늘처럼 떠받들어지기 때문에 쉽게 권위의식에 사로잡혀 권력을 사용하다 보면 뇌는 열성적 습관을 갖게 되고 자기의식은 높은 곳을 향하게 된다. 뇌의 긍정적인 의식은 흐르는 물과 같이 낮은 곳을 향할 때 막힘이 없이 활성화될 수 있는데, 이런 열성인 권위적 의식에 노출되어있는 환경은 자신의 건강에 독이 아닐 수 없다. 사람의 뇌 상태가 햇볕처럼 밝고 바람처럼 경쾌해야 한다. 권력자들은 자연과 상반되게 어둡고 무거운 권위의식이 자기 안에 똬리를 틀고 앉아 있을 가능성이 높다. 그런 습관이 지속되면 스스로 우울해지게 되는데, 그래서 황제들이 기분을 전환하고자 자주 연회를 베풀지 않았을까. 입이나 혀를 매우 권위적으로 함부로 놀려 말하고, 사람 목숨 정도는 한마디 말로 파리 목숨으로 만들 수도 있었을 테니 그 뇌의 상태가 어땠을까? 웬만큼 수양하지 않은 권력자라면 거의 모든 열성인자를 가지고 있을 가능성을 배제하기 어렵다. 섭생은 잘했겠지만, 반면 타락한 생활도 했을 것이고 뇌를 함부로 사용하여 상태가 좋지 않았을 것이다. 절대권력자들 대부분이 장수하지 못하는 원인으로서 열성적인 뇌 상태와의 연관관계를 부인하기 어려운 이유다.

자기가 황제라 할지라도 아랫사람에게 함부로 하지 않으며 낮게 임하여 친구처럼 친근하고 다정하게 말할 수 있고, 머리와 목에 힘을 주지 않고 부드럽고 인자하게 하면 뇌의 상태는 자연이 요구하는 긍정의 상태와 일치하여 자연의 우성이 누리는 혜택을 똑같이 누릴 수 있다.

조선조의 영조, 중국 청조의 건륭 두 권력자는 가장 높은 곳으로부터 가장 낮게 임하여 백성들과 상생하며 더불어 사는 여민락(與民樂)의 도리를 체득한 사람들이었는지도 모른다. 자기를 낮추면 뇌는 자연이 요구하는 가장 이상적인 상태가 되어 강력한 힘을 갖게 된다. 이렇게 형성된 건강을 바탕으로 활력적으로 사람 관계를 해나갈 수 있다면 사회생활에 성공할 가능성이 매우 높다. 인생에서 건강과 성공을 동시에 얻을 수 있다. 인생에서 이보다 더 높아질 필요가 있을까? 두 권력자의 예에서 볼 수 있듯이 낮게 임하는 것이 이미 자연에서 높은 경지에 오른 것임을 알 수 있다. 비록 자신이 높은 곳에 처해 있을지라도 자신을 의식적으로 낮춰야 한다. 그래야 나의 뇌가 산다. 우선 자기 자신을 버리고 '내가 높은 사람이다, 내가 잘났다, 나는 많이 안다, 나는 나쁜 짓 안 하고 바르게 살고 있으니 내가 항상 옳다, 내 주장은 틀리지 않았다'고 하는 자만감과 자기주장을 버려야 한다. 또는 '나는 어른이다, 나는 힘이 세다, 나는 부자다'고 하는 오만하고 교만한 의식을 버려야 한다. 이것들은 모두 자연에서 보면 열성적인 인자로써 자신의 의식을 병들게 만들고 뇌를 약화시켜 건강을 파괴하는 바이러스에 불과하다는 것을 알아야 한다. '나는 수많은 생명체 중에 먼지 같은 작은 존재다. 나는 결코 잘난 존재가 아니다. 나의 존재가 나도 모르게 동등한 생명체에게 상처를 줄 수도 있다'고 생각하며 자신을 버리고 상대를 배려하는 자세로 살아야 한다. 피상적인 생각으로 버리는 것이 아니라 진심으로 모든 의식을 개방하여 상대가 누구든지 불문하고 언제든 그들의 발밑에 무릎이라도 꿇을 수 있다고 생각하며 평등하고 개방적인 자세로 임해야 한다. 그래야 권위 의식으로 똘똘 뭉쳐 있는 자신의 의식을 개방시켜 해방시키고 자기 자신이 자유자재할 수 있다. 그래야 총명하고 활성화된 두뇌를 갖고 건강을 유지하며 무릇 사람의 존경을 받을 수 있다.

중국 진나라 때 이사(李斯)가 진시황(秦始皇)에게 한 말로 "백성은 모두가 귀천 없이 똑같이 존귀한 존재이므로 귀하게 여겨야 한다." 는 말을 했다. 泰山不辭土壤故能成其大 河海不辭細流故能就其深(태산은 한 줌의 흙일지라도 마다하지 않고 받아들였기 때문에 능히 그 높음을 이룰 수 있었고, 바다는 작은 물줄기라도 가리지 않고 받았기에 능히 그 깊음을 취할 수 있었다). 진시황은 그의 말을 경청하여 지역색과 당파를 초월하여 능력 위주로 평등하고 균등하게 인재를 등용하여 중국 최초로 통일 국가를 완성하는 위업을 달성했다. 우리의 삶에서 보편적으로 경계를 삼을 만한 내용이다. 세계 초강대국들이 백년 전에 각국의 이해관계에 따라 우리에게 통렬한 고통을 주었던 것처럼, 다시 전열을 정비하여 한반도를 둘러싸고 호심탐탐 각축전을 벌이는데도 우리는 사분오열되어 바람 앞에 촛불처럼 불안하기 그지 없다. 동북아시아 조그만 끝자락에서 남북으로 허리가 잘리고 거기서 또 지역으로 나뉘고, 또 진보 및 보수 이념과 종교로 갈리어 서로를 반목하고 대립하며 나만 잘 먹고 잘 살면 상관없다는 의식에 젖어 있는 우리는 뼈저리게 반성해야 한다. 우리 피에는 이웃과 상생화합 하지 못하는 분열의 유전자가 불행한 운명을 스스로 만들어 가고 있는지도 모른다. 상생화합하고 이타적이며 소통하는 의식을 가진 뇌가 절실히 필요한 민족이라는 생각이 든다. 또한 개인적으로는 작은 일이라도 소홀히 하지 말아야 큰일을 이룰 수 있다는 것을 말해 준다. 즉, 타인이 자신의 약점을 말한다고 하여 그를 미워하지 말아야 한다. 그가 나의 약점을 말하는데도 내가 그를 미워하지 않는다면 나는 많은 것을 배우는 사람이 된다. 이처럼 그를 통하여 내가 배울 수 있다면 그는 또한 나의 스승이 될 수도 있다. 자연이나 사람이나 세상 모든 것이 나의 배움의 대상이라고 생각하고 수양을 하면 모두가 스승이요, 나는 누구에게나 학생이 된다. 말뜻대로 실천하면서 남을 배려하는 마음, 자신에 대한 엄격함, 절약정신을 배양할 수 있다. 황제도 자신을 낮출 때에 많은 것을 얻는다. 우리가 자신의 주변에 흠모하고 존경하는 사람을 모실 수 있다면 자신의 뇌 건강을 위하여 행운임을 알아야 한다. 집안의 어른, 선생님, 인생의 멘토 등 존경하는 사람을 항상 공손하고 예의 바르며 부드럽게 모시는 것은 자신의 뇌를 훈련시키는 데 더할 나위 없이 좋다. 사실 굳이 그런 훌륭한 사람이 꼭 필요한 것은 아니며 환경은 자신이 만들기 나름이다. 사람은 누구든지 한 가지 장점은 있게 마련이므로 누구든지 그런 면모를 존중하고 배우면 된다. 즉, 자신을 낮출 수 있다면 세상의 모든 사람이 나의 훌륭한 스승이 되고 나를 돕는 은인이 된다. 항상 타인에게 배우는 자세로 작은 일에도 정성을 쏟아 일한다면 일차적으로 뇌가 좋은 호르몬을 분비하여 신체에 건강을 주고, 이차적으로 긍정적인 의식을 가진 자신을 보고 주변에 좋은 사람들이 모여들어 인생을 성공적으로 살 수 있게 한다.

5. 화내고 야비하며 거짓말을 하는 것은
자살행위와 같다

　유쾌한 감정을 느끼면 뇌에서 뇌 내 모르핀 분비가 이루어지기 때문에 몸에 좋지만, 불쾌한 생각을 하고, 화를 내고, 미워하고, 시샘·질투를 하면 아드레날린계의 독성 호르몬이 분비된다. 동물이 많은 병에 걸리지 않는 중요한 이유가 인간처럼 나쁜 머리를 쓸 줄 모르고 또한 쓸데없이 화를 내서 활성산소를 발생시키지 않기 때문이다. 동물들은 배가 고플 때 생존을 위해 본능적으로 근육을 움직여야 할 때 활성산소를 발생시키며 또 이 독성 호르몬을 이용하여 사냥하는 데 쓴다. 반면에 사람은 근육을 움직일 필요가 없을 때도 스트레스를 받으면 노르아드레날린계의 독성 호르몬이 분비되면서 활성 산소를 발생시킨다. 독성 호르몬으로 운동하거나 몸을 움직여 사용해 버리면 문제가 없지만, 불쾌한 감정으로 화를 내고 근육을 사용하지 않으면 몸속에서 활성 산소가 만들어져 쌓인다. 활성 산소는 자기 스스로 유전자를 손상시키고 파괴해 버리며, 파괴된 유전자는 특수한 종류의 단백질을 만들기 시작한다. 이러한 단백질 덩어리가 결국 암을 만들고 고혈압, 동맥경화, 당뇨병, 뇌졸중, 심근경색, 위궤양 등의 원인이 된다. 그러므로 스트레스를 받고 화를 내는 일은 건강에 치명적인 독성을 발생시키고 각종 병의 원인을 만드는 것이니 자살행위와 같다. 이런 상태에서 거짓말을 하거나 야비한 머리를 쓰게 되면 뇌는 견디기 힘들 정도로 스트레스를 받는다. 거짓말하는 것이 습관이 되면 말을 하는 입과 생각하는 뇌가 불일치되어 말이 꼬이게 되고, 뇌가 생각하는 것에 혼선이 와서 스스로 헷갈려한다. 뇌가 자연 경로를 이탈하여 뇌 회로가 잘못돼 기능에 치명적인 이상이 오게 된다.

　예를 들어 도로망이나 교통체계가 아무리 잘되어 있어도 모두가 교통 신호를 안 지키면 혼란이 초래되고 교통이 마비되어 사고가 나는 것처럼 야비한 머리를 쓰거나 거짓말을 하게 되면 뇌와 신체에 심각한 혼란과 기능 마비를 초래하게 된다. 또한, 거짓말을 하거나 야비한 머리를 쓰는 등 뇌에서 열성적인 인자의 성격으로 생활하게 되면 통신망과 도로망이 마비되는 것처럼 뇌와 신체에 심각한 기능 마비를 초래할 수 있다. 거짓말을 하고 야비한 생각을 하면 고속도로처럼 잘 닦여 있는 뇌와 신경세포 간의 전달 회로를 꼬이게 만들어 뇌의 본래 순기능이 점점 약화된다. 마치 고속도로가 파괴되면 국도나 일반도로 또는 황무지를 달려야 하는 자동차와 같이 속도가 느려지고 정체 구간이 발생하며 아예 기능이 마비되어 전혀 역할을 못하는 위험한 상태에 빠지게 되는데 이쯤 되면 신체에서는 건강에 적신호가 켜진다. 뇌 기능이 약화되면 피부도 윤기를 잃으며 신체기능이 활력을 잃고 시간이 흐르면 문제가 생긴다. 개개인의 건강에 중대한 영향을 미치는데 열성인자를 얼마나 가졌는지 또는 우성 인자를 얼마나 가졌는지에 따라서 다르게 나타난다. 개개인에 따라 다르지만, 섭생과 규칙적인 생활을 얼마나 잘했는지와 열성, 우성을 얼마나 가지고 살아왔는지에 따라 중년의 나이에 문제가 올 수도 있고 더 빨리 문제가 올 수도 있다.

　화냄, 야비함, 거짓말 등은 자연계에서 도태되어져야 하는 열성인자다. 화냄, 야비, 거짓말 등 열성적 인자를 사용하는 것은 뇌에 폭탄을 터뜨리고 자살연습을 하는 것과 같다. 인간이 특히 이런 열성적인 성격을 무조건 버려야 하는 이유다. 사람들이 스트레스를 받고 불쾌한 감정에 사로잡혀 생활하는 것이 어느 정도 좌뇌의 사용에 치중하는 생활에서 비롯된 측면이 많다. 이것을 바꿔 주기 위하여 뇌 내 모르핀이 나올 수 있는 우뇌를 사용해야 한다. 즉, 명상이나 운동, 등산, 식이요법, 독서 등을 통하여 어느 정도 해소를 할 수 있다. 그러나 무엇보다 화내지 않고 거짓말하지 않으며 야비하지 않아야 하고, 긍정적이고 희생봉사의 아름다운 의식으로 사는 것이 최고다.

또한, 서로 돕고 더불어 사는 자연계에서 자신을 감추는 것은 자연의 이치와 맞지 않다. 거짓말과 더불어 드러내 놓지 않고 무엇인가를 숨기는 것도 열성에 해당할 수 있는 이유다. 무엇인가를 감춘다는 것은 상대에게 위계를 도모할 수 있고, 최소한 상대를 이롭게 하는 것은 아니다. 자연의 이치는 뇌가 자신의 생각을 감추고 의도적으로 상대에게 보이지 않게 하려고 하는 그런 미묘한 감정마저도 용납하지 않는다. 정상적인 사고를 하는 자연스런 의식이 위축되고 그런 과정에서 뇌에 복잡한 회로가 형성되어 잘못된다. 따라서 누군가에게 비밀이 많고 숨기는 것이 많다는 것은 오히려 자기 자신의 건강에 이롭지 못한 열성 인자를 많이 가지게 되는 것이다. 결국, 약화 된 뇌 기능으로 언젠가는 암 등 각종 심각한 질병을 갖게 되고 그것이 불치병이 될 가능성도 매우 높다. 자연은 생성된 처음부터 밝고 맑고 깨끗하며 희생봉사 하는 것이 우성이어서 화냄, 우월의식, 야비, 거짓말, 감추기 등은 열성으로써 도태되게 설계되어 있다. 자연의 일부인 인간이 그 자연의 이치를 거스르면 마땅히 대오에서 낙오하게 된다.

우리의 삶에서 화가 얼마나 나쁘며 또한 왜 화를 참고 살아야 하는 지 한 예를 보자.

시어머니가 며느리를 꾸짖으면 젖 빨던 아이가 그 자리에서 생 똥을 싸게 된다고 한다. 아이의 수유를 위해 아무리 대자연의 정기가 담긴 음식을 정성을 다해 먹는다 해도 사람들과 불화하면 젖 먹는 아이가 먹는 것은 엄마 사랑 아닌 엄마의 화독이다.

수유기에 시름시름 앓는 아이, 잘 자라지 못하는 아이가 있다면 그 가족 관계를 살펴볼 필요가 있다고 한다. 즉, 느닷없이 아기에게 병변이 왔다면 틀림없이 부부 싸움이나 고부간의 갈등에 한 원인이 있다. 면박을 받아서 서글픈 여인은 그냥 훌쩍훌쩍 울면서 돌아앉아 아기에게 젖을 물리게 된다. 의지할 데 없는 자신의 처지를 아기에게 맡기며 받은 스트레스로 악성 호르몬이 젖을 통하여 아이에게 그대로 전달이 된다.

우리 속담에 "장맛이 나쁘면 집안이 기운다." 라는 말이 있다. 메주를 담가서 새끼줄로 엮어 벽이나 천장에 걸어두면 집안의 온갖 미생물이 메주에 달라붙어 그것을 발효시키게 된다. 그런데 그 집안에서 가족 간에 다툼이 잦다면 그 다툼의 홧김에 의해 메주 균이 죽게 된다고 한다. 그래서 메주가 꺼멓게 되고 결국 장맛이 고약해진다. 이렇듯 무서운 것이 홧김인데, 잔뜩 화를 품고서 아기나 사람을 대하면 어찌 될까? 싸움이 잦은 집에서 사는 아이들이 끊임없이 온몸에 부스럼과 종기를 달고 살고 아토피 피부염 등 난치성 질환들이 끊이지 않는다. 화로 인해 발생한 노여운 기운은 가족과 아이들의 혈관 속을 흐르며 면역성을 악화시킨다.

이처럼 화를 내고 다투면서 생활을 하며 세월이 흐르면 더불어 사는 사람들에게 치명적인 결과를 안겨준다.

자연은 밝고 깨끗하고 거짓 없이 당당하며 순수하고 수수한 그런 생물체가 생생하게 삶을 이어가도록 되어 있다. 그런 우성 유전자로 하여금 후손을 잘 번창 하도록 설계되어 있다. 현시대가 인간성이 말살되고 끔찍한 사건들이 자주 발생하고 있지만, 그래도 현존하는 인간의 유전자가 과거를 살았던 인간의 유전자보다 낫고 현재보다는 미래 인간의 유전자가 발달해 있을 것이라 믿는다. 이것은 자연의 진화 원리다.

6. 애벌레가 나방이 되기 위해서는
   자신을 버린다

　땅속에 살던 애벌레가 과거 자신의 실체였던 늙고 불편한 껍데기를 벗어 던져 버림으로써 나방으로 변신하여 날개를 달고 훨훨 날아 새로운 세상을 만날 수 있듯이 사람도 나방처럼 탈바꿈해야 새로운 세계를 경험할 수 있다. 뱀이 더 크게 성장하기 위해서는 자신의 허물(과거)을 벗어 던짐으로써 힘이 더 센 큰 뱀으로 성장할 수 있듯이 사람도 나쁜 허물(과거)을 완전히 벗어 던짐으로써 건강하고 새로운 나로 탈바꿈한다. 애벌레와 뱀이 미련없이 과거를 벗고 새로운 자신이 되어 과거 그 모습을 바라볼 수 있듯이, 나도 허물을 벗고 과거의 나로부터 완전히 탈바꿈하여 빠져나와 잘못된 과거가 또렷이 보일 정도로 변신이 되어야 한다. 과거 부정적인 나, 잘난체하는 나, 이기적이고 탐욕적인 나, 화내고 야비한 나, 열성적인 성질을 가진 나, 병 걸린 나, 잘 못 된 모든 나를 송두리째 버리고 새롭게 태어나야 한다. 새로운 나는 누구를 탓하거나 원망하지 않는다. 누구를 미워하지도 않는다. 무엇이든 탐욕하지도 않는다. 새로운 나는 오로지 반성할 줄 알고 겸손하며 부드럽고, 한없이 친절하고 따뜻하다. 다른 사람이 아파하면 나도 가슴 아파할 줄 알고 다른 사람이 슬퍼하면 나도 따라 함께 슬퍼할 줄 아는 뜨거운 가슴을 지닌 사람이다. 즉, 신인류의 뇌를 가지게 된다. 그러면 병은 나에게서 발을 못 붙이고 자연히 물러간다.

　예로부터 수양을 하는 사람들이 흔히 하는 말 중에 '자기 자신을 버려야 한다'는 말이 있다. 말이 그렇다는 것이지 어떻게 자신을 버릴 수 있단 말인가. 자신을 진정 버리면 자신의 존재가 없어지는 것이므로 사람에게 죽으라는 말처럼 거북스럽게 들린다. 그런데 자신을 버릴 수 있는 방법이 있다. 즉, 자기의 주관적이고 일방적인 주장을 버리는 것이다. 그런데 주관적 주장을 버리는 것도 말처럼 쉽게 할 수 있는 것이 아니다. 평생 살아오면서 형성된 자신의 실체가 자아라는 형태로 자기중심에 굳건히 자리잡고 있는데 그것을 모두 버리는 것이 쉬울 리 없다. 뇌세포 구석구석에 속속들이 자신이라는 존재가 자리하고 있는데 새로운 나를 채워 넣는 일이 쉬울 수가 없다. 그래서 예로부터 자신을 버리는 것은 매우 높은 단계의 수양에 속한다.

자신을 버릴 수 있는 방법은 자기중심적 사고와 기득권을 가진 자신을 땅바닥에 내려놓는 것이다. 즉, 똑똑하고 잘난 나, 잘 생기고 예쁘고 멋있는 나, 권력이 있는 나, 돈이 많은 나, 인기가 있는 나, 독보적 재능이 있는 나를 그런 의식으로부터 철저히 해방시켜 겸손하게 원래의 수수한 자리에 내려놓아야 한다. 비록 자신이 이런 부류의 사람이라 할지라도 절대 드러나지 않게 살 수 있다면 그는 진정 잘난 사람이다. 그러나 이런 강점들을 드러내지 않고 내면으로 간직하고 상대방에게 전혀 느끼지 않게 한다는 것이 그렇게 간단한 일이 아니다. 하지만 자연의 이치는 나의 내면에서마저도 그런 의식을 가지고 있으면 안 된다. 그래서 진정으로 진실 되고 깊이 있는 수양이 필요하다.

자신을 버리기 위해서는 우선 그런 우쭐한 자존감부터 버려야 한다. 사람의 귀천을 따져서 대하지 말고 모든 사람들을 소중한 인격체로 똑같이 존중해 주고 겸손하고 부드럽고 친절하게 맞이해야 한다. 상대의 말은 긍정적으로 받아들이고 경청해 주는 태도로 임해야 한다. 이렇게 함으로써 자신의 전인적 인격이 형성되고 자신을 버릴 자세가 되는 것이다. 내가 상대방보다 낮다는 자세로 임하면 생각을 통한 뇌세포 활동에 도움을 준다. 사람들은 대부분 자신이 상대방보다 높기를 바란다. 그래서 자신을 버리는 것이 어려운 것이다. 하지만 내가 상대방보다 낮은 사람이라는 의식은 나의 뇌를 가장 편하고 긍정적인 상태로 만들어 준다. 따라서 상대방의 뇌는 나를 아주 편하고 반갑게 대할 수 있는 상대로 바라보기 때문에 나를 좋아하게 된다. 나의 건강도 좋아지고 상대방으로부터 호감을 받을 수 있기 때문에 일거양득이다. 따라서 나를 낮추는 일은 오히려 나를 높이는 일이 된다.

입과 혀를 부드럽게 움직여 상대에게 살가운 목소리가 전달되도록 해야 한다. 상대에게 매우 호의적인 태도로 임해야 겸손하고 부드러운 목소리가 나오게 된다. 반대로 목구멍에서 굵은 목소리로 위압감을 주는 소리는 입으로부터 뇌까지 매우 부정적인 영향을 미친다. 상대에게 호의적인 태도로 대하려면 기쁜 마음으로 전두엽을 밝고 기쁘게 활짝 열고 둥근 입 모양을 만들어야 좋다. 그런데 살갑다고 하는 것이 평생동안 습관을 통하여 형성된 것인데 살갑게 말하고 싶다고 하여 즉시 되는 것은 아니다. 누구를 설득하려고 강한 톤으로 말을 하면 상대는 오히려 긴장을 풀지 않고 빗장을 더욱 굳게 닫아서 대화가 매끄럽지 못하고 대치국면으로 갈 수 있다. 그래서 자기의 주장을 일방적으로 전달하려는 조급함을 접고 상대가 누구든지 마음 열기를 기다려 가까운 친척과 이야기한다 생각하고 편안한 자세로 말을 하는 것은 친근감을 주는 데 많은 도움을 준다.

가령 상대방을 집안에서 상대하기 편한 '삼촌'이나 '이모'라든지 무슨 말이든 편하게 할 수 있는 대상으로 생각하고 친근한 화법으로 이야기하는 것이 좋다. 말을 편하게 할 수 있는 방법은 상대에게 대화의 우선권을 주는 것이다. 상대의 말을 많이 들어 주고 자신은 부드럽고 다정하게 핵심적인 이야기만 하면 된다. 내가 많은 말을 한다고 해서 상대가 나를 옳다고 생각할 가능성은 적다. 오히려 불필요한 말은 적게 하고 필요한 요점만 부드럽게 말하여 상대를 편안하게 함으로써 설득력을 높일 수 있다. 인체 구조에서 입이 하나이고 귀가 둘인 이유는 말을 많이 하는 것보다 상대방의 말을 더 많이 들으라고 했다는 말이 있지 않은가. 나의 모습은 있는 그대로 수수하게 보여주면 오히려 상대방이 진심을 느끼게 된다. 먼저 내가 상대를 존중하고 인격적으로 대해 주었는지가 중요하고, 상대방이 나에 대하여 받아들일지는 상대방의 의지다. 사람에 따라서 받아들일 수도 있고 받아들이지 않을 수도 있지만, 내가 최선을 다하는 것이 자연의 의지에 부합한다. 나의 인격이 제대로 형성이 되어야 하고 내가 똑바로 살아서 신인류에 가까운 뇌의 소유자가 되어야 하기 때문이다.

그런데 우리 생활은 어떤가, 현대 사회가 갈수록 언론 매체가 발달하여 더욱더 많은 언어를 사용하게 되었다. 살아가면서 경쟁에서 이기고 상대를 압박하기 위해 온갖 언어의 유희를 구사하여 언어로 첨예하게 대립하고 심지어 언어폭력이 난무하는 시대이다. 자기 자신을 버리지 못하고 타생명체에 자기존재를 과시하려 하기 때문에 의식의 방향이 그렇게 흘러가는 것이며 산업사회가 발달할수록 인간미는 떨어지고 서로 각을 세우는 추세는 심화되어 간다. 자기가 언어폭력을 하는지도 느끼지 못하고 자기를 내세워 주장하고 상대를 압박하며 산다.

자기주장이 강하고 독선적인 사람을 말할 때 '그 사람은 자신이 지구를 돌리고 있다'고 생각하는 사람이라는 표현을 한다. 이런 사람들은 자아와 신념이 매우 강하여 고집과 아집이 세다. 여러 사람에게 나쁜 영향을 주게 되고 더욱 안타까운 것은 이로 인해 자기 자신이 나쁜 질병을 갖게 된다는 것을 모른다는 것이다.

높은 위치의 사람이 권위적 의식으로 주장을 실어 딱딱하고 명령적인 말투로 상대를 강하게 압박하는 말을 해도 상대는 생각만큼 별로 압력을 받지 않고, 오히려 권위적인 의식을 가진 자신의 뇌만 깊은 상처를 입는다. 이런 습관은 자신의 뇌에서 나쁜 호르몬이 분출되고 활성산소를 발생시켜 자신의 세포를 공격하게 되는데 세월이 흐르면 자신의 몸에 암세포를 만들고 난치병을 만든다. 세포가 손상되면 텔로미어가 세포 재생을 빠르게 진행하게 되고 재생이 끝나면 생명은 짧아지게 된다. 성격적으로 부정적 요소를 많이 가진 사람은 뇌의 조절 능력이 떨어지고 악성 호르몬 분비가 많아 내장 기능도 약화되고 노화가 빨리 진행되어 같은 나이 또래보다 신체 나이가 늙어간다. 주장을 무조건 버려야 하는 이유다. 자기 자신이 존재하지 않는다고 생각해야 자기주장을 버릴 수 있다. 자신은 무형의 존재라고 생각하고, 있는 듯 없는 듯 선량하게 살다 보면 건강을 챙기고 마음의 행복을 얻을 수 있다. 그런데 그런 과정에서 덤으로 사람들에게 호감을 얻게 된다.

나는 없다고 하는 '무념무아(無念無我)' 사상은 예로부터 수양하는 방법으로 매우 중요시되어왔다. 내가 없는데 어찌 나의 주장이 있겠는가? 그러니 이를 실천 하는 것은 득도한 사람이 아니고서는 불가능하리만큼 어렵다. 더구나 수십 년 동안 성격적으로 부정적인 열성 유전자를 뇌세포에 속속들이 가지고 있는데 갑자기 긍정적인 삶을 실천하기가 어찌 쉽겠는가, 산을 옮기는 정도의 노력과 철저한 수양이 필요하다.

자연의 모습은 못나면 못난 대로 그저 항상 수수한 모습 그대로다. 그런 원리에서 새 생명이 탄생 되고 진화가 이루어진다. 약간은 다듬어지지 않은 수수한 모습, 때로는 거칠어 보이기까지 한 자연의 모습이 사실은 자연의 실체에 가깝다. 진흙탕에서 아름다운 연꽃을 피우듯이, 까맣게 타버린 덤불 숲에서 새싹을 돋아 나오게 하듯이 자연의 모습은 완벽하지도 않고 오히려 부족한 듯 보이지만, 무(無)에서 생명을 탄생시킬 수 있는 능력이 있다. 조건만 주어지면 자연은 언제 어디서든 생명체로 넘쳐난다. 자연은 그렇게 자연스럽기 때문에 자연이다. 자연스러운 것은 위대하다. 사람은 자연스러움을 넘어 자신이 최고가 되겠다는 야심을 갖게 됨으로써 모난 돌이 정을 맞는 것처럼 자연계에서 주어진 수명을 다 살지 못하고 죽어간다.

7. 말 한마디에 천 냥 빚을 갚는다

과거에는 IQ(Intelligence Quotient, 지능지수)를 중시했지만, 현대에는 사회가 발달하면서 지능지수보다 EQ(Emotional Quotient, 감정적 지능지수)나 SQ(Social Quotient, 사회성 지수)를 더욱 중시하는 사회가 되어가고 있다. EQ가 장기적으로 인생에서 개인의 행복과 성공에 더 큰 영향을 미친다는 것을 알아 가고 있기 때문이다. 즉, EQ란 상황변화를 즉시 파악하고 이를 차분히 대처하여 방안을 모색하려는 태도, 불안이나 분노 등의 감정을 억제할 수 있는 능력, 목표를 추구하다 실패를 하더라도 좌절하지 않는 의지, 갈등 장면에 직면하여 상대방의 마음을 잘 읽고 공감대를 형성하려는 능력, 집단 내에서 다른 사람들과 잘 어울리며 협력을 아끼지 않는 사회적 능력 등을 말한다. 그리고 SQ란 불우한 이웃을 돕는 것을 최고 행복의 가치로 여기며, 사회에서 사랑과 봉사를 몸으로 실천하며 사는 마음가짐이다.

긍정적인 사람은 항상 겸손하고 부드러운 말투로 상대를 기쁘게 하기를 좋아하며, 일방적으로 자기주장을 하여 상대방을 화가 나게 만들지는 않는다. 상대방이 격한 감정으로 말을 하더라도 함께 흥분하지 않고 상대의 상황을 파악하고 이해하여 설득력 있는 말로 웃으면서 응대할 수 있다. 이러한 상황 대처는 뇌의 상태에 따라서 가능할 수도 있고 어려울 수도 있다. 다시 말해 상대에게 살갑게 말을 잘할 수 있는 뇌를 가지고 있는 것이야말로 '말 한마디로 천 냥 빚을 갚을 수 있는' 성격의 소유자라고 할 수 있다. 아무나 말 한마디로 천 냥 빚을 갚지는 못한다. 긍정적이고 친근하며 살가운 성격을 가진 사람만이 그런 혜택을 누릴 수 있다. 그런 훈련이 잘 된 사람만이 예나 지금이나 상대를 감동시키고 행운을 가질 수 있다. 쉽게 흥분하고 화를 내는 사람은 그런 행운을 누리기가 어렵다. 아무리 실력이 있는 사람이라도 부정적인 성격 때문에 사회생활에서 손해를 보는 사람이 많다. 회사에서도 '저 사람은 일은 잘하는데 말이야….' 뒤에 따라오는 말은 '너무 독불장군이야'라는 말을 많이 한다. IQ는 높은데 EQ나 SQ가 낮은 사람들이 이런 경우가 많다. 긍정적인 유전자를 가지고 겸손이 몸에 배어 있었더라면 금상첨화였을 것 같은 안타까운 사람을 주변에서 많이 볼 수 있다. 사람이 친근하고 살가운 사람이 되어야 하는데 그렇지 못한 이유는 너무나 많다. 빨리 실천하면 할수록 사회생활을 성공적으로 하면서 인생을 건강하게 오래 살 수 있다.

현대인은 태어나는 순간부터 사회생활을 피할 수 없다. 처음 가족 구성원의 일원이 되어 살아가고 점차 성장하면서 유아원, 유치원, 학교, 직장이라는 사회의 구성원이 되어 살게 된다. 자신이 구성원으로서 좋은 평가를 받기 위해서는 반드시 희생적이고 이타적인 행동을 해야 가능하다. 우리 사회가 어려서부터 경쟁지상주의에 내몰리다 보니 구성원들과 상생하고 화합하며 상대를 배려하는 교육은 뒷전이고 상대를 이기는 교육에만 익숙해 있다. 자연에서도 나무마다 재질과 용도가 다르듯이 모든 사람의 얼굴이나 장점과 소질도 다르다. 누구나 타고난 유전자와 성장해 온 환경에 따라 나름의 소질과 재능이 다르게 마련이다. 그런데 결국 줄을 세우게 되는 승자독식의 교육 방식에서는 모두가 앞에 설 수는 없는 것이다.

앞에 서는 몇 사람을 위해서 더 많은 다양한 재능을 가진 사람들이 들러리가 되는 이런 교육 현실은 자기 희생적이고 봉사의식을 최고의 가치로 두는 자연의 섭리와는 정반대다. 오염된 자연환경이 수많은 생명체에게 아픔을 주듯이 그릇된 교육 환경은 수많은 사람들을 아프게 만들고 사회적으로 소모적인 경쟁을 확대 재생산하게 한다. 모든 사람이 승자가 될 수 있는 상생의 방안을 모색해야 할 때다. 각자의 눈높이에 맞는 소질을 개발하게 하고 창의적인 능력을 발휘할 수 있도록 환경과 조건을 조성해 주는 것이 현명한 호모 사피엔스의 방식이 될 것이다. 학력이 낮아도 각자의 소질로 각 분야에서 착실히만 일하면 큰 차별이 없이 생활이 해결되고 행복을 누리는 평등한 사회를 만들어야 한다. 인생에서 큰 의미 없는 불필요한 소모적 경쟁으로 소중한 생명이 꽃도 피워보지 못하고 갈 곳을 잃어버리는 비정한 세상을 더 이상 방기해선 안 된다.

현재의 치열한 경쟁을 이기고 선발된 우수한 집단이 인생을 성공적으로 사는 것도 아니고 사회를 위해서 큰 공헌을 하는 것도 아니라는 데서 줄 세우는 소모적 교육의 폐단을 절실히 느낄 수 있다. 장기적으로 사회생활에서 성공하고 인생을 행복하게 사는 데에서는 친화적이고 긍정적인 사람이 더 경쟁력이 있다. 일등주의만 알고 성장한 사람은 자존심이 강하고 다른 사람에게 겸손한 의식으로 친근한 사교성을 발휘하기가 쉽지 않다. 이런 사람들이 모이는 곳은 인간미가 메마르고 경쟁만이 있을 뿐이다. 인생에서 성공하려면 사회생활이나 회사 생활에서 동료와의 관계를 잘 만들어 가야 한다. 윗사람이 좋은 기회를 만들어 주고 좋은 인맥을 소개해 주어도 스스로 친화적이고 사교적인 머리 상태가 아니라면 소개받은 인맥은 그림 위의 떡이 될 수밖에 없다. 조직에서 능력을 발휘하기 위해서는 여러 조직원의 협력이 필요하다. 조직원을 활용하려면 사람의 친화력과 사교적인 머리가 필요하다. 사교적이고 긍정적인 마인드는 어려서부터 겸손하게 자신을 낮추는 데서 시작되는 것임을 알아야 한다. 사회에서 성공할 수 있는 유리한 조건이 조성되는 것이다. 성적이 우수하고 머리가 좋다고 하여 조직에서 성공할 수 있는 것이 아니다. 조직 생활에서도 비록 능력은 탁월하지 않으나 사람 관계가 원만하여 평판이 좋고 적이 없는 사람들이 승승장구하는 경우를 많이 볼 수 있다. 이제 능력이란 단순 업무능력뿐 아니라 사람의 소양이라든가 친화력 등 모든 것을 포함하는 개념으로 받아들여야 한다. 소크라테스는 "단순히 산다는 것이 중요한 것이 아니라 잘 살아가는 것이 중요하다." 고 했다. 이는 사람들과 잘 사귀는 것이 중요 하다는 것을 말한다. 사람들과 잘 사귀기 위해서는 자신을 낮추고 겸손하며 긍정적인 훈련이 몸에 배어 있어야 가능한 것이니 '말 한마디로 천 냥 빚을 갚을 수 있는' 살가운 성격의 사람은 아무나 될 수 있는 것이 아니다.

8. 부정적 의식은 뇌를 동굴 속처럼 어둡게 만들고 중환자들은 뇌가 망가져 비정상임을 인식해야 한다

거의 모든 성인의 사람들 눈에 보이는 현재의 세계는 자신의 머리가 정상이었던 유년시절에 바라본 세계와는 다르다고 보는 편이 맞겠다. 살아오면서 뇌가 조금씩 변화하여 예전의 세계와 다르게 보이게 되는데도 사람들은 그런 사실을 느낄 수 없을 뿐이다. 성인들은 어린이들이 천진난만하고 순진무구하게 깔깔대며 웃고 놀 때를 보면 언제 나도 저런 시절이 있었나 할 정도로 무감각해진 자신을 발견한다. 이처럼 어린이들의 세계에는 낭만적이고 동화 속 같은 즐거운 세계가 성인들에게는 실감이 나지 않는다. 별 흥미를 못 느끼기 때문에 재미없어 한다. 그러나 어른들이 그런 세계를 어린 시절에 모두 경험했기 때문에 흥미가 없어졌다고 단정하는 것은 옳지 않다. 즉, 노인이 되어서도 어떤 사람들은 깔깔거리며 마치 소년소녀처럼 천진난만하게 웃는 것을 보면 사람마다 분명히 뇌의 상태가 다르다는 것을 알 수 있다. 살아가면서 뇌를 어떻게 사용하며 어떤 습관으로 살아왔는가에 따라 사람마다 행동이 다르다는 것을 발견할 수 있다. 그리고 성인이 보는 세계와 어린이들이 보는 세계가 달라 보인다는 것도 그 차이가 소위 말하는 백지장 정도의 차이밖에 나지 않기 때문에 웬만해서는 인식할 수 없다.

사람이 살아가면서 세상을 바라보는 시각이 뇌가 변해 감에 따라 서서히 바뀌기 때문에 오랜 세월에 걸쳐 많이 달라진 변화의 차이를 뇌가 정확히 인식할 수 없다. 그래서 자기만의 세계에 빠져 커다란 성을 쌓고 살면서도 자기 시각이 잘못된 것을 전혀 느끼지 못하게 된다. 모든 사람의 손가락 지문이 다르듯이 뇌의 모습은 삶의 형태에 따라 족적을 남기고 다르게 변화된다. 이렇게 긴 세월을 통하여 갖춰진 뒤틀리고 왜곡된 뇌를 정상으로 회복시키려면 뇌가 근본적으로 변화해야 한다. 자연에서 우성적인 인자로 오랫동안 좋은 사고를 하고 행동으로 실천해야 뇌가 변화할 수 있다. 그러나 살아온 긴 인생을 되돌아가서 다시 살 수도 없고 이미 형성이 되어버린 뇌 구조를 바꾸는 것이 쉽게 가능하지 않다. 잘못 형성된 뇌의 형태를 물리적으로 변화시키면 가능하겠으나 아직까지 현대 과학으로는 가능해 보이지 않는다.

우리가 유년시절 밤하늘을 회상해 보았을 때, 은하수 하늘에 무수히 많은 총총한 별들이 별의 바다처럼 곧 쏟아져 내 눈 속으로 빨려들어 올 것 같이 가깝게 느껴졌던 기억이 난다. 눈 내린 겨울 새벽 차가운 기운에 오줌을 누러 나갔다가 온통 세상이 달빛으로 빛나는 눈 내린 하얀 세계를 보고 동화 속처럼 오묘하고 환상적인 느낌을 받았던 기억도 생생하다. 이처럼 뇌 속까지 청명하고 신선한 느낌으로 나의 눈이 시릴 정도로 세상이 깨끗하고 선명했던 기억이 난다. 그러나 나이가 들어 생각해 보니 이와 같은 느낌이 점점 사라져 지금 바라보는 세상은 유년시절에 천진난만하게 뛰어놀았던 아름다운 동산은 아니라는 걸 느낀다. 세상은 변함이 없건만 세파를 거치면서 뇌가 변형되어 사람이 유년시절 원래의 뇌로 세상을 볼 수 없기 때문이다.

더구나 열성인자를 많이 가진 사람들은 이미 부정적인 성격들로 인하여 전두엽이 짓눌려, 웃음도 잃고 기쁨도 잃어 그런 아름다움을 받아들일 수 있는 상태가 아니다. 작은 반응에도 쉽게 스트레스받고 짜증스런 일로 받아들이는 전두엽 뇌로 변해 있기 때문이다. 일상생활에서도 어릴 때 보아오던 낭만적 세상의 풍경은 그다지 많지 않다. 세파에 시달려서 그러려니 생각하지만, 사실은 그것이 전부는 아니다. 사람들은 뇌세포가 하루에 십만 개씩 죽지만 아무런 느낌을 받지 못한다. 몇 년이 흘러 몇천만 개, 또 몇억 개가 소멸하였는데도 뇌는 아무것도 느끼지 못한다. 다만, 세월이 흘러 어느 날 조금 전의 일을 까먹는다든지 건망증으로 낭패를 본다든지 해서 내가 왜 이러지 할 때에 잠시 느끼게 된다. 뇌세포가 하루에 십만 개씩 소멸한다는 그 자체만으로도 인지기능이 떨어지는 것은 사실일 것이다. 더구나 열성적인 나쁜 성격으로 상실해가는 뇌 기능을 감안하면 사람들이 성인이 되었을 때, 인지기능이 떨어지는 것은 당연하다. 이로써 현재 보이는 세계가 유년시절과 다르게 보인다는 것을 알만하다.

사람들은 그만큼 살아가면서 머릿속에서 뇌세포가 파괴되고 있고, 열성인자를 가진 사람은 더욱 많이 파괴되어 세상이 그만큼 멀어져 보이게 된다. 마치 동굴 속에서 세상을 바라보듯이 또는 우물 속에서 세상을 바라보듯이 또는 안갯속에서 세상을 보듯이, 어린 시절에 가까이 느껴지던 금잔디 동산은 아니다. 곰곰이 옛날을 생각해 보면 세상이 자신으로부터 저만치 너무 멀어져 있다는 것을 느낄 수 있다.

심할 경우 세상이 살짝 어지럽게 흔들리거나 꿈을 꾸듯이 몽롱한 상태가 될 수도 있다. 이것은 뇌세포가 노화하여 인식능력이 떨어지는 것을 의미한다. 그래서 노인들은 인지 능력이 더욱 떨어지면서 알츠하이머병에 걸린다. 노인의 인지능력이 떨어진다는 것은 노년기에 접어든 어느 순간에 뇌세포가 갑자기 많이 파괴되는 것이 아니라, 20대를 넘어서면서 꾸준히

세포가 파괴되어 인지력이 하강하는 것이다. 아이들을 데리고 여행을 가서 내가 유년시절에 바라보던 세상의 아름다움을 지금도 느끼고 있는지, 별 밤의 아름다움은 아이들이 느끼는 것처럼 나에게도 여전히 아름답게 느껴지는지 한번 자기의 뇌 상태를 점검해 보자.

스스로 기준을 정하여 자신의 인지 능력을 검증해 볼 필요가 있다. 부정적 의식으로 자기만의 세계에 빠지다 보면 사회생활에서 자기도 모르게 상대에게 친근감을 주지 못하게 되고 자신도 기쁨을 잃게 된다. 상대와 적극적으로 소통을 하고 싶은 의욕이 점점 떨어지고 뇌 의식이 어둡게 깊이 빠져들어 우울증에 걸리는 원인이 된다. 자기만의 세계에 빠지게 되는 것은 위험한 적신호다. 긍정적인 사람들은 배꼽 잡고 웃는 상황이 연출되었는데도 부정적인 사람들은 재미있다는 느낌을 전혀 받지 못한다. 단순한 일 같지만 분명 긍정적인 사람의 뇌와 부정적인 사람의 뇌 사이에는 뭔가 괴리가 있다는 것을 증명하는 것이다. 장기적으로 주관적 판단에 의해 세상을 바라보는 습관이 형성되다 보면 뇌가 주인의 반복 학습에 의해서 그런 뇌의 회로가 형성되는 것이다. 객관적이거나 상대의 입장에서 세상을 바라보지 않고 자기중심적으로 바라보다 보니 타인 중심적인 것은 모두 관심이 가지 않고 짜증스럽게까지 느껴지며 그런 현상이 심화 되면서 증세도 더 악화하게 된다.

영화배우나 탤런트들이 맡은 배역에 심취하여 완전히 몰입하다 그 맡은 배역의 인생에 빙의 되어 헤어나오지 못하고 그 배역의 불행한 삶의 상태에 빠져버리는 사람들의 이야기를 종종 듣곤 한다. 또 때에 따라서는 맡은 배역이 비련과 비운의 연기력을 소화해야 하는 역할이라면 영영 빠져

나오지 못하여 뇌가 그 상태를 극복하지 못하고 비운의 주인공처럼 비극적인 종말을 맞이할 수도 있다.

그만큼 뇌는 어떻게 길들이느냐에 따라 습관이 다르게 발전하므로 어려서부터 밝고 바르며 긍정적이 되도록 잘 훈련해야 한다. 자연은 상대를 존중하고 상호 도움을 주면서 성장하도록 설계되어 있다. 불행을 예방할 수 있는 방법은 타인에게 호감을 가지고 항상 의식의 문을 열고 다가가서 상대를 존중하며 살갑게 대화를 해야 뇌가 우울증이나 동굴 속에 빠지는 오류를 피할 수 있다. 우울할수록 혼자만의 생활에 빠지게 되므로 혼자만의 세계에 빠지는 것을 피해야 한다. 스트레스가 쌓이거나 우울할 때에는 가까운 누구라도 만나서 털어놓고 상의하거나, 친구를 만나서 유쾌하게 대화하며 우울한 기분을 털어버려야 한다. 푸른 하늘에 따사로운 햇살과 맑은 공기가 있는 것만으로도 기쁨이 충만할 수 있는 의식의 여유가 필요하다.

정신병자나 치매환자가 정상을 되찾았을 때, 타인으로부터 자신의 상태를 듣고서 자기 머리가 비정상이라고 느낄 수는 있지만, 비정상적인 사람이 자신이 스스로 비정상적이라고 말하는 사람은 극히 드물다. 사람은 살아가면서 어떤 머리 상태가 비정상이고 어떤 상태가 정상인지를 명확히 느껴서 알 수 있는 방법이 없다. 누구나 서서히 변하는 뇌 상태를 어느 순간에 갑자기 정상과 비교하여 감지할 수는 없으며 한가지 일관적인 상태만을 경험하면서 자신이 언제나 정상이라고 생각하고 살아가기 때문이다.

그런데 전술한 바와 같이 이제 누구나 비정상적이라는 것을 알 수 있는 방법이 있다. 즉, 자신이 병에 걸리게 되면 자신의 뇌가 비정상이라고 인정해야 한다.

암이나 난치병이나 심각한 질병에 걸린 사람들은 이미 뇌가 잘못되어 기능을 상실한 원인으로 병이 왔다는 것을 알아야 한다. 이러한 상태를 맞이하지 않기 위하여 어떻게 해야 하는지는 많은 설명을 하였다. 당장 큰 문제가 되지 않더라도 가까운 장래에 문제가 된다는 것을 명심하고 우성적인 성격을 가질 수 있도록 노력해야 한다.

9. 자연계는 내성적인 사람보다 외형적인 사람에게 유리하다

의식이 자기만의 세계에 들어앉아 가부좌를 틀고 있다면 큰 문제가 된다. '외향적인 성격과 내성적인 성격은 모두 장단점이 있다'고 교육하지만, 뇌 교육의 관점에서 보면 옳지 않다. 외형적인 성격이 훨씬 자연에 가깝다. 내성적인 성격은 내면에 틀고 있는 가부좌를 풀고 빨리 밖으로 빠져나와야 한다. 의기소침해 있지 말고 밝은 세상으로 빠져나와야 한다.

자연은 상호의 조화가 가장 중시되기 때문에, 상대를 인정하고 존중하며 서로 마음의 문을 열고 적극적으로 소통을 하는 것이 서로에게 도움이 되도록 설계되어 있다. 자연은 그래서 진화와 발전을 하면서 무한히 확장되는 것이다. 인간이 살아가면서 자신이 최고라고 생각하는 유아독존(唯我獨尊)적 사고는 뇌에 큰 병을 만들어 낸다. 자기만의 세계를 구축하고 상대를 인정하지 않는 것은 자신의 뇌세포 활성화를 방해한다. 적극적 교감이 없으면 자기만의 세계에 빠져든다. 뇌는 생각의 차이에 의하여, 긍정으로도 부정으로도 바뀌어간다. 하얀 백지에 그림을 그리듯이 뇌세포에 새겨진다. 무형에서 유형을 창조하는 과정이기도 하다. 대화도 단절되고 타인이 나를 인정하든 말든 내가 만족하면 된다고 하는 자기만의 고유의 세계에 사고를 구축하면 소통이 원활하지 못하고 성장할수록 외곬으로 변한다. 그러면서 뇌세포는 자기 고집과 아집에 사로잡혀 적극적인 반응을 하지 않게 되고 활성화되지 않는다. 상대와 기쁘게 대화하는 방법도 배우지 못하고 자기 보호본능으로 상대를 인정하지 않고 무시하는 상태가 반복되면서 세월이 흘러 나타나는 것이 우울증이다. 뇌 상태가 적극적인 교감이 없는 상태로 세월이 흘러 축소가 되면 그 어떤 자극을 해도 뇌가 웃을 줄도, 기뻐할 줄 모르게 된다. 뇌가 작아져 축소된다는 것은 활성화된 기능이 축소된다고 보면 틀리지 않다. 세월이 흐르며 뇌의 구조와 상태가 끊임없이 자기 세계에 빠져들게 되고 종국에는 동굴에 갇힌 사람처럼 나오기가 쉽지 않다. 많은 사람들이 그런 증세로 점점 사람을 기피하게 되고 나홀로 살아가는 사람들이 많다.

이러한 각도에서 보면 외향적인 성격이 내성적인 성격보다 우울증에 강하다. 외향적 성격과 내성적인 성격이 똑같이 장단점이 있는 것이 아니고 외향적 성격의 장점이 우월하게 많다. 어려서부터 외향적 성격의 사람이 되려고 노력하는 것이 필요한 이유다. 외향적인 성격의 사람이 되려면 의식이 작은 일에도 기쁘게 고양되어야 하고, 주변 사람들과 경쾌하게 적극적으로 교감을 해야 한다. 뇌의 의식이 권위의식과 자기주장으로 꽉 차서 무게중심을 잡고 내 몸 안에 가부좌를 틀고 앉아 있으면 뇌가 어둡게 굳어지게 된다. 마치 뱀이 구멍에서 똬리를 틀고 있으면 세상의 변화를 모르고 굶어 죽는 이치와 똑같다. 사람도 우울증에 걸려 빠져나오지 못하고 자살로 생을 마감하거나 우울증에 기인하여 끔찍한 사고를 저지르는 경우도 많다. 우울증이 그래서 무서운 병이고 거기서 빠져나와야 하는 이유이다.

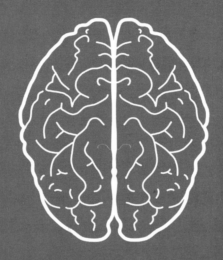

신사고(新思考)를 통한
인류의 뇌혁명

6장

신인류의 뇌를 갖기 위하여

1. 세 치 혀를 조심하라

    사람의 몸에서 가장 작고 강력한 힘을 발휘하는 존재는 아마도 혀가 아닐까. 상대와 교감하는 것은 혀로부터 시작된다. 혀를 잘 사용하면 천 냥 빚도 갚지만, 잘 못 사용하면 한순간에 명예가 와르르 무너지고 나쁜 사람으로 전락하기 쉽다. 과거에는 역사적으로 말을 함부로 하여 수많은 사람들이 목숨을 잃었다. 그래서 혀는 화를 부르는 문이라고 하여 세 치 혀를 경계하라고 했다. 즉, 설화(舌禍: 연설이나 강연 따위의 내용이 법률에 저촉되거나 타인을 노하게 하여 받는 재난)를 경계하라는 말이다. 중국 5대 10국 시대에 풍도(冯道)라는 인물이 지은 시가 있다. 口是禍之門(구시화지문: 입은 재앙을 불러들이는 문이요) 舌是斬身刀(설시참신도: 혀는 몸을 자르는 칼이다), 閉口深藏舌(폐구심장설: 입을 닫고 혀를 깊이 감추면) 安身處處牢(안신처처우: 가는 곳마다 몸이 편안하리라). 이와 같이 옛 현자들도 혀의 중요성을 역설하고 있다. '상대방의 개성과 태도를 봐서 얼굴과 눈빛을 살피며 상대방에게 항상 호의적이고 긍정적인 태도로 조심스럽게 말을 해야 하며 너무 호언장담하는 것은 좋지 않다'고 했다. 설화(舌禍)에 주의하라는 말은 동서고금을 통하여 많다. 근대의 벤저민 프랭클린은 혀로 말실수하는 것을 경계하여 '혀가 미끄러지느니 다리가 미끄러지는 게 훨씬 낫다'고 했다. 말레이시아 속담엔 '발이 미끄러진 건 몸으로 보상할 수 있지만, 혀로 미끄러진 건 황금으로 그 대가를 지불해야 한다'고 했다.

이렇게 중요한 혀에는 짠맛, 단맛, 신맛, 쓴맛을 감지하는 4가지 미각신경이 있다. 사람이 노화함에 따라 점점 맛을 못 느끼게 되는데, 신경의 손상이나 뇌의 손상 등이 주요 원인이다. 혀에는 사람의 말하는 중추신경까지 작은 부분에 많은 신경 다발이 뇌와 직접적으로 연결되어 있다. 자신의 감정과 의사를 아주 미세한 혀를 통하여 세밀한 부분까지 움직임을 조절하여 전달해야 한다. 혀는 신경이 집중되어있는 신경의 보고이므로 소중하게 잘 사용해야 뇌 건강에 유익하다.

그런데 자기주장이 강한 사람은 살아가면서 세고 강한 말투를 사용하여 자기 의사표현을 하는 것이 습관화되어 있다. 그것이 자기 진실을 표현하기 위하여 또는 자신의 의사를 강조하기 위하여 말을 하다 보니 그렇게 표현하게 된다. 이런 경우에 혀가 편안한 상태에서 부드럽게 말을 못하고 다른 근육과 마찬가지로 습관적으로 긴장한다. 긴장하는 것은 '혀의 뿌리'가 뇌에서 생각의 명령을 전달받아 표현하는 시점에 시작되므로 근본적으로 그 시발이 된 혀의 뿌리가 중요하다. 그런데 뇌에서 빠져나온 신경 다발이 아래턱 위턱이 붙어 있는 귀부분의 머리 골격에서부터 혀와 관련된 목 주변의 수많은 혈관과 신경 다발이 집중적으로 지나가고 척수로 연결된다. 핏대가 설정도로 말을 세게 하는 사람들이 있는데, 혀와 목 주변의 혈관과 신경이 긴장되고 장기간 습관적으로 그렇게 하면 뇌를 포함하여 구강, 목구멍, 목 주변의 혈관과 신경이 압박을 받아 혈압이 올라가는 원인이 된다. 특히, 턱의 상하박부가 겹치는 귀부분에서 신경이 심하게 압박을 받아 신경이 경화(硬化: 굳어짐) 현상을 일으킨다. 동시에 호르몬 분비계통의 혼란과 해부학적 구조의 압박에 의하여 신경이 스스로 자가 공격을 하여 신경 관련 난치병이나 신경쇠약의 주원인이 된다. 말을 부드럽게 해야 하는 이유다.

혀가 장기적으로 긴장하면 혀가 유연하지 못하여 말도 유창하게 못하게 된다. 반대로 말을 잘하는 사람들을 보면 표정도 밝고, 입 주변이 크고 부드러우며 혀의 놀림이 매우 부드럽고 가볍다는 것을 느낄 수 있다. 주로 말을 딱딱하고 세게 하게 되는 것은 상대방을 설득하기 위하여 얼굴의 온 근육과 함께 혀를 강하게 사용하게 되는데 뇌에서는 악성 호르몬을 분비시키고 혀로 연결된 광섬유와 같은 신경을 통하여 뇌에 강한 압박을 가한다. 이렇게 뇌가 압박을 받게 되면 뇌는 다른 신경에도 악성 호르몬을 흘려보낸다. 뇌에서 강한 주장을 가진 생각이 화를 내면서 혀를 긴장되게 움직였지만, 긴장된 혀는 뇌에 악성 호르몬을 분비시키고 악순환의 연결고리를 형성한다. 이런 과정이 반복되면서 세월이 흐르면 몸에 이상이 오게 되는 것이다.

'세 치 혀를 조심하라'. 옛 선현들은 일찍이 이런 비밀을 알고 있었던 것이다. 혀는 예로부터 인류가 강조했던 것보다 훨씬 포괄적 개념으로 인간의 건강에 지대한 영향을 미치는 비밀이 숨겨져 있다. 아무렇게나 생각하고 함부로 혀에 전달하여 말하면 입과 구강구조를 포함하여 뇌의 구조가 잘못되고 뒤틀려져서 정상적인 기능을 못하게 된다. 그로 인해 신체 곳곳에 병이 오게 되며 그것은 불치병이 될 가능성이 매우 크다.

역설적이게도 정의롭고 신념이 투철한 사람이 좋은 일을 하기 위하여 목표 의식을 가지고 강하게 주장을 한다는 것도 뇌에 좋은 영향을 미치지 못한다는 사실은 안타깝다. 정의롭고 투쟁적인 사람들에게 부정적인 영

신사고(新思考)를 통한 인류의 뇌혁명

향이 미칠 수 있다는 것이다. 또한, 어떤 극단적인 목적의식을 가지고 단체를 결성하여 활동하는 사람들도 마찬가지다. 어떤 목표를 달성하기 위하여 극단적 신념을 가진 뇌를 가지고 주장하는 구강구조를 형성하게 된다. 이에 대한 통계를 낼 수는 없지만, 독립운동하는 사람처럼 어떤 목적을 달성하기 위하여 신념을 가지고 치열하게 살아가는 사람들은 일반적으로 단명하는 것으로 보인다. 그들이 육체적, 정신적 고통을 받았기 때문에 심신이 쇠약해지고 면역성이 약화되어 질병에 쉽게 노출될 수 있다. 그러나 그런 객관적 악조건을 충분히 감안하더라도 불의를 보면 누구보다 쉽게 분노하고 정의를 쟁취하기 위하여 또는 어떤 목적 달성을 위하여 물, 불 가리지 않는 성격을 가진 사람은 뇌에 부정적인 영향을 받는 것이 분명해 보인다. 표현하는 단어들이 강한 신념과 주장을 실어서 말하기 때문에 뇌에 힘이 들어가고 악성 호르몬이 분비되어 면역성 약화와 신체의 쇠약을 가져왔을 가능성이 높다. 자기의 신념과 주장을 뇌에서 강하게 주문하면 신경 다발을 통하여 혀에서 강하게 반응하며 말을 전달한다. 그런 과정에서 혀가 습관적으로 경직되어 신경을 경화시키고 다시는 회복하기 어려운 조직으로 고착화 된다. 설화(舌禍)라는 말은 잘못된 말이나 의견이 다른 말을 해서 타인(他人)에 의하여 상처를 입고 심할 경우 목숨을 잃을 수도 있다는 것을 말했지만, 우리가 더욱 경계해야 할 것은 혀가 자신 스스로에게 병을 주는 무서운 무기가 된다는 것을 깨달아야 한다. 자신의 건강장수와 행복한 인생의 성공을 위하여 혀를 함부로 놀려 말하지 말고 소중한 의식으로 부드럽게 관리해야 한다.

주장을 한다는 것은 어떤 목적 달성을 위하여 말을 세게 하여 혀가 긴장상태가 되고 심지어는 '욱'하고 화가 나서 몸이 부들부들 떨게 된다. 그런 상태가 되면 자기도 모르게 신경과 뇌에서 치명적인 독성을 가진 노르아드레날린 호르몬이 뿜어져 나오고 온몸에 부정적 작용을 한다. 이런 경우는 사람들이 자기주장을 관철하기 위하여 상대방을 설득하고 압박하는 수단으로 혀와 입을 과도하고 세게 굴려 말을 강하게 내뱉으며 부정적으로 사용하는 것이다. 그러면 뇌에 연결된 세포들이 텐션이 가해져 젤 상태의 부드러운 뇌가 긴장을 하고, 생물체처럼 조금씩 움직여 자리 이동과 변형을 하게 되고 시간이 흐름에 따라 뇌가 변형된 형태로 고착화된다.

좋은 텐션이 가해지면 뇌가 좋은 방향으로 활성화되고 나쁜 텐션이 가해지면 나쁜 방향으로 고착화되는 것이다. 앞에서 단층 촬영하여 해부학적으로 일그러진 전두엽 뇌의 모습을 관찰해본 바와 같이 뇌가 변형된다고 생각하면 된다. 이것은 자연의 적자생존 이치에 따라 설계되어 있다. 따라서 중요한 것은 자기주장을 버리고 상대를 존중해야 한다는 것이다. 설사 내가 옳다고 하더라도 너무 강하게 상대를 몰아붙이는 방식은 자기 자신의 뇌 건강에 매우 위험한 행동이라는 것을 인식해야 한다. 화를 내면서까지 말할 필요는 없으며 자신이 할 수 있는 말을 어떤 경우이든 부드럽게 전달하고 나머지는 상대방이 깨닫도록 내버려 두는 것이 좋은 방법이다. 그래서 자기주장을 버리는 것은 자기 자신을 버리는 행동이 된다.

중국에 人怕出名猪怕壮(인파출명저파장)이란 말이 있다. 즉, "사람은 유명해지는 것을 무서워하고 돼지는 살찌는 것을 두려워해야 한다". 유명해지기 위하여 굳이 혀를 불필요하게 강하게 놀릴 필요는 없으며 오히려 유명해지는 것을 경계하라는 메시지를 담고 있다. 현대가 자기 피알 시대라고 하는 말이 있고, SNS를 통하여 자기노출을 즐기는 시대라지만 사람이 굳이 그런 시류에 따라 행동할 필요는 없다. 자기 혀를 부드럽게 잘 사용해야 한다고 했는데 유비쿼터스 시대에는 혀를 대신하고 있는 SNS 등 무선통신을 사용하는 것도 주의해야 한다. 순간의 실수로 자신뿐 아니라 타인의 명예를 망치고 전 세계를 혼란에 빠뜨릴 수도 있다. 그래서 혀를 잘 관리하라는 말은 현대 생활에서 보면 SNS를 잘 관리하는 것도 포함된다. SNS상에 익명으로 숨어서 악플을 다는 것은 타인의 가슴에 상처를 주고, 명예를 실추시키며 심지어 당사자를 죽음에까지 이르게 한다는 점을 명심해야 한다. 상대가 상처를 받든 말든 나는 상관없다고 숨어서 함부로 독설을 담은 문자를 날리는 얄팍한 생각은 시간이 흐르면서 자기 자신의 뇌를 병들게 한다. 악한 생각은 스스로 자신을 병의 암흑 속으로 인도 하는 바이러스가 된다는 것을 알아야 한다. 자기 자신의 건강과 명예를 지키기 위해서는 타인의 명예와 건강을 똑같이 소중하게 생각하는 선량한 의식을 가져야 한다. 부드러운 혀와 손가락이 상대의 맘을 베는 칼로 변할 수 있다는 것을 알아야 한다. 모질게 상처를 주는 말이나 생각을 함부로 하면 시간이 흐름에 따라 자신의 뇌에 더 없는 상처를 남기게 된다.

2. 다발성 경화증의 증세와 극복

[긍정적 정상상태]

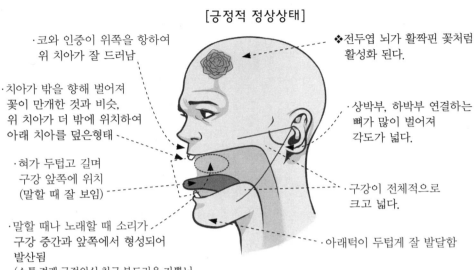

·코와 인중이 위쪽을 향하여
 위 치아가 잘 드러남

·치아가 밖을 향해 벌어져
 꽃이 만개한 것과 비슷,
 위 치아가 더 밖에 위치하여
 아래 치아를 덮은형태

·혀가 두텁고 길며
 구강 앞쪽에 위치
 (말할 때 잘 보임)

·말할 때나 노래할 때 소리가
 구강 중간과 앞쪽에서 형성되어
 발산됨
 (소통,경쾌,긍정의식,친근,부드러움,기쁜뇌,
 고음발산,큰 통로형성)

❖전두엽 뇌가 활짝핀 꽃처럼
 활성화 된다.

·상박부, 하박부 연결하는
 뼈가 많이 벌어져
 각도가 넓다.

·구강이 전체적으로
 크고 넓다.

·아래턱이 두텁게 잘 발달함

[다발성경화증 환자]

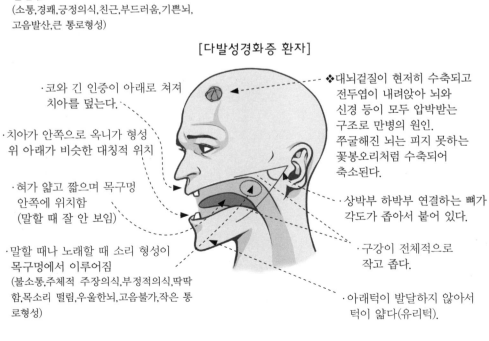

·코와 긴 인중이 아래로 처져
 치아를 덮는다.

·치아가 안쪽으로 옥니가 형성되
 위 아래가 비슷한 대칭적 위치

·혀가 얇고 짧으며 목구멍
 안쪽에 위치함
 (말할 때 잘 안 보임)

·말할 때나 노래할 때 소리 형성이
 목구멍에서 이루어짐
 (불소통,주체적 주장의식,부정적의식,딱딱
 함,목소리 떨림,우울한뇌,고음불가,작은 통
 로형성)

❖대뇌겉질이 현저히 수축되고
 전두엽이 내려앉아 뇌와
 신경 등이 모두 압박받는
 구조로 만병의 원인.
 쭈굴해진 뇌는 피지 못하는
 꽃봉오리처럼 수축되어
 축소된다.

·상박부 하박부 연결하는 뼈가
 각도가 좁아서 붙어 있다.

·구강이 전체적으로
 작고 좁다.

·아래턱이 발달하지 않아서
 턱이 얇다(유리턱).

다발성경화증은 대표적인 난치병이다. 암이 만연하는 시대이지만 암은 불치병이 아니다. 하지만 암보다 훨씬 치료가 어려운 다발성경화증 같은 대표적인 난치병도 습관의 교정과 자연의 힘에 의하여 회복될 수 있다는 것을 설명하고자 한다. 지금까지 기술 한 바와 같이 병에 걸리지 않으려면 살아오면서 습관을 잘 배양해야 한다고 했는데, 이 병은 사람들이 잘못된 많은 습관을 오랫동안 가지고 살아온 결과물로서 갖게 된 대표적 질병이라 할 수 있다. 우선 대표적 습관을 말한다면 '말을 쏘는듯이 딱딱하게 하며 잘 웃지 않는다'는 것이다.

이처럼 다발성 경화증 환자의 습관을 보더라도 특수한 습관이 몸에 밴 것을 느낄 수 있다. 즉, 머리와 입에 힘이 들어가 무거운 말투로 말을 쏘듯이 내뱉는 경향이 강하다. 말할 때 입에서 바람을 세게 뱉으며(자신은 전혀 느끼지 못함) 강한 말투로 주장 하는 데 반대로 입과 혀에서 힘을 빼고 말을 부드럽게 하는 습관을 길러야 한다. 결국, 살갑게 말을 해야 한다. 그러나 오랜 기간에 걸쳐 습관을 갖기까지 많은 과정을 거쳐서 작은 구강구조와 뇌의 구조가 형성되었기 때문에 생각만 가지고 하루아침에 고칠 수 있는 것이 아니다. 그래서 "세 살 적 버릇이 여든까지 간다." 는 속담이 생긴 것인데 속담이 나온 시대에는 여든까지 사는 것이 거의 불가능하기 때문에 결국 고치기 어렵다는 말을 이런 속담으로 표현했다고 생각된다. 다발성 경화증은 자가면역성 질환으로, 중추신경계와 신경섬유를 싸고 있는 수초가 손상되면서 나타나는 중추신경계 질환이며 병의 특징으로는 감각상실, 시각상실, 청각상실, 언어장애, 배뇨장애, 반신마비, 우울증 등이다. 신경이 서서히 굳어지며 신체 곳곳에 심각한 장애를 남기고 결국은 시간이 흘러 움직이지 못하게 되는 병이다. 의학적으로 아직까지 원인과 치료법이 개발되지 않고 있어서 난치병이라고 하지만 나는 개인적으로 그 원인과 증상을 잘 알게 되었고 극복하는 방법도 안다. 향후 의학적으로 회복될 수 있다는 것이 충분히 검증될 수 있다고 생각한다.

병이 발생하기까지 원인부터 습관의 교정을 통하여 극복하는 과정에 대하여 살펴보자. 어려서부터 옥수수같이 굵은 이를 하얗게 드러내 흐드러지게 웃을 수 있는 사람은 이런 병에 쉽게 걸리지 않는다. 이와 반대로 자존심이 매우 강하고 자기주장으로 똘똘 뭉쳐서 잘 웃지 않고 우울해하고, 상대를 논쟁으로 이기려 하거나 화를 내며 인상을 찌푸리는 습관을 가진 사람은 이 병에 매우 취약하다. 즉, 단순한 습관처럼 보이지만 이렇게 형성될 때까지 자기주장이 강한 성격과 부정적인 성격으로 평생동안 살아온 결과로 얼굴의 형태와 골격이 그렇게 형성된 것이다. 마치 보톡스를 맞은 사람이 표정이 부자연스러워지는 것과 같이 다발성경화증 환자도 장기간 생활습관으로 내면에 굳어버린 얼굴 근육 조직과 골격 때문에 잘 웃을 수도 기뻐할 수도 없는 구조가 되었다. 반면 주장을 하고 짜증이나 화를 내는 근육이 발달한다. 주장이 강한 사람은 말을 할 때 세게 말하기 위하여 목구멍과 혀로 강하게 바람을 뿜어내 뱉어내듯이 말을 하면서 구강의 안쪽이 넓고 바깥쪽으로 좁아지는 구조가 형성된다. 또한, 주장이 강한 사람은 사람과의 관계를 대칭적으로 바라보는 경향이 있기 때문에 타인에게 친근하지 못하고 배타적이 된다. 또한, 명령적이고 권위주의적인 태도로 말을 하고 강한 자아의식으로 상대와 교류하며 사교성을 발휘하지 못한다. 이런 성격의 형성에는 자유롭지 못하고 엄격한 가정환경도 영향을 미친다. 자기주장을 강하게 하다 보면 성장기에 턱의 상박부와 하박부의 구강구조가 꽉 닫혀서 입이 작아지게 되고 턱뼈와 머리뼈가 해부학적으로 변형을 가져와 부드러운 뇌를 압박하여 뇌의 구조까지 변형시키게 된다. 따라서 신경도 강한 압박을 받으며 굵어져 다발성경화증이 발생하는데 그 것은 평생 고치기 어려운 불치병이 된다. 강한 자기주장과 부정적 성격은 외형적으로 사람의 입과 구강구조까지 작아지게 만들고 콧망울에서 팔자 주름을 좁게 형성시킨다. 습관적으로 자기 주장하는 말투로 하다 보면 혀 의 두께가 얇고 짧아지게 되며 혀의 위치도 목구멍 쪽에 자리 잡게 된다. 뇌의 형태는 부정적 사고와 골격의 압박을 받아서 전두엽이 내려앉으니 사람이 동굴 속에 갇혀 있는 것과 같이 매우 어둡고 기분이 우울한 모드 로 형성이 되어 우울증에 빠지고 자신도 모르게 웃음이 적어지며 명랑 쾌 활하지 못하게 된다. 이런 성향의 사람들은 음주를 하게 될 경우 기분이 우울한 모드로 형성이 되며 쉽게 언짢아지고 일반인보다 주벽이 있을 가 능성이 높다. 엄격한 가정환경에서 자라난 탓에 모든 상황에 대하여 보통 사람보다 심각하게 받아들이며 말수가 적고 행동을 무척 조심스럽고 엄 숙하게 하는 경향이 강하다. 환자에게서 공통적으로 나타나듯이 성격이 다소 원만하지 못하고, 주장하는 말씨는 목구멍에서 말을 하므로 말씨가 불안정하고 살갑지 못하며 빡빡하고 상대를 압박하는 느낌이 든다. 말수 가 적어 과묵한 성격이 많고 습관적으로 자기 보호본능이 강하며 지기를 싫어한다. 보통 사람보다 소심한 성격에 세심하다 보니 매사를 훌훌 털어 버리지 못하여 항상 근심이 많다. 얼굴도 전체적으로 겉모습이 위에서 아 래로 처지게 되어 치아를 덮는 형태가 된다. 유머를 즐기지 못하여 웃음 이 적고 항상 엄숙하고 염세적이며 모든 일을 편하게 개방하여 내려놓지 못하는 성격이다.

또한, 이런 환자는 항상 자기가 옳게 살고 있으며 누구보다 세상을 똑바로 잘 산다는 자부심이 강하다. 실제로 착하고 성실하게 살려고 노력하며 자기관리에 철저한 사람들이 많다. 자기 자신에게도 매우 엄격한 잣대를 적용하며 인생을 살며 타인에게 신세를 지거나 피해 입히지 않으려는 의식이 강하다. 주변 사람들에게 아쉬운 부탁을 하는 것에 자존심 상해하고 민폐라고 생각하여 부탁도 잘 못한다. 자기만의 규범에 갇혀 있기 때문이다. 어떤 부분에서 책임의식이 강하여 자기학대적일 정도로 성격이 강하다. 하지만 타인에게 쉽게 양보하지 못하고 무슨 일이든 항상 자기가 옳다는 원칙과 아집에 빠져서 지지 않으려는 경쟁의식이 강하여 매사에 논쟁적이다. 긍정적인 사람과 비교하여 말할 때 입술을 포함한 입의 모양이 두텁지 못하고 얇으며 대체로 예쁘지가 않다. 이렇게 살아가는 동안에 뇌에서 신체 전반으로 퍼져내리는 신경이 턱의 상박과 하박이 맞닿는 귀 부분에서 압박을 받아 꽉 물려 신경이 점점 굳어져 경화(硬化)가 발생한다. 신진대사가 원활하지 않게 되며 신체 다발 지역에서 신경이 경화되어 다발성 경화증이 발생하여 신체 곳곳에 감각을 상실하고 점차적으로 노화도 빨리 진행된다. 즉, 뇌가 약화하여 부드럽고 따뜻하지 못하니 뇌 기능이 떨어지고 신체 곳곳에서 문제가 발생한다. 뇌 기능이 떨어지는 특징으로는 건망증, 기억력 감퇴가 심하다. 사람의 몸에서 엔진과도 같은 뇌가 딱딱하고 차가워서 우울하며 활성화되지 못하니 신경도 굳어져 기력이 약화하고 손발과 몸도 차가워져서 추위를 잘 느끼게 된다.

그리고 말을 할 때 상대와 코드를 맞추어 입으로 부드럽게 말해야 하는데 딱딱하고 주장하는 어투로 자신만의 의사를 전달하다 보니 친화성이 떨어져 상대를 설득하여 동의를 구하기 어렵고 오히려 거부감을 주게 된다. 의식이 자신 안에 갇혀 있기 때문에 생각이 많고 행동도 비교적 느리고 동작이 굼뜨다. 환자들은 시간이 흐를수록 자기 안에 빗장을 걸어 잠 그게 된다. 그리고 생각이 발생하는 뇌와 말을 형성하여 전달하는 구강 사이에 괴리가 생겨 말을 하는 과정에 생각하고 정리해가면서 유창하게 또한 지속적으로 하지 못하고 단발적인 말만 짧게 하는 경향이 있다. 주 장하는 말씨로 모질게 말하면 자아와 괴리가 생긴다. 자신의 주체가 못 되 고 오히려 자신마저도 현재하는 말에만 집중하여 뒷말을 생각하지 못하여 스스로 무슨 말을 하는지 모르게 된다. 이처럼자신을 배타한 결과로 자신 의 뇌에서 내용을 충분히 꺼내쓰지 못하게 된다. 이렇게 되면 말을 하다 잊어버리거나 이야기를 길게 유창하지 못하게 된다.점점 건망증이 심해 지 면서 기억력도 떨어지게 되고 노년에는 치매증이 올 수도 있다.

노래를 하면 입이 작고 발성하는 성량이 작을 뿐 아니라 목구멍을 쥐어 짜듯 나오는 목소리이므로 고음을 못내고 박자가 틀려서 노래를 못하게된 다. 노래를 잘하는 가수들은 구강의 앞쪽에서 소리를 뱉어내는데 다발성 경화증 환자들은 목구멍에서 소리를 만들어 내므로 밖으로 발성해 내는 데 시간이 걸려 짧은 순간에 박자가 틀린다. 고음을 내려면 입을 크게 벌 리고 혀를 밖으로 내밀어야 하는데, 혀가 짧고 목구멍으로 말려 들어가 있어 고음을 잘 내지 못하게 되니 노래를 잘 못하게 된다. 모두 습관에 의 하여 혀와 구강구조가 형성되고 동시에 뇌가 변형된 결과다. 이런 사람은 많은 사람들 앞에서 노래를 잘 못부르는 것은 당연하고, 또한 말을 하려 하면 가슴이 떨리고 표정도 굳어져 목소리가 속으로 기어들어가게 된다.

세월이 흐르면 혀가 유연하지 못하여 빡빡해 지면서 말이 어눌해진다. 그리고 부드러운 혀로 말을 빠르고 유연하게 자유자재로 못하니 성격이 급해지며 쉽게 화를 내고 흥분하는 경향이 있다.

그런데 이런 난치병도 당연히 회복할 수 있다. 그것은 자연의 힘이다. 서론에서 병의 원인은 크게 세 가지로 분류된다고 말한 바 있다. 그중에 두 번째로 강조한 것은 뇌를 잘 관리해야 한다고 했다. 뇌의 관리는 습관의 관리라는 말과 일맥상통한다. 즉, 뇌를 관리하는 데 습관이 차지하는 비중이 매우 높다. 습관으로 해서 발생하는 대표적인 병이 다발성경화중이다. 자기 의견을 주장하는 습관이 강하여 생각을 비교적 주관적으로 하고, 강한 신념이 있어 세고 강한 말투로 상대를 압박하는 습관이 있다. 입은 작아지며 콧망울 아래로 팔자 주름이 좁게 형성되고 윗입술의 인중 부분이 길어지며 아래로 내려오게 된다. 위 치아가 잘 안 보이고 아래 치아가 잘 보이는 구조다. 그러면서 전두엽이 압박을 받아 뇌의 밸런스를 잃고 퇴적된 단층처럼 한쪽으로 혹은 여러 쪽으로 쏠린 상태로 뇌 형태가 변형되면서 뇌의 원래 기능이 퇴화한다. 신경은 머리에서 장기간 습관으로 형성된 구강구조와 뇌가 압박을 받으면 세월이 흐름에 따라 아주 느리게 굵어지면서 굳어간다. 이러한 상태에서 오랜 세월 동안 **빡빡**한 뇌가 호르몬을 분비하는 기능을 잊어버린다. 아울러 오장육부를 관할하는 자율신경이 약화하고 신진대사가 원활히 안 되면 각 기관의 기력이 약화하여 신체 각 부분에 병이 오는데 동시에 조로현상이 오고, 신경이 경화하면서 각 기관에 감각이 없어진다. 눈의 신경이 감각을 잃으면 시력을 상실하고 청각신경을 잃으면 청력이 문제가 된다. 딱딱한 말투로 오랫동안 혀가 압박을 받게 되면 혀의 신경기능 저하로 말이 느려지고 말을 잘 못하게 된다. 대부분 신경으로 문제가 발생한다. 청각상실은 입이 작고 상하박부가 **빡빡**하게 악물고 있어 귀 쪽의 신경이 상하박부 턱뼈의 압박을 받아 발생한다. 실명이나 복시현상(사물이 이중으로 겹쳐 보이는 현상)은 혀가 안쪽으로 자리 잡으며 전두엽이 내려앉으면 안구를 압박하여 변형되며 돌출하므로 안구가 뻑뻑해지며 시력에서 복시현상이 오게 된다. 점차 시각 신경이 압박에 의하여 손상되어 실명을 가져온다. 이런 현상이 다발성경화증의 대표적인 증상들인데, 호르몬 분비가 거의 되지 않아 피부에 윤기가 없고 까칠하다. 따라서 피부는 탄력을 잃고 쭈글쭈글해지면서 피부가 늘어져 다른 사람보다 빨리 늙는 조로증도 오게 된다. 몸의 모든 부분의 전반적 신체 기능이 떨어져 운동능력이 떨어지고 쉽게 피곤하고 미적인 아름다움도 저하된다.

많이 언급을 한 바와 같이 자연환경도 영향을 미칠 수 있다. 기후 환경이 구름이 많이 끼고 어둡고 추운 날씨가 긴 지역에서 사는 사람은 불리할 수 있다. 북유럽이나 러시아 등 일부 지역이 이런 곳에 해당할 수 있다. 기후여건을 닮아서 사람들의 성격이 상대적으로 밝지 못하고 우울한 모드로 있을 가능성이 높기 때문이다. 습관에 의한 발병 과정을 살펴보자.

주관적 사고 강함→관철의지 강함→뇌를 압박→혀에 힘을 줘 세게 말함→상대를 압박하는 말투→말이 딱딱함→치열과 구강변화, 작아짐→신경압착 경화→말의 어눌함, 수족기력, 시력, 청력 등 약화→실명, 이명, 거동불편→급속노화

주장이 강한 사람은 자기 의사전달 편의성을 위해서 혀를 습관적으로 긴장하게 하고, 그런 긴장감을 뇌에 전달하니 당연히 뇌하수체전엽이 부신피질을 자극하여 노르아드레날린 등 많은 부정적 호르몬을 분비한다. 따라서 기분이 나빠지고 쉽게 화가 날수 밖에 없다. 부드럽고 상냥한 대

화보다는 자기주장을 관철시킬 수 있는 강한 언어들을 선택하여 극단적이고 강하게 말하도록 구강구조와 뇌의 형태가 형성된다. 그런데 이 상태가 되면 이성이 지배하는 뇌가 아니라 감정이 뇌를 지배하는 사람이 된다. 사람의 뇌인 대뇌신피질에서 원시적인 뇌인 대뇌변연계를 컨트롤해줘야 하는데, 환자는 그렇지 못하니 원시적인 뇌의 사용이 늘어나게 되어 부드럽고 상냥한 대화가 안 되며 딱딱하고 감정적인 사람이 돼 가는 것이다. 자기주장이 강한 사람일수록 감정적인 사람이 돼가고 혀가 긴장하여 부드럽지 못하다 보니 많은 말을 빨리 못하게 되는 것이다. 결국에는 주장이 강한 욕구의 소유자가 오히려 말을 잘 못하게 되는 역설이 발생한다. 자연의 이치는 장기적으로 평등을 지향한다. 즉, 자신을 버리고 사심 없이 다른 생명체에게 부드럽고 친절하며 겸손하게 대하는 사람은 당장은 손해를 보는 듯하지만, 강력한 양성 호르몬 분비라는 자연의 선물을 받게 되고 부드럽게 말을 잘하게 되는 좋은 선물을 받는 반면, 자신을 강력히 내세워 주장하고자 하는 사람은 그런 욕심으로 말미암아 오히려 낙오되는 자연계의 현상을 엿볼 수 있다.

원인은 알지만 이를 극복하는 방법은 더욱 힘이 든다. 밝고 깨끗하고 부드러운 습관으로 뇌의 구조를 바꾸고 턱과 입을 키우고 혀를 길게 만들면 가능한데, 이미 성장해버린 사람을 해부학적으로 그렇게 만든다는 것은 불가능에 가깝다. 또 이미 한번 형성된 뇌의 구조는 사람이 부드럽고 따뜻한 성품으로 변하는 것을 불가능하게 만든다. 그래서 소위 불치병이라고 하는 것이다.

그럼에도 자연에 의해 회복되는 방법이 이미 있다는 것을 말할 수 있다.

이미 이 책을 통하여 많은 부분을 서술한 바 있고 몇 가지를 보충하면 된다. 아직까지 의학계에서 다발성경화증에 대한 원인과 치료방법을 전혀 알 수 없었으나, 이제 의사나 생물학자들은 지금까지 서술한 내용을 참고하여 우선 환자의 표본을 설정하여 구강구조나 두개골 뇌 상태를 엑스선으로 찍어보면, 환자의 특징을 알 수 있을 것이다. 입의 형태와 크기, 혀의 길이나 두께를 포함한 구강의 구조, 측면에서 상하박부 턱의 크기와 길이, 뼈의 구조와 뇌의 형태를 찍어서 특징을 분석할 수 있는 정도의 기술이 충분히 갖춰져 있다. 혀가 짧고 얇으며 입 모양이나 상하박부의 넓이가 좁고, 말하는 모습을 보면 모두 부드럽고 자연스럽게 유창한 언어로 말을 못하고 환자마다 딱딱하고 자기주장을 하는 독특한 모습을 볼 수 있을 것이다. 원인을 알고 부단히 고치려는 노력을 하면 회복이 가능하다. 나는 멀지않은 미래에 그런 사람들이 다발성 경화증을 극복한 사례를 통하여, 그것이 가능하다는 것을 보여 줄 수 있다고 생각한다. 또한, 습관으로 얻은 병은 이런 병에 국한되는 것이 아니라고 본다. 자연의 위대성은 온실에서 꽃 한 송이가 핀 것으로 봄이 왔다고 주장하지 않듯이 전면적이고 총체적이기 때문에 한 사람이 우연히 회복된 것을 가지고 해결되었다고 하면 안 된다.

환자는 항상 습관이 된 결과로 형성된 구강구조, 뇌의 형태, 의식습관이므로 하루아침에 개선할 수 없다. 환자 본인의 의식이 감사하거나 기쁨을 인식하기보다는 불행, 슬픔, 부정 이런 감정을 쉽게 인식하고 자신을 불행한 사람이라 간주하고 자신을 불쾌한 상태에 놓이게 한다는 것이 매우 안타까운 일이다.

습관을 개선하여 극복하는 방법은, 우선 잘못된 습관으로 형성된 뇌의 구조와 구강구조를 원상태로 회복시켜야 한다. 엄숙함에서 벗어나 무조건 웃어야 산다. 많이 웃지 않아서 잘 못 형성된 구강구조와 볼 쪽의 안면 근육의 구조를 바꿔 줘야한다. 해부학적으로 구강구조를 변하게 할 수 있는 방법은 쉽지 않으나 임시방편적 방법을 시도해 보자. 우선 파충류가 입을 크게 벌리듯이 자신의 입을 크게 벌려 붙어 있는 상하박부를 크게 키우는 것이 중요하다. 입을 벌릴때 웃는 표정을 지으면서 벌리는 것이 더 효과적이다. 평소에 입을 굳게 닫고 주장을 하고 많은 웃음을 웃지 않아서 구강구조가 부정적으로 작게 형성돼서 생긴 병이라는 것을 이해하게 될 것이다. 그러면 압박을 받고 있는 신경과 혈관이 풀려 병세가 완화된다. 창백하고 쭈글쭈글하던 얼굴의 노화현상도 완화되고 굳어가던 신경도 경화(硬化)를 멈출 수 있다. 마치 뱀처럼 먹이를 먹을 때 입을 엄청나게 크게 벌리는 것을 연상하면 된다. 하품하는 습관도 입만 작게 벌려 하품하지 말고 파충류처럼 엄청나게 최대한 입을 벌려 하품을 하는 것이 도움된다. 처음 한두 번으로 절대 안 벌어지겠지만, 나중에 오랜 기간에 걸쳐 제대로 벌어지게 되면, 눌려있던 귓속에 위치한 턱 상하박부의 입 아귀가 벌어지면서 매우 큰 통증을 느낄 것이다. 평소에도 어떤 환자들은 아파서 귀지개로 귓밥을 깊게 팔 수도 없었던 사람이 많았을 것으로 추정된다. 평소의 습관에 따라 그 부분을 중심으로 해부학적으로 꽉 조여지고 뭉쳐있기때이다. 환자는 앞에서 언급한바, 자신의 입이 작다고 과연 그런 병이 올 수 있을까를 반신반의 했겠지만, 입이 더욱 크게 벌어지고 귓속까지 아픈 통증을 확인하면 습관에 대한 어느 정도 의문이 풀릴 수 있다. 그리고 안쪽으로 이동하여 박혀있는 혀를 밖으로 위치하도록 뽑아내는 것이 필요하다. 이로 혀를 문 상태에서 침을 삼키는 동작을 하면 도움이 된다. 노래를 잘 부르려면 혀가 길게 밖으로 나와야 하는 이치와 같다. 또한 얼굴의 볼이 좁다. 아랫턱 뼈로 윗턱을(광대뼈 안쪽) 옆으로 밀쳐서 옆으로 확장이 되도록 키워야 꽉 붙어있는 신경과 조직들이 벌어져 숨을 트고 활성화된다. 입이 작아 구강의 위쪽 치열이 좁아진 상태인데 넓게 퍼지도록 보철을 사용하여 조절할 필요도 있다. 오랜 기간 훈련하면 우울하던 기분이 좋아지고 차츰 웃음도 많아지면서 호르몬도 분비되고 긍정적이 돼 점점 사람을 살갑게 상대할 수 있게 된다. 이와 같이 성장하며 단순하게 잘못 형성된 작은 습관 하나로 내가 인생에서 이런 고통과 피해를 당해야 하다니…. 안 겪어 본 사람은 그 느낌을 상상할 수도 없을 것이다. 하지만 이로써 해부학적으로 문제가 어느 정도 완화는 되겠지만, 모두 해결된 것은 아니다. 더구나 이렇게 형성된 난치병을 어떻게 약으로 치료한단 말인가, 뒤틀린 전두엽 뇌의 구조 및 치아구조와 치열이 잘못 형성되어 구강이 전체적으로 작아 완벽한 회복을 위해서는 이런 단순한 과정이 아닌 추가적 조치가 필요하다. 세상 일이 오랜 세월 동안 복잡한 과정으로 형성되었으면 그에 상응하는 노력과 고통이 따라야 풀릴 수 있는 것이 사필귀정(事必歸正)의 원리에 부합한다. 존재하는 모든 것은 결과가 있으면 원인이 있게 마련이고 아무 이유 없이 하늘에서 떨어지는 것은 없다.

무엇보다 우선 성격이 바뀌어야 뇌가 변할 수 있다. 자기 안에 성을 쌓고 갇혀 살지 말고, 모든 것을 개방하고, 자신을 내려놓고, 자존심도 버리고, 빗장을 풀고 밖으로 나와야 한다. 각박하고 메마르게 살아온 삶을 이웃과 더불어 즐겁게 산다고 생각하고 모든 열성적 의식을 버리고 편하게 자연스럽게 살아야 한다. 모든 일에 긍정적으로 대처하고 항상 부드럽고 호의적으로 사람을 대하며, 밝고 깨끗하고 바른 모습으로 살아야 한

다. 절대 화내거나 인상을 찌푸리지 말고, 활짝 핀 꽃처럼 웃는 얼굴로 호
감을 가지고 상대를 맞이해야 잘못된 뇌에 변화를 줄 수 있다. 매사에 항
상 감사하고 화합하며 기쁘게 살도록 노력해야 한다. 자연의 모습처럼 희
생 봉사의 의식으로 불쌍한 사람을 보면 가련한 심정이 들어 눈물을 흘
리며 봉사하는 것이 좋다. 또한, 환자가 자기 자신을 난치병이라는 감옥
에 가두는 것이 문제가 된다. 즉, 난치병 환자라는 의식은 환자를 불안하
고 우울하게 만들어 병을 더욱 악화시킨다. 난치병은 자신의 삶의 습관으
로부터 온 것으로, 생각하기에 따라 별것 아니다. 훌훌 털어버리고 아무것
도 아니라는 우성적 의식으로 밝게 살다 보면 자연히 사라져 버린다. 자연
은 원래 우성의 생명력이 왕성한 힘을 발휘하게 되어 있기 때문이다. 그러
면 뇌가 깊은 잠에서 기지개를 켜고 서서히 깨어난다. 하지만 겉으로만 설
렁설렁하는 척해서는 도저히 되는 일이 아니다. 다시 강조하자면 '자기 자
신을 철저히 버려야 한다', 과거의 병들고 잘못된 자신은 죽었다 생각하고
새롭게 태어난다는 각오로 하지 않고서는 절대 해결이 안 된다. 자연은 철
저하고 진실되지 않으면 절대 허락하지 않는다. 아울러 다발성 경화증 환
자는 자기자신을 더욱 더 소중하게보살펴 줄 필요가 있다. 환자중에는 자
기자신에게 너무 엄숙하고 엄격하게살아 오면서 심지어 자기학대적인 성
격을 가진 사람이 많으므로 평생 그렇게 살아온 성격을 바꿔야 한다. 나
는 능력이 왜 이 정도밖에 안될까, 나는 하는 일마다 왜 이 모양일까, 나
는 인생이 왜 안 풀릴까, 목표치는 높고 현실은 어렵다 보니 위축되고 자
존심이 상한다. 다른 사람들처럼 대충대충 살지도 않았고 이런 저런 원인
으로 자신에게 더 엄격하게채찍질 하며 살았다. 나만을 위해서돈을 언제
한 번 허투루 쓴 적 없이 한 푼 두 푼 절약하며 성실하게살아 왔건만 현실
은 여전히 녹록지 않다. 몸에 병까지 얻었으니 우울해 지면서 세상이 다

귀찮고 마무리 하고 싶어 질때도 있다. 병으로 뇌와 신경이 압박을 받으니 깊은 굴 속에 앉아 있는 것처럼 어둡고 아득하며 우울해서 가슴이 답답 하여 한숨이 깊어진다. 그런 원인으로 해서 병이 왔는데 이제는자신을 채 찍질 하거나 압박만 하지 말고 반대로 그런 자신을 아주 흔쾌히 해방 시 켜 주도록 하자. 자기 자신과의 긍정의 대화를 하자. 즉 "인생을 뒤돌아 보면 외로웠던 길, 눈,비를 맞으며 험한 길 헤쳐서 지금 너 여기있구나,인생 의 매 순간마다 어려운 선택을 하며 끝없이 기나 긴 길을 따라 꿈 찾아 걸 어 왔구나, 인생의 역경을 잘 견뎌내며 고난의 가시밭 길을 걸어서 여기까 지 와 준 네가 참으로 기특하고 고맙구나. 각박한 세상에 태어나 한 순간 도 편한 맘으로 세상을 향해 흐뭇한 미소를 보여주지 못했던 너, 괴로운 일도 슬픔의 눈물도 가슴에 묻어 놓고, 몸과 마음이 지쳐있는 너를 깊은 위안과 포옹으로 보듬고 갈께, 이제 걱정하지마…" 하면서 자신을 소중히 보살펴 주어야 한다. 이처럼 살아 온 길을 한 번 뒤돌아 보고 세상의 모든 욕망과 원망과 한 숨도 다 내려 놓자, 이세상 모두를 용서하자. 이제는 파 란 하늘을 한 번 쳐다보고 긴 심호흡을 뱉으며 밝은 미소로 세상을 느긋 하고 편안하게 마주하자.

3. 병든 자신을 부끄러워하고 반성할 줄 아는 사람은 살 길을 찾는다

세상 사는 이치는 사필귀정(事必歸正)이라고 했다. 단기적으로 악(惡)이 이기는 것 같지만 결국은 선(善)이 이긴다는 뜻을 품고 있다. 선(善)하고 아름다운 것은 힘을 가지고 있다. 반성할 줄 아는 사람은 선(善)을 향한 노력을 시작한 것이다. 병에 대하여 악하고 선하고를 따진다는 것이 우습기는 하지만 병이 선한 것이라고 할 수는 없다. 따라서 병을 악한 것이라고 분류하는 것도 틀리지 않다. 소중한 생명체에게 고통과 슬픔을 주고 파멸에 이르게 하는 병은 악한 것이고 잔인한 것이고 나쁜 것이라 아니 할 수 없다. 반성하는 것은 선이고 아름다운 것이므로, 힘이 생기게 하여 뇌를 살릴 수 있다. 반성하는 뇌는 선하고 아름다움을 향하는 시발점에 선 것이다.

앞에서 자연에 대하여 살펴본 바와 같이 자연의 막강하고 강력한 힘은 희생봉사 의식과 선하고 아름다운 것으로부터 나온다고 했다. 선하고 아름다운 것은 꽃처럼 향기를 품고 있으며 마치 바람처럼 햇빛처럼 부드럽지만, 강한 힘을 가지고 있다. 자연이 힘을 갖게 되기까지 오랜 세월 동안 우주의 삼라만상이 어우러지면서 엄청난 고통을 감내하고 희생을 치르면서 막강하고 위대한 힘을 갖게 되었다고 강조한 바 있다. 반대로 사람이 병을 갖게 된 원인은 살아오면서 뇌에 자연의 열성에 해당하는 부정, 탐욕, 이기심, 미움, 시샘, 질투, 야비, 냉정, 차가움, 잘난체함, 모질게 함, 딱딱함, 분노, 투쟁 등 선하지 못한 악성을 많이 가지고 있었기 때문이다.

즉, 모든 병의 원인은 신체에서 너무나 중요한 핵심 기관인 뇌를 순전히 선성으로만 사용하지 못하고 인생을 살아온 결과다.

병이 걸린 사람들의 상태를 보면 어떤 사람은 왜 하필 내가 걸렸을까 하고 억울해하고, 어떤 사람은 분노하며 또 어떤 사람은 슬퍼한다고 한다. 어떤 사람은 치명적인 병에 걸리고 몸이 만신창이가 되었는데도 병과 싸워 기필코 이기겠노라고 투쟁적 의식을 버리지 못하는 사람들도 있다. 평생동안 이기고 말겠다는 그런 투쟁적인 의식으로 산 결과로 병에 걸리게 되었는데도 본질을 깨닫지 못하고 열성적인 의식을 쓰니까 결국은 더 병이 악화하여 쓰러지게 된다. 심지어 차라리 멍하게 있는 뇌가 살려고 기를 쓰는 뇌보다는 희망이 많다고 할 수 있다. 이와 같이 자연은 강해져야 겠다고 억지로 결심을 한다고 강해지는 것이 아니다. 의지와 체력으로 말하면 강철같던 운동선수들도 고목나무처럼 쓰러지는 것을 볼 수 있다. 병이 투쟁의 대상이 아니라 잘못된 자기 자신과의 반성과 투쟁이 필요할 뿐이다. 즉, 자기 자신이 잘 못 살아온 결과로서 병에 걸렸다는 것을 안다면 그런 행동을 못한다. 그 악한 암세포가 내 몸에서 자라기까지 나의 뇌에서 나의 몸에서 무슨 일이 벌어졌을까를 생각해 봐야 한다. 병은 섭생이든 뇌 관리든 자신이 스스로 잘못 살아온 결과로서 오는 것이 맞다. 잘 살아온 결과로서 병이 오지는 않는다. 하지만 환자가 원인을 알고, 부끄러워하며 반성하고 자연에 순응할 줄 안다면 선으로써 중심을 잡기 때문에 회복이 빠르며 어떤 어려운 병도 살 길이 생긴다. 자연의 모습처럼 자신을 희생하며 타인을 배려하고, 상생을 즐기고, 생명체를 귀하게 여기며 봉사하는 삶을 살아왔다면 긍정의 뇌가 발달하여 몸에 병이 찾아올 구석이 별로 없다. 섭생을 잘 못 하거나 부정적이고 열성적인 유전자가 뇌에 잔뜩

들어차 있다면 악성이 많아서 필연적으로 병이 오게 되고, 일단 병에 걸리게 되면 치유되기도 어렵다. 살면서 심각한 병이 왔다면 자신이 걸어온 인생의 발자취에 대하여 세심한 통찰력으로 살펴 통렬한 반성을 하고, 뼈를 깎는 노력으로 뇌를 변화시킬 줄 알아야 한다. 생각하기에 따라 무슨 일이든 너무 늦은 것은 없으며 어떤 실천을 하는가에 따라 희망은 언제든지 있다. 바로 병에 걸린 사람의 경우가 그렇다.

내가 잘못 살았다면 나로 인해서 피해를 본 생명체들이 있게 마련이다. 어떤 사람은 얼굴을 기억할 수도 있고, 기억할 수조차 없을 정도로 무수히 많은 사람들일 수도 있으며, 꿈에도 생각해 보지 않은 어떤 동물일 수도 있다.

그가 누구이든 그들에게 진정으로 용서를 구하고 자신의 뇌가 선성(善性)으로 변화하여 힘을 갖게 되면 사는 것이 어렵지 않다. 생명체는 원초적으로 생존 본능이 있기 때문이다.

사람들은 자신의 탐욕심과 이기심으로 모은 재산 때문에 많은 사람들이 상처를 받았고 그 원인으로 내가 치명적인 병에 걸려 죽어야 할 운명이라는 것을 안다면 당장 전 재산을 다 바쳐서라도 살고 싶을 것이다. 죽음 앞에 천만금의 재산이 무슨 의미가 있겠는가. 새 생명을 얻는데 전 재산을 주는 것쯤은 아무 문제가 되지 않는다. 그런데 실제로 세상의 이치가 그렇게 되어 있다는 것을 부인하기 어렵다. 다만, 사람들이 그 진리를 모르고 살아갈 뿐이다. 그래서 사람들은 반성해야 하고 생명체들을 위한 거대한 나눔의 향연에 참여해야 한다.

나로 인해 상처받았을 생명체들을 가슴 속으로 한 명씩 불러내서 무릎 꿇고 눈물로서 사죄하면서 진정으로 용서를 빌 수 있는 용기가 있다면 그 무슨 병이든 극복하고 새로운 세상을 사는 것이 그렇게 어렵지 않다. 세상 사는 이치가 당연히 그렇게 되어 있다. 어찌 보면 참 쉽다. '너는 살아오면서 누군가에게 가슴이 한번이라도 뜨거워 본 적이 있었느냐? 뜨거운 가슴과 굵은 눈물로 남을 한번이라도 감동시켜 본 적이 있느냐 말이다…' 하면서 나의 조그만 이익을 위해서 주변의 가난한 사람들에게 냉정하고 모질게 함으로써 상처받고 슬퍼했을 쓰린 가슴을 느껴보고 뉘우쳐야 한다. 그리고 깊은 울림으로 참회의 굵은 눈물을 흘릴 수 있다면 사는 것 또한 그렇게 어렵지 않다. 물은 생명의 원천이다. 사람에게 있어서 눈물은 기쁨의 눈물이건, 슬픔의 눈물이건, 반성의 눈물이건 모두 생명의 샘물과 같다. 그 눈물이 폭포수처럼 흘러내려 베갯잇을 흠뻑 적실 정도로 깊은 울림과 반성을 담은 진정성이 있다면 분명 생명력을 발휘한다. 자연은 그러하다. 꽁꽁 얼어붙은 시베리아의 동토에도 봄바람이 불면 만물이 소생하여 왕성한 생명력을 뿜어내듯이 사람이 아무리 잔인하고 모진 병에 걸려 있다 하더라도 병마를 딛고 일어선다. 원래의 선(善)한 참 자아(自我)를 찾게 된다. 자신의 모든 것을 버릴 각오가 되어 있다면 사막에서 말라 죽어가는 나무에도 오아시스와 같은 비가 오고 물이 고여 새싹이 트는 것처럼 사는 것이 그렇게 어려운 일은 아니다.

　　다만, 물질을 버리는 것은 오히려 쉬운 일이나 자기 안에 평생동안 자리잡은 악성(惡性)을 버리는 것은 하루아침에 이룰 수 있는 것이 아니다. 사람들은 재물을 버리는 것이 어렵다고 생각하지만, 재물보다 버리기 어려운 것이 자기 안에 똬리를 틀고 있는 자아(自我)와 악습관(惡習慣)이라는 것을 아는 것은 쉽지 않다. 그것을 버리는 것이 진정 버리는 것이며 살 길도 바로 거기에 있다. 모든 악습관을 버리고 자연의 우성을 가지고 살아가면 자연히 해결된다. 다만, 자연의 이치가 그럼에도 불구하고 '보이지 않는 대상'으로부터 영향을 받는 것은 뇌를 선하게 만든다고 해도 모두 해결되는 것은 아니다. 즉, 잘못된 습관으로 살지도 않았고 그렇게 살 시간도 없었는데도 치명적인 병이 걸리는 어린아이들을 보면 다른 원인을 생각해 보는 것이 이치에 맞다. 병이 회복되는 원리는 악성으로 약화된 뇌를 선성으로 강하게 만들어 소생을 시키는 것인데, 뇌가 또 다른 것으로부터 영향을 받아 약화 되는 길을 피할 수 없다면 당연히 다른 해결의 방법을 찾는 것이 맞다. 자신의 위치에서 병든 내가 어떤 좋은 일을 할 수 있는지를 찾아서 실천해 보자. 우선 선한 생각과 선한 행동으로 자신을 무장하면 뇌가 강해져 반드시 살 수 있다는 확신을 가지고, 죽음이라는 두려움 앞에 잃어버린 자신감과 웃음을 찾을 필요가 있다. 지금까지 말 한 바의 내용을 믿고 실천 할 각오만 되어 있다면 병 정도는 웃어버려도 된다고 감히 말 할 수 있다. 그리고 부정적인 열성 인자를 철저히 버리고 우성인자를 갖는 사람으로 새롭게 태어나야 산다. 임종을 맞이하는 예측 가능한 죽음 앞에 서면 떠날 사람도 보낼 사람도 간절해진다고 한다. 우리는 그런 간절함으로 오늘을 살고 있는가?

* 병이 걸리는 과정

열성인자 보유 행동(부정, 분노, 투쟁, 탐욕, 주장, 냉정, 야비)→뇌에서 독성 호르몬 분비유도(뇌가 약화됨)→전두엽 약화→신체 신진대사 악화(면역성 약화)→질병 단명/인생의 기회 상실→실패적 인생

* 병이 극복되는 과정

우성인자 보유 행동(긍정, 밝음, 화합, 상생, 희생, 봉사, 훈훈함)→뇌에서 양성 호르몬 분비유도(뇌가 활성화)→전두엽 활성화→신체 신진대사 원활(면역성 증가)→질병극복/인생의 기회 증가→성공적 인생

새롭게 태어난다는 각오로 매일매일 좋은 일을 하도록 노력하자.

- 함께 사는 가족들에게 따뜻하게 말하는 습관을 기르고 서로 양보하고 서로에게 감사하며 온 가족이 행복할 수 있도록 서로서로 잘한다.
- 작은 일이라도 부모에게 효도하는 기쁨을 만끽한다.
- 내가 손해를 좀 보면서 산다는 생각으로 흔쾌히 양보한다. 내가 손해를 봄으로써 이익을 본 사람이 있겠거니 하며 기뻐할 수 있다.
- 이웃집 사람들에게 따뜻한 미소와 인사로 다정하게 지내며 작은 것이라도 나눈다.
- 나보다 못한 사람들을 긍휼히(불쌍하고 가엽게) 여기고 따뜻한 도움의 손을 내민다.
- 주변의 독거노인이나 소년소녀 가장을 돕거나 동네에서 하는 작은 봉사 활동이라도 기쁘게 동참하며 더불어 사는 행복감을 느낀다.
- 매사에 선행을 쌓는다는 심정으로 떨어진 쓰레기 하나라도 기쁘게 집어서 휴지통에 버리고 자연보호 환경보전을 실천한다.
- 무슨 일을 하더라도 타인을 시키지 말고 항상 솔선수범하는 자세로 앞장서서 일한다.
- 지하철이나 버스에서 노약자에게 자리를 양보하며 사람에게 연민 의식을 가지고 잘 보살핀다.
- 운전자는 양보 또 양보해야 한다. 끼어들기를 하는 사람을 볼 때 오

죽하면 그렇겠는가 하고 흔쾌히 양보한다. 그렇지만 나는 끼어들기를 하지 않는다. 부득이할 경우 손을 흔들어 의사를 표시한다. 운전에서 제발 너 죽고 나 살기식으로 이기려 하지 말자. 그러는 동안에 나의 뇌는 사멸해 간다는 것을 명심하자. 양보의식을 가지고 상대를 배려하는 것이 내가 사는 길이다.

- 직장 상사에게 꾸지람을 듣거나 동료에게 스트레스를 받아도 화내지 않고 수용할 수 있는 뇌로 훈련한다.
- 세상의 모든 일에 자신이 중심이 되어 참견하려는 자세를 버려야 한다. 자신의 역할만 충실히 하면된다.

4. 왜 여성이 남성보다 장수 하는가?

출산시설이 양호한 모든 선진국과 많은 개발도상국에서 여성의 평균 수명이 남성보다 길다. 문화적 차이와는 거의 무관한 생물학적 해명이 필요한 이유이다. 남성이 더 많이 태어나지만, 100세 이상의 남녀 간 성비를 보면 여자가 남자보다 9대1 정도로 월등히 앞선다. 현재 출생기록이 확증된 최고령 순위 10명까지 모두가 여성이다. 그렇다면 여성은 장수유전자가 있는 것인가, 아니면 남성중심 사회에 사는 남성이 자연계의 엄연한 이치를 몰라서 오히려 불이익을 받고 있는 것은 아닐까.

일반적으로 남성의 평균수명은 여성보다 5년 정도 짧다. 노년기에만 남성의 사망률이 여성 사망률보다 높아서 그런 것은 아니다. 유년기건 청년기건 장년기건, 세계 어디서나 남성은 여성보다 모든 연령대에 걸쳐서 더 많이 죽는다. 단, 극히 고령층에서는 남자 자체가 별로 남지 않기 때문에 여성의 사망률이 자연스레 더 높다. 우리나라에서도 통계청이 발표한 2011년 자료를 따르면 0살부터 80살까지 남성의 사망률은 여성의 사망률보다 더 높았다.

남성이 여성보다 더 일찍, 더 많이 죽는 진화적 이유는 동물계에서 배우자를 차지하고자 서로 치열하게 경쟁하는 쪽은 대개 암컷이 아니라 수컷이기 때문이다. 결과적으로 수컷끼리는 평생 얻는 자식 수의 편차가 크다. 우수한 유전자를 가진 수컷 사자나 산양이 많은 암컷을 거느리는 것은 자연계의 섭리다. 열등한 유전자를 가진 동물들은 교미를 할 기회조차 없이 사멸하고 만다. 사람 세계도 크게 다르지 않다. 어떤 남자는 수많은 미녀와 염문을 뿌리며 자녀를 여럿 남긴다. 어떤 남자는 평생을 혼자서 외롭게 살다 간다. 아무리 행복하게 무병장수했더라도 자식을 하나도 남기지 못했다면 진화의 관점에서는 폭삭 망한 처지이다. 곧, 실패하면 수명이 짧아지지만 성공하면 번식의 길이 열리는 위험한 일에 물불 가리지 않고 뛰어든 남성만이 우리의 직계 조상이 된다.

미국 미시간대학의 진화심리학자 대니얼 크루거와 랜돌프 네스는 20개국에 걸쳐 교통사고, 비교통사고, 자살, 살인, 심혈관 질환, 고혈압, 간 질환, 악성종양, 뇌혈관 질환 등 11개 주요 사망 원인에 따라 남녀 사망률이 달라지는지 조사했다. 그 결과 '모든' 사망 원인에 대해 모든 연령대에서 남성이 더 많이 사망함이 밝혀졌다. 특히, 남성이 성적으로 성숙해서 배우자를 얻기 위한 경쟁에 막 뛰어드는 청년기에 이르면 남녀 사망률의 격차는 더욱 벌어졌다. "남성이라는 사실은 선진국에서 젊은 나이에 사망을 초래하는 가장 강력한 위험 요인이다."라는 것이 논문의 오싹한 결론이다.

남성은 사회적 지위를 높여 배우자를 얻고자 위험을 무릅쓰다 보니 살인이나 사고, 열악한 근로 환경, 과로로 여성보다 더 많이 죽는다. 누가 몇 달 먼저 태어났는가 같은 남자들 간의 사소한 입씨름이 종종 살인으로 번지는 까닭은 그 입씨름에 남자의 사회적 지위와 체면이 걸려 있기 때문이다. 행글라이딩, 자동차 경주, 번지점프 같은 위험한 스포츠를 즐기다 크게 다치는 쪽도 주로 남성이다.

남성은 질병으로도 여성보다 더 많이 죽는다. 자연선택의 관점에서 보면 병에 잘 안 걸려서 오래 살게끔 공들여 설계해야 하는 성은 남성이 아니라 여성이기 때문이다. 곧, 자연선택은 자식 없이 장수한 할아버지보단 자식을 낳고 요절한 사나이를 선호한다. 사춘기에 분비되는 남성의 테스토스테론 호르몬을 예로 들어 보자. 이 호르몬은 수염이 나게 하고, 정자를 생산하고, 근육을 키워 주고, 여자들에게 매력적으로 보이게 한다. 한마디로 '진짜 사나이'를 만들어준다. 하지만 테스토스테론은 면역 능력을 떨어뜨려 남성이 갖가지 전염병에 시달리게 한다.

자연선택에 의한 진화는 우리의 건강이나 행복에는 무관심하다. 수명을 단축해서라도 번식 성공도를 높일 수만 있다면 그 형질은 선택된다. 이 원리를 극명하게 보여주는, 그래서 의식적으로라도 건강을 더 챙겨야 하는 성은 여성이 아니라 남성이다. _ 전중환 경희대 후마니타스 칼리지 교수- 진화심리학

_한겨레, 2013. 10. 08.

(1) 여자는 남자보다 좌뇌와 우뇌를 균형 있게 사용하여 더 긍정적이고 부드럽다

여자는 염색체가 손상을 입어도 XX 염색체 두 개가 서로 보완이 되지만, 남자는 보완이 안 되고 Y염색체가 작고 또 보완이 안 되어 변이를 일으킬 경우 불리하다고 한다. 또한, 여자의 수명이 긴 이유는 남자가 술·담배 등 섭생에서 불리한 측면도 배제할 수 없지만, 여자가 남자보다 상대적으로 더 많은 우성인자를 보유할 가능성이 높다. 훨씬 부드럽고 긍정적인 삶을 살아 긍정의 뇌가 발달하여 그것이 직접적으로 건강에 영향을 미치기 때문이다.

좌뇌는 언어, 논리, 수리, 분석적 사고 등을 관장하며 우뇌는 공간, 직

관, 음악능력 등을 담당한다. 우뇌는 감성이 풍부하고 예술적 이미지나 창의적 직감이 매우 풍부하다. 남자는 대체적으로 좌뇌가 발달한 사람이 많아서 수학과 논리 등에 강하다. 반면, 여자는 좌뇌와 우뇌가 균형을 이루고 있어 조화를 잘 이룬다. 여자는 일반적으로 논리와 수학 등 좌뇌를 사용하는 부분에서는 상대적으로 약하나 전체적으로 훨씬 강한 뇌 구조를 가지고 있다. 우성인자를 많이 보유하고 있어서 스트레스에 강하다. 여자의 뇌는 좌우의 뇌가 균형을 이룬 매우 긍정적인 요소로 무장되어 있어서 더욱 유연하고 적응력이 뛰어나다. 여성은 유연하고 적응력이 뛰어난 뇌로 인하여 재난을 당해서도 오래 버티고 살아날 가능성이 더욱 높다는 통계가 있다. 삶에서 어려움을 만나도 스트레스를 극복하고 살아남는 생명력이 남자보다 더욱 강하다. 여성은 한쪽 뇌의 부족한 부분을 다른 한쪽 뇌로 보완하는 탄성(彈性)을 가지고 있어 좌우의 뇌가 서로 보완작용을 한다. 좌우의 뇌를 연결하는 뇌량(腦梁)의 단면적이 특히 앞쪽에서 여성이 압도적으로 넓다는 것이 증명되었다. 여성이 자살자가 적은 것은 양쪽 뇌가 균형이 잡혀 안정적인 사고방식을 가지고 있어 강한 불안감이나 스트레스를 저장하지 않기 때문이라고 한다. 그리고 좌뇌나 우뇌 중 어느 한 쪽 뇌만 우위성(優位性)이 높아져 특수화하는 상태를 측성화(側性化)라고 한다. 측성화는 남성의 뇌가 더욱 강하고 천재 중에 남성이 더 많은 요인으로 분석되고 있다.

(2) 여성은 상대와 동일화하려는 의식이 자연의 상생의식과 닮았다

여성은 상대방과 자신을 일체화시키는 것을 즐기는 경향이 있다. 어색한 분위기를 깨뜨리기 위하여 자신이 먼저 마음의 문을 열고 무의식적으로 편안해지려는 경향이 강하다. 때때로 콧노래를 흥얼거리기를 좋아하고, 본능적으로 하얀 이를 드러내어 밝게 웃으며 상대에게 호감을 주는 본능이 있다. 입이 아름다운 여성이 남성보다 월등히 많다. 뇌에 좋은 영향을 주는 행동을 자주 하는 것이다. 반면에 남자의 뇌는 여성의 이런 뇌와 반대 현상을 가지고 있다. 상생 조화를 이루려는 자연의 발전법칙과 다르게 권위적인 의식으로 상대를 지배하려 하고, 여성보다 상대적으로 덜 웃고 상대와 일체화하려는 경향보다는 자신을 우월시하는 경향이 있는데, 그런 것이 뇌를 점점 딱딱한 돌덩이로 만든다. 자연은 몸의 자세를 낮게 임해서 서로 어우러져야 하는데 남자는 높게 임하려 드니 뇌의 건강에 해로운 것이다. 여성 한 명은 여러 명의 남성과 어울려서도 자연스럽게 잘 화합을 할 수 있지만, 남성 한 명은 여러 명의 여성들과 어울려 자연스럽게 조화를 이루는 것이 그렇게 쉬워 보이지는 않는다. 확실히 양성 간에 성격이 다르다는 것을 느끼며 어찌 보면 자연의 생태계에서 자연스런 현상인지도 모른다. 즉, 사슴이나 사자 등 동물들도 수컷들은 많은 암컷을 거느리며 서로 간에 세력 다툼을 한다. 짧은 순간 전체 무리에 우뚝 솟아 화려하게 지배하지만, 어느 사이 또 다른 새로운 지배자의 등장으로 무리에서 쫓겨나 외롭고 쓸쓸하게 멀리 유기되어 생을 마감하게 된다. 암컷들은 지속적으로 무리 속에서 새로운 지배자와 번창을 함께한다.

연애하는 중에도 여자는 남자를 대할 때 성심성의를 다해서 사랑할 가능성이 더 높다. 여자는 사랑할 때 보통 몸과 마음을 바쳐 애정을 쏟는 경우가 많다. 남녀가 1대 9로 주고받는다는 연구도 있다. 이렇게 행동하게 되기까지는 이타 희생적인 우성인자의 뇌를 많이 사용해야 그런 행동이 가능하다. 이런 것을 보면 여성이 태생적으로 우성적 인자를 많이 가지고 있다. 자연의 이치에서 보면 여성이 우성유전자를 더욱 많이 보유하고 있기 때문에 남성보다 더 건강하며 더 오래 장수 할 가능성이 높은 이유다. 반면에 남자들은 상대를 지배하려 하며 상대적으로 부드럽지 못하고 열성적인 인자를 많이 가졌기 때문에 자신의 건강이 약해지고 생명도 단축될 가능성이 높다.

조기에 병으로 쓰러진 사람을 보면 남성이 월등히 많다. 성격에서 기인하는 바 크다. 남성이 술·담배를 많이 하는 요인도 작용하지만, 젊어서부터 남성들은 치열한 경쟁사회에 노출되어 생활하면서 주장이 강해지고 우월적 지위를 쟁취하기 위하여 뇌가 딱딱해지게 마련이다. 남성은 상대적으로 결혼하여 여성을 대할 때 부드럽지 못하고 우월적으로 지배하려는 경향이 있다. 주변과 상생하고 화합하려는 여성과 비교하면 확실히 남성은 자연의 희생봉사 의식과는 거리가 있다. 나이가 들어 남성들은 상대적으로 여성보다 조기에 병마로 쓰러져 일어나지 못할 확률이 더 높다. 그를 곁에서 간호하는 사람은 구박받던 아내일 가능성이 높다. 물론 쌍방의 성격에 따라서는 정반대일 경우도 적지 않다. 남성이 출생률이 높지만, 여성이 장수하여 고령 계층에 여성 생존자가 절대적으로 많다. 남성들은 술·담배를 하여 건강이 악화되는 것을 감안하더라도 남성이 조로조사(早老早死) 하는 것은 분명하다. 중요한 것은 어떤 의식과 습관으로 인생을 살고 있는 것인가가 매우 중요하다. 사람의 후반부는 인생의 전반기를 어떻게 살아왔는가에 따라 결정되게 된다.

(3) 여성은 출산 자체가 우주생성의 과정에 참여하는 것

인간은 근원적으로 자연의 일부요 자연의 산물이다. 따라서 삶을 제대로 영위하기 위해선 자연과의 깊은 교감이 반드시 필요하다. 자연에서 생활하면서 삶의 지혜를 넓히고 수련을 해야 생존할 수 있다. 어떤 사람들은 수련을 위하여 아주 멀리까지 도보 여행을 하거나 숲에서 생활하며 명상을 하기도 한다. 그럼 여성은 어떠한가? 여성은 그럴 필요가 없다. 먼 길을 떠날 필요도, 고행을 자처할 필요도 없다. 여성은 이미 무의식적으로 교감 능력을 지니고 있다. 일상생활을 원만하게 해나감으로써 얼마든지 가능하다. 특히, 아이를 낳고 기르는 과정 자체가 훌륭한 통과의례와 다름이 없다. 아이를 낳는 것 자체로 우주적 생성의 과정에 참여하는 일이다. 아이를 기르는 행위 역시 마찬가지다. 즉, 여성에겐 아이를 잉태하고 낳아서 기르는 생활 자체가 창조하는 자연의 과정에 참여하는 것이다. 아이를 낳으며 겪는 고통을 감내하며 기쁨으로 승화되는 여성의 저력을 보면 자연의 모습과 많이 닮아있다는 생각을 한다. 남성이 갖지 못한 아이를 보호하는 모성 보호본능을 보면 어떤 억압에도 굴하지 않고 희생 봉사하는 자연의 담대한 모습과 닮아있다.

동물은 숲에서 태어나 자연에 순응해 살아가면서 아무도 가르쳐 주지 않지만, 상대적으로 인간보다 오랜 세월 동안 생존하는데 아무런 문제가 되지 않는다. 동식물은 바람, 태양 등 자연과의 깊은 감응력을 통해 생식하고 번성하고 지속성을 유지하고 있다. 거기에 대단한 학식과 이론과 과학이 필요한 것은 아니다.

동물 중에 사람만이 과학과 의학의 힘에 의존하여 살아가지 않으면 안 되는 나약한 존재다. 다른 동물들은 자연에서 스스로 살아갈 길을 찾지만, 자연에서 혼자 버려져 살아남을 사람은 많지 않을 것이다. 이처럼 과학과 의학이 발달한 이 현대에는 더 이상 여성도 자연의 창조 과정에 홀로 전적으로 참여하지 못하고 있다. 현대 여성은 임신하는 순간부터 병원의 도움을 받고 출산 역시 병원과 정밀기계에 의지하게 되어 있다. 과학과 의학이 발달한 현대는 여성도 더 이상 자기 몸과 삶의 주체가 아니다. 육아 과정에도 분유와 예방접종 등의 도움을 받고 모든 과정에 자신의 역할이 점점 줄어들고 있다. 다산(多産)하는 여성이 고생으로 단명할 것 같지만, 오히려 질병에 강하고 더 장수하는 경향이 있다는 연구가 있다. 그런데 현대의 여성은 과거에 스스로 임신하여 병원도 없이 출산하고 양육하면서 태양 아래 노동했던 자생적 여성과는 현저한 차이가 있다. 이처럼 현대과학이 발달함에 따라 정밀한 과학과 의학에 의지하면서 사람은 점점 자생력을 상실하며 자연에서 멀어져 간다. 과거에 여성들이 출산하며 우주생성의 과정에 참여했으나 과학과 병원 의료술의 발달로 현대과학의 도움을 받게 되면서 면역성이 떨어지고 있다. 이처럼 세상이 아무리 편해져도 가급적 편리함만 추구하지 않고 다소 불편함을 감수하더라도 자연에 순응하며 살 줄 알아야 한다.

5. 가족은 서로에게 보약이 될 수 있지만 반대로 독약이 될 수 있다

아빠 가시고기는 어린 치어가 태어나기 전에 강바닥의 진흙을 파내고, 물풀과 나뭇잎으로 아담하고 예쁜 집을 짓는다. 새끼가 부화할 때까지 먹지도 않고 침입자를 지키고 돌보는 일에 힘을 쓰다가 새끼가 태어나고 나면 기력을 다하고 죽음을 맞이한다. 하는 행동이 고등동물 못지않다. 어떤 물고기는 알을 산란하자마자 죽기도 한다. 모든 생명체는 종족 보존의 본능을 가지고 있고 종족보존을 위한 눈물겨운 노력을 한다. 늑대거미는 알을 낳아 새끼가 태어날 때까지 알을 등에 지고 생활을 한다. 새끼가 태어나면 자기 몸을 먹이로 내어 주는 거미도 있다. 남극의 황제펭귄은 먹지도 않고 영하 30도가 넘는 눈보라 폭풍 속에 서서 혹한을 견디며 두 달 동안 알을 품어 새끼를 부화시켜 키운다. 종족보존 본능은 동물들 뿐만 아니라 식물도 있다. 새나 동물에게 씨앗을 먹게 하여 종자를 멀리 퍼뜨리고자 하는 식물도 있고, 씨앗에 바람개비를 달아 바람에 멀리 날려 보내는 식물이 있으며, 활동력이 많은 동물의 몸에 씨앗을 붙여 멀리 보내는 식물도 있다. 이처럼 식물들도 되도록 종자를 멀리 퍼뜨리기 위하여 갖가지 방법을 동원한다. 자연계의 끊임없는 순환은 후손을 더 많이 퍼뜨리기 위한 생명체들의 헌신적 노력과 처절한 자기희생의 산물인지도 모른다.

사람도 자연의 탄생물로서 자기 자식을 잘 키워 우수한 유전자를 보전하고자 하는 욕망이 있다. 그래서 부모는 자녀에게 무조건적 사랑을 베푸는 데 예외가 없다. 부모가 자식에게 헌신적으로 벌어서 투자하는 것을 보고 사람들은 '자식은 전생에서 채무관계가 있어 빚 받으러 온 사람이다'라는 말에 공감한다. 자식을 위하는 일이면 무조건적으로 투자를 아끼지 않는 부모들을 일컬어 하는 말이다. 진화론적 생물학이 같은 유전자를 공유한 가족끼리 서로 돌보고 기득권을 지키려 하는 것을 자연의 섭리로 보는데, 이것은 원초적 본능에 가깝다.

그런데 인간은 전두엽 뇌가 발달하면서 생물학적으로 이러한 원초적 본능에 덜 충실한 사람들이 나오게 되었다. 즉, 현대인의 뇌는 유전자를 공유한 개체끼리만 돕고 사는 동물적 본능을 억제하고 유전적 혈연관계가 없는 사람에게도 손길을 내밀게 되었다. 타인에게 기부를 하고 희생봉사하는 지혜를 발휘하는 것이 더욱 즐겁다는 것을 느끼는 이타적인 뇌의 출현이다. 자기 자신의 행복과 타인의 행복을 동일시하고 더불어 화합하고 평화롭게 살고자 하는 의식에 가치를 두기 시작했다. 이러한 이타적 본능에 충실한 사람들은 자연의 섭리에 따르는 것이므로 질병에도 매우 강하다. 언급한 바와 같이 장수노인들은 의식이 열려 있어 넓게 보면 희생봉사의 뇌가 발달한 사람들이라 할 수 있다. 사회에 봉사를 많이 하고 사는 사람들의 평균 수명이 보통 사람들보다 길다는 보고도 많다. 이것은 자연의 섭리이다.

사람은 대부분 태어나자마자 가족을 만나게 되고 가족 대부분은 죽을 때에야 비로소 헤어지게 된다.

가족은 자기 의지대로 선택한 집단은 아니지만, 사람의 일생을 통하여 가장 큰 영향을 받는 집단이다. 자기의 의지와 상관없이 태어나면서부터 관계가 결정되기 때문에 부모와 자식 간의 관계를 천륜(天倫)이라고 한다. 어떤 부류의 사람들과 만나 가족 관계를 형성하고 어떤 삶을 살았는가 하는 것은 인생의 성패에 결정적인 영향을 미치고 수명에까지 영향을 미치고 있다.

사람은 성격과 습관의 80% 이상이 가족으로부터 형성된다고 한다. 사람이 살아감에 있어서 가족 관계의 중요성은 아무리 강조해도 지나치지 않다. 첫째, DNA로 하여 조상과 부모의 체질이나 성격, 습관이 그대로 유전된다. 둘째, 자녀는 집안 환경의 영향으로 부모의 말투나 생활습관을 보고 배우며 대인관계 방식과 사고방식을 똑같이 따라서 한다. 셋째, 음식을 먹는 습관이 부모 위주의 가족식단으로 결정되어 식습관이 유사해진다. 넷째, 종교적 신념과 삶의 철학이 비슷할 가능성이 매우 높다.

유전적 특징이라 하면 우리는 대체로 키, 골격, 얼굴형 등 신체적 특징의 유전을 생각하지만, 성격과 체질적 습관에서 심장병, 고혈압, 콜레스테롤, 당뇨, 암, 알츠하이머 등 질병까지 가계 내에서 유전된다는 것이 밝혀졌다. 실제 가족 상호 간에는 일생을 통하여 지금 나열한 내용보다 훨씬 광범위하게 영향을 미친다.

가족 간에 상호 미치는 영향에 대하여 '에너지 동조화 현상'이라는 원리를 통하여 이해하면 쉽다. 즉, 제각기 추가 다르게 움직이는 괘종시계를 벽에 걸어두었다. 그런데 하루 이틀이 지나면 모든 추들이 일제히 같은 방향, 같은 속도로 움직인다. 진동이 빠른 진동자가 느린 진동자를 자기 쪽의 속도에 맞추게 하기 때문이다. 에너지 동조화 현상처럼 우리 생각도 에너지 파동의 힘이 큰 쪽으로 따라가게 되어 있다. 아이는 부모에게, 학생은 교사에게, 직원은 사장의 에너지에 동조하게 된다. 전체 집단의 에너지 파동이 아주 밝고 긍정적이라면 내 기분이 조금 어두워도 이내 기분이 밝아지고 좋아지게 되지만, 내가 아무리 기뻐도 윗사람이나 전체적인 분위기가 어두우면 내 기분도 온전히 기쁘거나 행복해 질 수 없다. 상황이 이와 같으니 일생을 함께 살아야 하는 가족 간에는 집안 환경과 분위기가 얼마나 중요한 영향을 미칠 것인가를 짐작하여 알 수 있다. 가족관계는 분명히 에너지 동조화 현상처럼 서로 간에 광범위하게 영향을 주고받는다.

성장하는 어린아이들은 판단력이 매우 떨어지므로 부모가 아이들에게 부드러운 말로 반복적으로 인내심을 가지고 긍정적인 뇌를 발달시키도록 교육을 해야 한다. 부모가 자녀를 훈육하는 방식은 탓하는 말투나 쏘는 듯한 말투로 명령하고, 자녀를 모진 말로 몰아붙이고, 더구나 때리는 방식으로 교육해서는 절대 안 된다. 그런 환경에서는 아이들의 전두엽이 우울해지고 활성화가 안 되어 의기소침하게 되고 심지어는 자폐증을 갖기도 한다. 부정적인 환경에 장기적으로 노출될 경우 성격이 내성적이 되거나 자기보호 본능이 발동하게 되면, 극단적으로 비뚤어져 공격적 성향의 성격이 형성된다. 성장기에 일단 형성된 성격은 다시 고치는 것이 산을 옮기는 것만큼이나 힘들며, 잘못되었다고 하는 순간은 이미 때가 늦다. 더구나 때리거나 모진 말로 훈육을 하면 효과도 낮고 자녀에게 해가 될 뿐 아니라 교유 과정에 부모 자신의 뇌에도 치명적인 독이 된다. 그리고 집안의 좋거나 나쁜 내림은 좋은 자녀, 편애하는 자녀에게 내릴 가능성이 크다. 가족 중에 총애하며 기대를 했던 아이가 성장하면서 고난을 더욱 많이 받는 것은 자연의 이치이다.

옥토에서는 곡식이 풍성하게 잘 자라고 낱알이 알차고 소출이 많다. 모래, 자갈이 많은 황무지 땅에는 아무리 좋은 종자를 파종해도 잘 생장하여 알찬 열매를 맺지 못하고 낱알이 작아 소출이 작다. 또한, 옥토에 우생의 씨앗을 뿌려도 잡초와 섞여 있으면 잘 자라지 않아 풍성한 수확을 못한다. 가족은 다 함께 서로 잘 어울리는 가운데 옥토에 우생종을 파종하여 잡초가 없는 농사처럼 풍성한 수확을 기대할 수 있다. 사람도 좋은 환경의 가정에서 자란 사람이 좋은 결실을 맺을 수 있다. 그래서 어린 시절부터 좋은 집안 환경을 조성하여 양질의 습관을 보유하도록 온 가족이 다 함께 힘을 써야 한다.

가족 간에도 제일 많이 마주앉아 보게 되는 것은 식탁에서다. 식탁을 잘 활용해야 한다. 과거에 우리 조상들은 식탁에서 말을 많이 하면 위생적으로 좋지 않고 복(福)이 달아난다고 하여 말을 금기시하기도 하였으나, 식탁은 현대를 바쁘게 살아가는 가족 간에 대화하고 정을 나누는 소중한 장소가 되어야한다. 요즈음은 부모와 자식 간에도 서로 바빠서 얼굴을 마주하기도 쉽지 않은 것이 사실이지만, 식구들끼리 식탁에서 다양한 화제로 눈을 깊게 맞추고 신변잡기적인 이야기도 좋고, 무슨 이야기든 웃으며 정답게 대화를 할 수 있어야 한다. 가족 간에 특히 저녁 밥상을 귀하게 여기고 한 끼만큼은 가족이 함께 먹으며 모여앉아 정담을 나누는 것을 인생의 행복으로 알아야 한다. 평소에 습관이 되지 않으면 식구들 간에도 마주앉아 정답게 눈 맞추고 이야기하는 것을 어색해하기도 한다. 부모가 자녀들에게 어떤 분위기를 조성하여 습관을 들이는가에 따라 가족 간의 분위기는 천차만별로 바뀐다. 가족 간에 '에너지 동조화 현상'이 영향을 주기 때문이다.

가족 간에 긍정의 바이러스가 퍼지면 가족 모두가 질병에도 강하고 활력적으로 살아 인생이 성공적일 가능성이 높지만, 부정의 바이러스가 퍼지면 열성적 성격의 인자를 많이 보유하게 되어 한 참 활동할 시기에 치명적인 질병에도 걸리고 사회생활에서도 실패할 확률이 높다. 이처럼 에너지 동조화 현상에서 보는 바와 같이 모든 면에서 가족 간에 뇌의 형성에 많은 영향을 주고받기 때문이다.

명절날 가까운 가족 간에 만나서 보면 알 수 있다. 전통적으로 긍정적인 집안사람들은 부드러우며 살가운 대화로 서로 즐거운 말을 하느라 낄낄거리며 웃고 정겨움이 넘친다. 간혹 문제가 생겨도 따뜻한 가족의 정으로 감싸주고 따뜻한 위로의 말로 보듬어 주며 대화로서 유쾌하게 마무리한다. 가족 중에 어려운 사람이 있으면 함께 가슴 아파하고 머리 맞대고 도울 생각을 궁리한다.

반대로 부정적인 집안사람들은 잘 웃지도 않고 서로 간에 살가운 대화가 단절되어 있어 가끔 모이게 될 경우 매우 어색해하고 보통 TV프로나 드라마에 열중하게 된다. 모처럼 대화를 하다 보면 과거 일로 서운한 감정이나 앙금 섞인 말이 튀어나오게 되고, 큰 소리로 자기주장을 펴고 상대에게 상처 주는 말을 하여 분위기를 침울하게 만든다. 이처럼 사람들은 어떻게 살아왔는가에 따라 담장 너머로 웃음이 끊이지 않는 집안이 있는가 하면 싸움 잘 날이 없는 집안이 있게 마련이다. 어느 집안이 화목하고 행복할 것인가는 알만하다. 더욱 중요한 것은 그 양쪽 집안사람들의 뇌의 상태를 비교해 보면 긍정과 부정적 모습으로 완전히 상반되게 발달해 있다는 것이다.

한편 생각해 보면 가족이라는 사람들은 세상 누구보다 허물없이 편하게 대할 수 있는 사람들이다. 가족들은 다른 사람들보다 예의나 염치를 덜 따져도 되고 필요하면 서슴없이 신세를 지고 소홀히 상대해도 별문제가 없다고 생각한다. 따라서 서로 간에 격의 없이 상대하다 보면 상처를 줄 가능성도 매우 높은 사람들이다. 그런데 가족을 함부로 상대하다 보면 자신의 건강에 불리한 영향을 미치는 유전자가 형성되고, 상호 영향을 주기 때문에 가족은 큰 질병을 감염시키는 통로가 된다. 가족에게 잘하는 것이 제일 중요하다. 서로 살갑게 잘 상대하여 주는 것은 가족에게 건강과 행복의 보약을 지어주는 것과 같다.

부정적인 가족은 서로에게 독이 되는 경우가 많다.

부부간에 부정적 성격으로 지지 않으려고 자주 싸우는 남편이나 부인은 서로 얼굴만 쳐다봐도 현기증이 난다고 한다. 가족 중에 심한 스트레스를 주는 사람은 얼굴도 보기 싫어진다. 뇌는 본능적으로 두려움에 대한 것을 잘 기억하는 습성이 있는데 부정적인 부부간이나 가족은 어려운 환경에서 오랜 시간 동안 살아오면서 좋은 것보다는 서로 주관적 의견을 주장하는 과정에서 뇌세포에 미움이 많이 박혀 있고 이렇게 되면 서로 간에 눈을 맞추기도 싫어지게 된다. 미운털이 박히면 눈과 뇌에 힘이 들어가고 상대방에게 주장하는 말투로 말을 세게 하게 된다. 뇌는 본능적으로 안정추구 의식이 강하므로 자신에게 위해(危害)가 되는 두려움에 적대적 감정을 가지고 있고 그에 대한 대응을 한다. 가족간에도 감정대립으로 며칠씩 말을 안 하거나 심지어 몇 개월간 말을 안 하고 산다는 사람도 있다. 가족은 무의식적으로 서로간에 독을 주어 뇌를 망가지게 한다. 이처럼 장기적으로 옳지 않은 성품을 갖고 자기 고집대로 하는 사람은 자신도 괴롭지만, 가족들을 더욱 힘들게 한다. 서로에게 스트레스를 주어 뇌를 우울하게 만들면 기능이 떨어지고 세월이 흘러 치명적인 병이 엄습해 온다. 나쁜 짓을 계속하고 가족에게 성질을 자주 내는 사람은 독성이 쌓여서 스스로 무너질 뿐만 아니라 가족에게 독약을 주는 것과 같다. 생활이 불규칙하고 난잡한 사람들은 섭생뿐 아니라 뇌의 관리부족이 영향을 미처 대체로 단명한다.

너무 빨리 인생의 종착역에 도달해 버린다. 이후의 삶은 설사 당장 죽지는 않더라도 크고 작은 각종 질병에 시달리게 되고 행복한 삶을 살아가기가 어렵다. 이혼사유 중에 성격차이가 가장 많이 차지하는 데는 이유가 있다. 반대로 가족들과는 유쾌하게 못 지내는 사람이라 할지라도 가까운 친구를 만나면 너무 기분이 좋고 즐거운 시간을 보낼 수 있다. 친구 간에는 호의를 가지고 사귀어 좋은 감정이 뇌에 새겨져 있기 때문이다. 물론 친구 간에 함부로 대하여 나쁜 기억이 있는 친구라면 뇌는 그 친구를 더욱 싫어하게 될 것이다.

고기가 어항에서 잘 살다가 어느 날 먼저 한 마리가 죽게 되고 그대로 놔두면 썩은 물고기의 독이 퍼져 한 마리씩 차례로 죽어가게 된다. 가족 관계가 바로 그런 형국이 될 수 있다. 유전적으로 당뇨, 고혈압, 대장암, 위암, 폐암, 난치병 등 질병이 모두 가족력이 있다. 대대로 족보를 살펴보면 어떤 집안은 어떤 특정 질병으로 단명하는가 하면, 어떤 집안은 장수하는 경향이 뚜렷한 것을 볼 수 있다. 이 글 서두에 나열한 세 가지 영향을 주는 것과 정확히 연관이 있기 때문이다. 성격은 부드러운가, 식습관은 어떤가, 삶의 신념은 어떤가에 따라 가족 간에 서로 영향을 주게 된다.

자연을 제외하고 살아가는 생명체는 모두 대체적으로 좋은 것보다는 나쁜 기운을 내 뿜는다. 사람들은 누구나 여러 사람이 모이는 곳에 있게 되면 쉽게 피로감을 느끼거나 머리가 아플 때도 있다. 반대로 자연의 숲 속에 가면 모든 것이 편안하고, 하룻밤을 자고 나면 몸이 좋아져 신진대사가 잘되고 대소변도 원활한 것을 체험할 수 있다. 가족은 서로 돕고 사는 사이지만 여러 사람이 모여 살다 보면 피곤함이 적지 않다. 가족끼리도 불편할 때가 많고 혼자 조용히 있고 싶을 때가 있다. 보이지는 않지만 마치 전자제품에서 전자파가 나와 사람을 피곤하게 만드는 것과 같이 사람 간에는 서로에게 영향을 미치는 기운이 있다. TV를 켜면 피곤하고, 끄면 편안해지는 것을 느낄 수 있다. 사람 간에도 그런 기운이 있다. 서로 간에 미워하고 독설을 하는 사이라면 얼마나 많은 나쁜 기운이 집안을 겹겹이 감싸고 있는가는 가히 짐작할 수 있다. 아픈 사람이나 고령자는 자연스럽게 그런 무거운 독성을 가지게 된다. 그런 환경에서 함께 생활하다 보면 다른 가족도 뇌와 신체가 가라앉고 점점 더 기능을 발휘하기가 어려워지며 신체도 함께 악화의 길을 걷게 된다.

이런 기류를 좋게 만들고 자신의 머리를 양호한 상태로 만들기 위해서는 상대방에게 살갑고 따뜻하고 부드러운 말로 이야기해야 한다. 서로 좋은 기운을 형성하는 것이 필요하다. 부드럽고 살가운 말씨로 이야기하면 듣기 싫은 잔소리도 잘 경청해 준다. 반면에 딱딱하고 권위적인 말씨는 듣기 좋은 말을 해도 잘 전달이 안 되고, 더구나 듣기 싫은 말을 하면 상대방이 즉시 귀를 닫아 버리게 된다. 그러므로 무엇보다 본인이 항상 따뜻한 자세로 말을 하도록 노력을 해야 한다. 자신을 위해서 후손을 위해서 긍정적이고 부드러운 성격으로 타인에게 잘 베풀어 좋은 우성 인자를 많이 가져야 한다. 가족 모두가 건강을 지키고 신인류의 유전자를 가질 수 있도록 노력해 보는 것은 어떨까. 이처럼 부모와 가족의 상황에 따라서 사람의 일생을 좌지우지하는 성격이 형성되고 고유한 유전인자들이 형성된다. 가족의 상황에 따라 선순환 구조가 형성될 수도 있고 반대로 악순환구조가 형성될 수도 있다. 어떤 집안은 좋은 씨앗으로 옥토에서 풍요로운 농사를 짓는 집안이 있고 어떤 집안은 나쁜 종자를 자갈밭에 뿌려 가뭄을 만나 알찬 곡식을 수확하지 못하고 쭉정이만 남게 되는 가문이 될 수도 있다.

잘 살기 위해서는 이미 말한 바의 우성유전자를 많이 갖도록 할 것이며, 아울러 가족 간에는 살가운 말투를 사용하는 것은 큰 도움을 준다. 상대에게 주장하고 이기려고 쏘아붙이는 말투를 삼가고 서로가 호감을 가지고 따뜻하고 부드러운 말씨로 부르고 상대를 보듬어 주는 훈훈한 대화를 해야 한다. 예를 들어 부부간에도 어색하고 낯간지러워서 '여보'라는 말을 사용 못하는 사람들이 많다. 자신의 상태는 어느 쪽인지 생각해 보자. 사람은 이처럼 뇌의 상태에 따라 말하는 태도가 매우 다르다. 형제자매 간에도 '형님', '아우님', '누님', '오빠', '언니'의 존칭을 살갑게 잘 사용 하지 못하는 경우도 있다. 또는 모친께는 '어머님, 엄마', 부친께는 '아버님, 아빠' 등 존칭을 친근하고 살갑게 부르지 못하고 생략하고 살아가는 사람들도 많다. 이처럼 언어를 살갑게 잘 사용하는 사람들과 그렇지 못하고 살아온 사람들 간의 뇌 상태의 차이는 상상을 초월한다. 따라서 저녁 잠자리에 들 때, 아침에 일어나서, 사람을 만나고 헤어질 때 인사를 정겹고 살갑게 하는 것은 가장 기초적인 훈련이 된다. 즉, 부모님께 주무실 이부자리를 살펴 드리며 '아버님, 어머님 안녕히 주무십시오'한다. '아버님, 어머님 잘 주무셨습니까', '춥지는 않으셨는지요', '용돈은 있으신가요', '잘 다녀오겠습니다'처럼 말을 할 때는 진심과 공손한 마음을 담아서 따뜻하고 부드럽게 말을 해야 자신의 머리가 훈훈해 지면서 잘 못 된 뇌가 풀린다.

부모는 자녀를 키울 때 어린 시절이 뇌에 절대적인 영향을 미치므로 친구처럼 대해주고 인성을 부드럽게 만들어주어야 한다. 옛날 방식으로 엄격하고 엄숙함이 위주가 되어서는 안 된다. 아이가 잘한 일이 있을 때, 칭찬 위주로 기분을 즐겁게 만들어 주면 의식이 개방되어 긍정적이고 창의적인 뇌로 발달한다. 무슨 일이든 강압적인 자세로 추궁하듯이 하면 의식이 닫혀버리고 창의적인 머리도 어둡게 변화된다. 아이가 부모에게 마음의 문을 열고 대화를 쉽게 할 수 있도록 친구처럼 편하게 만들어 줘야 한다. '아이는 품 안의 자식'이라는 말이 있듯이 자식은 머지않아 성장하여 곧 부모의 품을 떠나게 되므로 함께 있을 때, 어려서부터 부모에게 존중을 받고 있다는 의식을 늘 심어 주어야 한다. 그래야 부모와 자식 간에 천륜이 두터워지고 성인으로 성장했을 때 돈독한 정이 생기며 자존감이 커져 사회생활을 잘한다.

　이렇게 가족 간에도 상대를 배려하는 호칭들은 상대에게 살갑게 잘해야 하는 것이 맞고 이타에게 베풀어야 하는 자연의 원리에서 보면 긍정적 뇌의 형성에 큰 영향을 미친다. 그런 호칭만 바꾸어도 뇌가 부드러워지고 다정다감해지면서 더욱 친근해진다. 그러면 상호 간에 교감력과 사교성을 높여줘서 관계를 매우 부드럽게 형성시킨다. 뇌를 훈련시키는 좋은 방법이다. 가족 간에 호칭이나 칭찬의 말을 정겹게 못하는 사람은 뇌의 상태가 이상적이지 않다. 이 경우에 훈련함으로써 잘못된 뇌를 고치는 시작이 될 수 있으니 상대에게 존칭을 살갑게 사용하는 것을 소홀히 하면 안 된다. 어떤 사람들은 갑자기 이런 대화가 매우 힘든 사람들이 있다. 이것은 살아오는 동안 자기의 뇌가 서로 상생하는 자연의 부드러운 이치에서 벗어나 모난 돌처럼 딱딱하고 뻣뻣하게 형성이 되어 있기 때문이다. 존칭을 사용하는 것은 작은 일처럼 보이지만, 사용할 때 어색하고 잘 안 된다면 자기 뇌가 매우 크게 잘못되었다는 것을 깨달아야 한다. 병에 걸린 사람이 뇌가 잘못된 것과 같이 이런 사람도 뇌가 잘못된 것이 분명하다. 이런 상태로 어느 시점이 되면 여러 방면에서 건강이 약화되어 적신호가 올 수 있다. 가족뿐만 아니라 직장이나 사회에서 상하관계로 만나는 사람들과도 친근하며 격의 없이 다정다감한 호칭을 잘 사용해야 자기 건강을 잘 지킬 수 있다. 수없이 말하지만 지나친 위계질서 의식이나 우월의식은 자신의 뇌를 약화시키고 자신을 쓰러뜨리는 치명적인 적이라는 것을 명심해야 한다. 자연은 상생화합하는 의식이 골간을 이루기때문이다.

'인생은 짧고 예술은 길다'는 말이 있지만, 인생이 결코 짧지 않다. 인생을 한평생 산다는 것을 생각해 보면 멀고도 험난한 여정이다. 인생을 어느 정도 살아 본 사람이면 누구나 인생에서 셀 수 없이 인생의 굴곡을 맞이하게 되는데 돌이켜 보면 참으로 멀고도 험난한 길을 굽이굽이 돌아서 오늘에 서 있다는 느낌이 들것이다. 결코 간단치 않은 것이 인생길이다. 인생의 순간순간을 반추해 보노라면 가족 간에는 서로에게 한 인간으로서 위로해주고 사랑으로 아무리 많이 감싸 줘도 아쉬움이 남는 사람들이다. 인생에서 성공이 무엇인가란 설문조사를 했는데 부부 관계가 70%이고 자녀 성공이 17%였다고 한다. 누가 부자이냐, 자녀가 일류대학 갔느냐가 잣대가 아니었다고 한다. 인생을 살아가면서 가장 많은 시간을 함께 하는 가족 간에 서로에게 순간순간 필요하고 소중한 사람이 되어 주는 것이 값진 인생을 사는 지름길이다.

우리가 이별할 때를 생각해 보자. 공항이나 이별 장소에서 돌아서서 떠나는 사람의 등을 바라보노라면 한 인간에 대한 측은지심과 연민의 정이 느껴져 코끝이 찡할 때가 많다. 그는 인생의 무엇을 위해 먼 길을 떠나야 하는지, 또 언제쯤 다시 만날 수 있는지, 그 사람 등은 왜 그처럼 좁아 보이던지, 그 사람이 가족이라면 등 뒤로 사라지는 그의 모습이 더욱 측은해 보였을 것이다. 그런 만큼 만날 때는 또한 반가움이 넘친다. 하지만 의견대립으로 다툴 때는 누구보다 더 매몰차게 미워하고 싸우기도 하는 것이 가족관계다. 가족은 인생의 희로애락(喜怒哀樂)을 함께 하는 만큼 살아가는 동안에 서로에게 잊지 못할 성실한 동반자(同伴者)가 되어줘야 한다.

부모님께서 돌아가시거나 부부, 형제, 자식이 먼저 사망했을 때를 생각해 보자. 하늘이 무너지고 가슴이 찢어지는 느낌일 것이다. 평소에 이거 해내라, 저거 해주라고 요구만 했던 기억밖에, 때로는 모질게 말하고 다그치며 살았던 기억밖에, 한번이라도 그를 위해 진정 살갑고 친근하게 '사랑한다'고 말하며 안아주지 못했던 것이 못내 가슴이 아플 것이다. 나와 무슨 인연이 있었길래 이 시대에 태어나 수많은 사람 중에 나를 만나 그토록 고생하고, 때로는 마음의 상처를 받고, 그렇게 허무하게 헤어졌을까를 생각하면 억장이 무너지고 가슴이 먹먹해진다. 어찌하여 평소에 부모님 가슴을 아프게만 했으며 어찌하여 더 잘 해 드리지 못했을까? 돌아가셨던 부모님께서 다시 살아오셔서 좋아하시는 막걸리에 따뜻한 밥 한 끼라도 차려 놓고 맛나게 드시는 모습을 뵐 수 있다면 얼마나 좋을까 하면서 안타까워할 것이다. 사람은 떠나고 나서 후회막급이다. 사랑한다는 말을 한번도 못하고 부모님께서 돌아가신 사람도 많다. 우리네 인생을 그렇게 후회를 남기고 살면 잔뜩 짐만 남는다.

이혼이라도 한 사람이라면 한때나마 행복했던 시절을 그리워하며 예전에 헤어졌던 자녀들이 다시 품으로 돌아와서 행복했던 가정을 다시 꾸릴 수 있다면 얼마나 좋을까, 돌이켜 보면 후회막급이고, 가족은 무엇과도 바꿀 수 없는 것을, 내가 좀 참을걸…, 내 몸을 팔아서라도 잘 해주고 싶은 생각이 내면에서 끓어 오를 때가 있다. 그런데 현실에서 그것을 실천하며 사는 사람은 많지 않다. 현재 사람의 유전자가 당장 눈앞에 있는 현실적 이익 추구를 위해 서로 몰아세우는 형국이기 때문이다. 사는 건 별거 아 닌데 고등동물인 생명체로 태어나 왜 이렇게밖에 살지 못했나 하고 돌아서서 인생을 곰곰이 되새겨 보면 참 허무하고 어이없는 일이다. 있을 때 서로에게 잘해야 한다는 말을 귀에 못이 박히도록 들었지만, 사람이 떠난 후에야 후회하게 된다. 사람이 살아가면서 범죄를 저지르는 것만 삼가야 하는 것이 아니다. 생때같은 자식을 두고 이혼하는 당사자의 심정을 이해하자면 오죽했으면 그렇게 했을까 하는 동정이 가는 것도 사실이지만 결과적으로 이혼은 주변의 여러 사람에게 범죄 못지않은 고통을 남긴다. 언급한 바처럼 다른 동물과 미물들은 적어도 본능적으로 새끼를 앞에 두고 자신의 안위만을 위해서 딴짓을 하지는 않는다. 자식을 위해서 목숨을 거는 것은 동물의 본능이기 때문이다. 이혼을 범죄행위로 강제할 수는 없지만, 현대 결혼생활에서 이혼은 너무 상습적인 편이고 살아가면서 가족에게 무엇과도 비교하기 힘들 정도로 상처를 주는 행위라는 데는 이의가 없다. 만물의 영장이고 고등동물인 사람이 조금만 서로 희생하고 참아서 생명과도 같은 가족들에게 돌이킬 수 없는 상처를 주는 일은 삼가야 하지 않을까.

콩이 콩깍지 안에서는 어깨동무하고 함께 다정하게 자라나지만 나올 때에는 뿔뿔이 흩어지게 된다. 언제까지나 함께 있지는 않는다. 가족 구성원의 관계가 그와 같다. 그래서 콩깍지 안에 함께 있을 때 가족은 서로에게 잘해야 한다. 가족은 부부의 인연으로 맺은 이상 씨줄 날줄을 잘 엮어 함께 협동하여 행복이라는 베를 잘 짜내야 한다. 하루하루를 가족과 잘 보내면 그것이 인생에서 행복이고 성공이다. 이렇게 사는 것이 삶의 보약이고 무병장수할 수 있는 지름길이며 자연의 섭리에 동화하여 좋은 유전자를 만들어 가는 과정이기도 하다.

긍정적인 가족은 서로에게 장수의 필수 동반자가 될 수 있다. 긍정의 유전자가 많은 가족은 서로 기쁨과 웃음을 주고, 슬플 때는 서로 위안을 주고 여가생활도 함께 할 수 있다. 그러는 과정에 뇌에 좋은 영향을 줘서 질병에 강하고 장수에 도움을 준다. 반대로 부정적인 습관으로 살아온 가족들은 화목하지 못하고 서로에게 독을 주어 함께 치명적인 병에 걸려 불행한 인생을 보낼 수 있다. 두 상반된 경우에 그 영향은 상상을 초월한다. 전자는 가족 상호 간에 불로장생 만병통치약을 주는 것과 같고, 후자는 가족 상호 간에 악성 종양을 주는 것과 같다. 그 질병의 가족력이 중요한데 질병은 생활 중에 성격이 상호 작용해서 생기는 것이므로 가족 간에 또는 대를 이어서도 유사한 질병이 반복되는 것이다.

부부간 및 부모와 자식 간에 건강과 수명은 서로에게 지대한 영향을 준다. 부부간 생활에서 뇌의 중요성과 더불어 부부간의 운명이 많은 부분에 영향을 주고 있다는 것을 언급하지 않을 수 없다. 성격이 좋고 착한 사람도 결혼하면 자꾸 배우자가 죽는 사람이 있다. 이것은 성격보다는 '보이지 않는 대상'의 영향을 받는 데서 기인한다. 무당 팔자를 갖는 사람들과 그 자녀들을 보면 치명적이고 인생에서 큰 부분을 차지하고 있는데, 사람들은 명백한 현실을 간과하는 측면이 있다.

6. 사람의 뇌는 필연적으로 진화한다

    뇌의 발달과정을 보면 현재 삼단계 발달 과정으로 볼 수 있다.

    첫째, 원뇌라고 하는 파충류의 뇌는 식욕, 수면욕, 성욕, 공격욕, 군중욕이 있다. 둘째, 원시 포유류(개, 고양이)의 뇌는 안전추구, 사랑과 소유의 욕구를 추구한다. 셋째, 가장 발달한 신포유류의 뇌라고 하는 인간의 뇌는 여러 욕구에 명예욕과 자기실현의 욕구가 더 있다. 아울러 유전자의 가치관과 동화하고 싶다는 욕구가 나타난다. 자연의 유전자는 미생물로부터 현대 신포유류에 이르기까지 시간과 환경이라는 조건을 통하여 합목적적으로 일정한 방향으로 진화 발전하고 있다. 선, 정의, 희생, 화합, 공생, 진리를 내포한 우주의 의지가 작용한 것이다. 현대인은 욕구와 욕망이 지나쳐 물질이 넘쳐나는 풍요로운 세계에서도 빈익빈 부익부 상태에서 상대적 빈곤감으로 불행하게 살아가고 있다. 자신을 희생하고 이타적인 삶을 살라고 하는 유전자의 가치관과 동화하고 싶다는 욕구가 모든 인간의 뇌에서 나타날 때 인간사회는 또 한번 큰 변화를 겪게 될 것이다. 만물의 영장으로서 또한 진정한 우주의 주인으로서의 삶을 살게 될 것이다.

    생명체의 역사는 끊임없는 적자생존과 진화를 통하여 긍정적이고 바람직한 방향으로 진화 발전하고 있다. 인간의 역사도 논쟁의 여지가 있기는 하지만 점점 더욱 합리적이며 인간적인 세계로 발전 진화하고 있다고 할 수 있다. 즉, 어떤 제도가 만물의 영장인 인간에게 가장 이상적인 제도인

지에 대해 논쟁은 끊임없겠지만, 고대 노예제도, 중세 농노 제도, 근대자
본주의, 공산주의 및 사회주의과정을 거치는 것은 인간의 존엄성 제고의
시각에서 보면 진보하고 있다고 평가할 수 있다. 인간의 역사에서 보수는
항상 중심에 있었으며 진보는 투쟁의 과정을 통하여 세상을 조금씩 견인
하였다. 자본주의 제도가 생산력에 있어서 비교적 경쟁력이 높지만, 생산
력과 생산관계의 모순을 내포하여 결국은 세계화, 양극화 심화 등으로 근
본문제를 해결하지 못하고 있다.

마르크스와 엥겔스가 강조한 공산주의이념은 '능력에 따라 일하고 필요
에 따라 분배받는다'는 이상적인 동기에서 출발하였다. 무조건적인 인간
의 희생의식을 바탕으로 한 사회와 국가, 더 나아가 인류 세계에 적용하
려 한 이상적인 철학이 내포한 것을 보면 출발한 그 의도 자체는 매우 긍
정적이었다. 그러나 공동생산·공동분배와 인간의 자기 이기적 발상에서
기인하는 생산력 저하문제가 발생했다. 자기 자신에게 직접적인 이익이 안
되는 노동을 태만하게 하여 생산력을 견인하지 못했다. 반면에 권력집중
으로 인권유린과 부정부패는 필연이 되다시피 하였으며 자본주의에 비하
여 현저히 낙후된 생산력으로 공산주의제도 자체가 철저히 외면되면서 대
부분 붕괴 되었다. 뿐만 아니라 일부 국가에서 일당독재와 영구집권 기도
에 의한 여러 가지 비민주적 요소와 인권침해는 인간이 일찍이 체험해 보
지 못한 심대한 고통을 구성원에게 안겨 주었고 인간의 자유와 행복추구
측면에서 타 제도와 비교할 수 없는 심각한 문제를 남겼다. 이처럼 인간에
게 이론적으로 이상적인 제도라고 하는 공산주의 제도가 정착되지 못하
고, 모순을 내포하면서도 자기이익을 극대화하는 자본주의가 월등히 앞서
는 것을 보면 인간의 뇌는 아직 진화의 완성 단계에 이르지 못한 것이 아

닐까? 자연의 요구와 명령대로 자신을 희생하고 이타적인 삶을 추구하는 인간집단이 살아간다면 제도나 형태는 전혀 중요하지 않다. 즉, 사람이 타인을 자신의 가족처럼 생각하고 그들이 행복해지는 것을 자신의 최대의 행복으로 생각할 수 있는 뇌를 가지고 있다면 세상은 달라질 수 있다. '부모와 자녀 간에 유전자 보전적 희생의식, 천륜적, 무조건적인 사랑'을 인류 세계가 공유할 수 있다면 세상이 달라질 수 있다. 부모는 자녀에게 한 푼 받는 것도 없고 아무 이유 없이, 마치 빚을 받으러 온 채권자에게 채무의 의무를 다하듯이, 아낌없이 주는 것이다. 부모는 생물학적으로 자식이라는 이유만으로 자기 몸을 희생해서라도 자녀의 행복이 가능한 일이 있다면 무조건적으로 해주고 싶어한다. 유전자에는 그런 자연의 의지가 내포되어 있기 때문에 가능하다. 이러한 자연의 의지를 모든 인간이 습득하여 세계 인류에게 확산할 수 있다면 세계 인류의 평등, 평화, 행복에 이르기까지 현안 문제를 해결할 수 있다. 그것은 우주가 탄생한 이래로 우주의 의지가 반영된 진화 발전의 법칙에 맞닿아 있다.

그런데 그런 이상적인 인간의 뇌가 언제 가능할 것이며 그런 세상을 언제 만들 수 있을까? 가까운 미래에는 회의적일 수 있지만 그렇다고 그것이 이룰 수 없는 꿈은 아니다. 자연의 진화 역사에서 보여 주듯이 인간 뇌가 진화를 멈추지 않으면 언젠가는 그런 이상적인 뇌를 가지고 있는 신인류가 탄생할 것이다. 그 시기를 앞당길 수 있는 방법은 모든 인류가 자신의 의식으로부터 혁명이 일어나 깨우침을 얻는 것으로부터 가능하다.

그런데 지금도 가난한 삶을 살거나 불행에 빠진 사람을 위해 동정의 눈물을 흘리고 전 재산을 털어 대학에 기부하는 등 자선사업을 하는 사람들이 점점 늘어나고 있다. 자신은 배고픔을 참으며 피땀 흘려 모은 재산일지라도 가난한 사람들의 학자금 또는 불우한 사람들을 돕기 위해 전 재산을 아낌없이 기부하는 사람이 많아지고 있다. 병들어 고통스럽게 죽어가는 사람들의 삶을 동정하며 손수 그들의 대소변을 치우며 봉사하는 삶을 사는 사람이 늘어가고 있다. 아프리카 대륙에서 병들고 배고픔으로 뼈만 앙상하게 남은 아이들을 안고 '세상이 어쩌면 이럴수가 있나'라고 하면서 마치 자기 자식의 일처럼 슬퍼하고 눈물을 펑펑 쏟으며 봉사하는 사람들도 많다.

2013년 5월 18일에 KBS TV의 '글로벌 한국인'이란 프로를 보았다. 문용철이란 한국인 이름을 가진 사람이며, 아버지가 한국인이고 어머니가 베트남인으로 호주에서 자라난 사람인데 그의 삶이 무척 감동적이었다. 불우했던 어린 시절의 고통을 극복하고 사업에 성공하여 세상을 향해 봉사 활동을 하는 사람이었다. KOTO(know one teach one, 하나를 배우면 하나를 가르쳐라)라는 브랜드로 레스토랑 사업을 성공시켰다. 요리를 가르치는 학교를 설립하고 불우한 환경에서 자라며 마약을 하며 방황하는 아이들을 찾아 무료로 입학시켜 사회에 훌륭한 일꾼으로 진출시키는 일을 하고 있었다. 그는 하늘 아래 돌보아 줄 사람이 아무도 없던 아이들에게 손을 내밀어 이끌어 주었다. 마치 둥지를 벗어난 어미 잃은 새가 온갖 천적이 우글거리는 정글에서 어미새를 대신하여 먹이를 구해 먹여주고 힘을 길러 정글에 나가도록 도와주는 대리 어미새처럼 문용철 씨는 그런 활동을 통하여 수많은 불우한 사람들에게 세상의 빛과 소금이 되어 주고 있었다. 졸업 식장은 불우함을 딛고 자격증을 딴 학생들이 사회에 진출하게 되는 하나의 감동적인 축제의 장이 되고 있었다. 역경을 딛고 큰일을 해냈다는 졸업생들 스스로의 뿌듯함과 고마움은 말로는 형언할 수 없는 감동으로 넘쳤다. 서로 얼싸안고, 가족보다 진한 동료애로 모두 눈물의 바다를 이루었다. 교육 과정에서 매주 거동이 불편한 말기 환자들의 수발을 들며 돌보는 봉사 활동을 참여하게 했는데 그들 스스로 그런 과정을 통하여 자신보다 더욱 불쌍한 인간에 대한 연민을 느끼고 차츰 그 과정에 대하여 기뻐하는 것이었다. 지금은 사회에 진출한 많은 졸업생들이 다시 모교에 기부 활동을 하여 사업이 번창하고 스스로도 봉사 단체를 만들어 자기가 받은 따뜻한 사랑을 사회에 전파하고 있었다. 이처럼 인간의 의식은 어떻게 교육하는가에 따라 악마도 되고 선인도 된다. 이 모습을 보고 눈물을 주체하지 못하며 문용철 씨가 정말 대단하고 너무 훌륭하신 분이라고 극찬을 하니깐 아이가 물었다. "사람으로 태어나서 대통령이 돼서 좋은 일을 많이 하는 것이 좋아요? 저런 사람 되는 것이 좋아요?", "모든 사람들이 저렇게 가치 있는 일을 하면서 산다면 대통령이 필요할까?"

_조선일보, 2013. 02. 28.

어떤 봉사 활동을 천직으로 알고 열심히 봉사만 하며 살았던 사람이 불행을 당하여 입원했을 때 천명이나 되는 문병객이 왔었다고 한다. 그 진정한 봉사 활동을 실천한 사람이 함께 봉사활동을 한 사람에게 말했다고 한다. "언니, 내가 베푸는 게 아니야. 봉사를 가면 내 마음이 즐겁고 행복해. 나는 주는 게 아무것도 없어. 너무 많이 받기만 해. 그래서 미안해."

이처럼 진정한 힐링의 본질은 타인에게 베풂으로써 자신이 받게 되는 것이다. 언젠가 많은 돈을 벌어서 어려운 사람들에게 기부하고 봉사하겠다고 다짐하지 말고 적지만, 지금이라도 자기가 할 수 있는 만큼 베푸는 것이 중요하다. 그리하면 베풀수록 갖게 되고 자신의 마음이 부자가 되는 묘한 체험을 하게 될 것이다. 우리는 미래에 잘 되었을 때 하겠다는 것을 방패 삼아 오늘 인색함과 게으름을 은근슬쩍 감추며 살아가는 것은 아닐까 반성이 된다.

중국의 한 자선가는 "재산을 자식에게 물려줄 경우 그가 능력이 안된다면 어차피 재산을 헛되이 탕진해 버릴 것이고, 그가 능력이 되는 사람이라면 자기 밥벌이는 할 것이다. 그래서 부모인 내가 굳이 재산을 물려줄 필요는 없다고 생각한다. 재산이 1조인데 자식이 생활할 정도만 주고 나머지는 전부 사회에 환원하는 것이 사회에서 혜택받아 재산을 모은 내가 해야 할 도리에 맞다고 생각한다."고 말했다. 특히, 눈부신 경제 성장에도 불구하고 '노블레스 오블리제(noblesse oblige, 높은 사회적 신분에 상응하는 도덕적 의무)'가 아쉬운 한국의 현실을 생각나게 했다. 예로부터 한국은 가난했던 부모님 세대의 시절에도 길을 가는 나그네가 지나가다 집에 들르면 먹으라고 집에 밥 한 그릇 정도는 아랫목에 남겨 놓는다는 인심이 있었다. 흉년을 당해서 부잣집에서 모든 양곡을 방출해서라도 백리 밖까지 굶주린 사람을 구했다는 실화를 보면 한국 사회는 인색하지 않았고 인심이 후한 사회였다. 하지만 오늘날 한국 사회를 보면 격세지감을 느끼게 한다. 한국부자들의 80%가 상속을 받아서 부자가 된 사람들인데도 전체적인 기부문화와 자선단체들의 상황을 보면 안타까운 현실이 아닐 수 없다. 한국은 아시아의 빈국들보다도 기부율이 현저히 낮다. 일 인당 GDP가 한국과 비교도 안 될 정도로 가난한 세계 최빈국 미얀마의 기부율은 세계 최고수준이다. 종교적 영향이 크다. 미국은 이미 부자들의 기부문화가 성숙 단계에 있고 일 인당 GDP가 우리보다 낮은 중국만 하더라도 우리보다 발달해 있다. 중국의 부자들이 미국 부자들과 자선사업에서 경쟁해 보겠노라고 선포를 하는 분위기이니 그 사회는 얼마나 훈훈하고 에너지가 넘칠 것인가.

자신은 많은 재산을 사회에 기부하고 좋은 일에 재산을 쓰면서도, 심지어 기업을 제대로 키워서 돈을 벌어 좋은 일에 쓰겠다고 생각하는 사람들에 대한 비판을 제기하는 사람도 있다.

_한겨레, 2014. 1. 5. 채현국 효암학원 이사장

즉, "그거 전부 거짓말이다. 꼭 돈을 벌어야 좋은 일 하나? 그건 핑계지. 돈을 가지려면 그걸 가지기 위해 그만큼 한 짓이 있다. 남 줄 거 덜 주고 돈 모으는 것 아닌가." 기업가가 자기 개인재산을 출연해서 공익재단을 만드는 경우에도 쓴소리를 한다. 즉, "자기 개인 재산이란 게 어딨나? 다 이 세상 거지. 공산당 얘기가 아니다. 재산은 세상 것이다. 이 세상 것을 내가 잠시 맡아서 잘한 것뿐이다. 그럼 세상에 나눠야 해. 그건 자식한테 물려줄 게 아니다. 애초부터 내 것이 아닌데, 재단은 무슨…. 더 잘 쓰는 사람한테 그냥 주면 된다."

심리학자가 실험을 했다. 두 그룹의 아이들에게 돈을 주고 한 그룹은 영화도 보고 아이스크림도 사 먹고 자신만을 위해서 돈을 쓰라고 했으며, 다른 한 그룹은 가난한 이들을 돕는 데 쓰도록 했다. 실험의 결과는 자신만을 위해 돈을 쓰도록 한 그룹의 아이들이 행복해하고 만족했을 것으로 예상했지만, 결과는 반대였다. 즉, 전자들은 자신을 위해서 돈을 쓰고 나서 따분해하고 원하는 것을 얻고 나서는 재미 없어 했지만, 가난한 사람

들을 위해 돈을 쓴 후자들은 행복해했고 보람과 즐거움이 오히려 오래 지속되고 또다시 그렇게 돈을 쓰고 싶다는 욕망을 느낀다는 것이다. 그들의 얼굴엔 빛이 났다.

보는 바와 같이 힐링의 개념이 바뀌어야 한다.

요즘은 물질적으로 과거와는 비교할 수 없을 정도로 풍요를 누리고 있지만, 고속 성장을 이어 오면서 소외된 계층과 소외된 세대가 많아 오히려 많은 사람이 지쳐 있고, 힐링의 시대라고 불러야 할 만큼 힐링을 갈망하고 있다. 그런데 전술한 바 어린이들의 실험에서 보는 바와 같이 힐링을 받으려고 하는 의식은 오히려 힐링을 빼앗기게 된다. 진정한 힐링은 주는 사람이 받게 되어 있다는 것을 알아야 한다. 이름난 명사들에게 구름떼처럼 모여 위안의 말을 들었다고 해서 그것이 진정으로 힐링이 되는 것이 아니다. 그것은 그때뿐이고 어쩐지 힐링에 대한 갈망과 공허함은 계속된다. 실험에서 보는 바와 같이 어린아이들이 자신을 위해서 제 맘대로 돈 쓰는 것보다 남을 도왔을 때, 나누었을 때 느끼는 기쁨이 컸다고 했으며, 봉사자들도 본인이 더 기쁨을 받는다고 느끼는 것과 같이 이런 종류의 인간 의식이 힐링의 본질이 되어야 한다.

그런데 인간은 짧은 시간에 급격한 산업화로 무한 경쟁에 노출되면서 인간의 뇌가 수용하기 어려울 만큼 스트레스를 받고 있어서 모두 힐링을 염원하고 있는 시대이다. 과거에 쌀밥 먹는 것이 소망일 정도로 고구마나 감자로 끼니를 때우던 시절이 있었다. 그 당시만 해도 학교에서 북한에서는 어렵게 강냉이 죽으로 배를 채우며 굶주리고 산다고 가르쳤는데 6~70년대만 해도 강냉이 죽을 먹는 것이 그렇게 배고픈 것인가 하면서 실감이

나지 않던 시절이 있었다. 그만큼 우리도 힘들게 살았던 시절이 있었다. 그런 것을 생각하면 지금은 얼마나 풍요롭고 잘 사는 시대인가. 그렇지만 사람들은 그 시절보다 결코 기쁘지 않다. 부탄이나 필리핀 사람들의 행복 지수가 선진국이나 개발도상국 사람들보다 높다는 것은 무엇을 의미하는 가. 사람마다 행복의 척도가 다르며 그만큼 빈익빈 부익부의 양극화로 삶에 상대적 빈곤감이 크다는 것이다. 자본주의의 불평등적 구조로는 아무리 맘을 잡으려 해도 맘이 달래지지가 않는다. 옆집 애들은 좋은 명품 브랜드를 입고 호화 외제차를 타는데 우리 애들은 시장 상표를 입히려니 맘이 편하지가 않다. 인간의 욕심은 끝이 없는데 이것을 소득으로만 어찌 해소할 수 있단 말인가. 바로 무소유다. 자연의 현상을 믿고 자연의 존재로 살아가며 의식을 발전시키면 영원히 누구도 뺏어가지 못하는 아름다운 의식으로 나의 뇌가 진화 발전한다. 나는 살아서 의식이 편안해질 수 있으며, 나의 후손이 좋은 유전 인자를 갖게 되고 성격이 좋아지며 화목해지고…, 가족들은 밥 한끼 함께 나눠 먹는 데서 즐거움을 찾을 수 있어야 한다. 호화로운 파티를 하고 좋은 차를 타서 과시해야만 행복한 것은 아니다. 인간은 무엇이 진정 가치 있는 것인지 돌아보고 무의미한 경쟁을 모두 내려놓고 자연의 순수한 모습에 인간 자신의 모습을 비춰보고 진정한 인생의 의미를 찾아야 한다.

이처럼 거창한 봉사 활동이 아니더라도 힐링을 할 수 있는 일이 얼마든지 있다. 즉, 나의 노동으로 번 작은 용돈 몇만 원이라도 부모님 손에 쥐여드리는 것이 희생해서 나를 키운 분들에 대한 생명체로서 도리를 조금이나마 하는 것이다. 월급이 작다고 하찮게 여기고 일을 안 하고 노는 것보다는 작은 돈이라도 벌어서 단돈 몇만 원이라도 정기적으로 부모님 손에 쥐여드리는 것이 사람의 진정한 도리이다. 부모님은 자식이 주는 작은 용돈이 부자들의 몇백억보다 가치가 있는 돈임을 알기 때문에 고마움을 잊지 못하고 행복한 하루를 보내실 수 있다.

나보다 못한 주변의 사람에게 기쁜 맘으로 내가 밥한 끼라도 더 살 수 있다는 것을 감사하게 생각하면, 그것이 자신에게 큰 힐링이며 사회에선 아름다운 윤활유의 작용을 한다. 작은 것이나마 다른 사람에게 베풀 수 있는 자신의 처지를 생각하면 모든 것이 기쁘고 행복하다. 모든 일은 생각하기 나름이고 그것이 진정한 힐링이 된다는 것을 느낄 수 있다.

작은 일이라도 보람된 일에 대한 실천을 통하여 스스로 힐링을 받을 수 있다. 노인에게 자리를 양보하고 길에서 노인의 짐을 들어 주는 것으로부터 구걸하는 사람에게 따뜻한 손으로 동전이라도 한 닢 내밀 수 있고, 울고 있는 아이에게 과자라도 사서 손에 쥐여주는 것이 내가 진정 기쁠 수 있는 길이 되어야 한다. 이처럼 자기 힐링은 멀리 있지 않다.

보는 바와 같이 자연의 섭리에 동조하는 뇌가 발달하면 모든 사람들이 자신보다 더 가난하고 불쌍한 사람들을 위하여 전 재산을 기부하며 기뻐할 수 있는 사람이 많은 세상이 올 수 있다. EQ(감성지수)와 SQ(사회지수)가 발달한 일부 사람들의 머리에서 이미 이런 현상이 나타나고 있는데 인간의 뇌 발달 과정을 보았을 때, 인간이 그러한 뇌를 갖게 될 날이 오게 될 것이라 기대한다. 인간 모두가 그런 세계를 동경하고 제4의 뇌를 보유하게 되는 날이 오게 될 때 비로소 이상적인 인간 사회가 가능하게 되는 것이다.

이처럼 회생봉사의 뇌를 가진 사람들이 점점 늘어나고, 자신의 삶과 타인의 삶의 처지를 동일시 하며 타인을 배려하고 상생하려는 노력을 공유하게 될 때, 인간의 뇌는 진정한 만물의 영장으로서의 완성된 뇌를 가지게 될 것이다. 우리 선조들의 뇌가 선의적으로 발달하여 현재 우리의 삶의 형태를 과거보다는(노예·농노제 등) 더 나은 형태로 바꾸어 놓은 것과 같이 우리 뇌의 긍정적 변화는 미래 후손들을 지금보다 더욱 아름답고 좋은 세상에서 살아가게 만들어 줄 것이다. 우리의 현재 뇌 발전의 단계를 미래의 시각에서 바라보면 인간의 뇌가 현대인이 가지고 있는 완전한 호모사피엔스의 뇌가 아니고 실질적으로 그전 단계인 네안데르탈인의 뇌 수준 정도에 불과하다는 것으로 해석할 수 있다. 아직 발달이 미성숙 상태인 뇌가 진정하게 성숙되기 위해서는 자연의 섭리를 배워서 자연의 상태로 진화해야만 가능한 것이다. 오늘날 인간의 뇌처럼 사적 치부에 가치를 두는 이기적인 뇌가 아니라 자연과 동화하여 이타를 위해서 사적 재산을 기쁘게 쓸 수 있는 그런 뇌를 보유해야 건강해 진다. 그것은 자신의 건강과 행복을 담보할 뿐만 아니라 인류와 후예들의 행복한 미래를 결정하는 진정한 인간의 유전자를 완성해 가는 과정이다.

사람들의 뇌에서 무형의 생각이 뇌세포에 창발 작용을 하여 창조 활동을 유발함으로써 눈부신 물질문명을 이루었지만, 빈익빈 부익부 양극화의 심화로 사람이 인간답게 살지 못하고, 변화가 없다면 불평등한 인간의 삶은 여전히 지속될 것이다. 나의 봉사와 희생이 타인의 삶을 행복하게 했을 때 기쁨을 느끼는 이타적인 제4의 뇌가 출현해야 하는 이유다.

이미 인간의 자선행위가 쾌감 회로를 활성화 시킨다는 것은 과학적으로 증명되었다. 자선자들이 장수 할 수 있는 과학적 근거가 제공된 것이다.

자 이제부터 숫자에 불과한 불필요한 부를 잔뜩 짊어지고 어디로 갈 것인가? 짊어진 부(富)의 짐이 무거울수록 잠시나마 삶의 짐은 가볍고 편할 수도 있겠지만 시간이 흐를수록 결국 자신의 몸과 뇌에 쌓이는 먼지와 때는 점점 무거워 진다. 상생화합과 희생봉사하는 의식으로 인간세상에서 훈훈한 나눔을 실천하며 살지 못한다면 마치 살포시 내리는 하얗고 가벼운 눈이 아름드리 낙락장송을 쓰러뜨리듯이 언젠가는 자신을 넘어뜨리게 되고 자신은 자연과 괴리되어 영원히 고통받는다. 자연으로 돌아가자! 희생봉사와 상생화합하는 의식으로 돌아가자! 타생명체의 슬픈 눈 빛을 기억하고 아무 차별의식 없이 그들과 함께 했던 동산으로 돌아가자! 살펴 본 바와같이 전두엽 뇌를 얼마나 좋은 방향으로 잘 사용 하느냐에 따라 진화의 방향은 결정된다. 전두엽은 뇌 진화의 종결자다. 제4의 뇌를 보유하려면 이제부터 일 만근의 생각보다는 일 그램의 실천의 무게가 더 무겁게 나간다는 것을 인식하고 내 주변의 작은 일에서부터 무엇이든 실천 활동을 시작해야 한다. 자신의 뇌든 타인의 뇌든 진정으로 뇌를 감동시키기 위하여 노력하는 사람은 제4의 뇌를 갖게 될 것이다. 당장 우리 세대에는 갖지 못하더라도 다음 세대, 그다음 또 그다음 세대를 기다려서라도 그런 뇌를 가진 후손이 출현할 수 있도록 우리 세대에서 유전자 개량을 시작해야 한다. 따라서 인생을 희생 봉사하고 상생 화합하는 의식으로 이웃과 더불어 따뜻하게 살도록 노력하자. 모두가 함께 노력했을 때 불쌍한 사람 없는 행복하고 평화로운 세상은 더욱 빨리 도래할 것이다. 그런 세상에서 우리의 후손들은 더 이상 오늘날 우리처럼 경쟁하고 번뇌하며 힘들게 살지 않아도 될 것이다.

참고 문헌

『뇌내혁명(1~3권)』 하루야마 시게오
『1.4킬로그램의우주, 뇌』 카이스트
『뇌가 살아야 내 몸이 산다』 개리 스몰
『죽어가는 뇌를 자극하라』 오시마 기요시
『도덕경』 노자